走进科学
科普作文集

张群利　王　涛◎主编

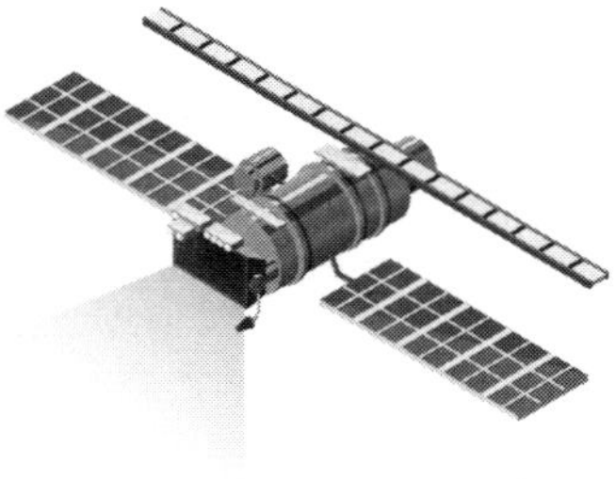

长江出版传媒　湖北科学技术出版社

图书在版编目（CIP）数据

走进科学·科普作文集 / 张群利，王涛主编 .—武汉：湖北科学技术出版社，2023.9

ISBN 978-7-5706-2819-3

Ⅰ. ①走… Ⅱ. ①张… ②王… Ⅲ. ①作文—小学—选集 Ⅳ. ① H194.4

中国国家版本馆 CIP 数据核字（2023）第 154879 号

责任编辑：雷霈霓
责任校对：秦　艺　　　　封面设计：曾雅明

出版发行：湖北科学技术出版社
地　　址：武汉市雄楚大街 268 号（湖北出版文化城 B 座 13—14 层）
电　　话：027-87679468　　　　邮　　编：430070

印　　刷：荆州市翔羚印刷有限公司　　　　邮　　编：434000

710×1000　1/16　　　　15 印张　270 千字
2023 年 9 月第 1 版　　　　2023 年 9 月第 1 次印刷
定　　价：30.00 元

序

中华民族5000年的文明史，同时也是一部绵长的教育史，文明在一代代的文化传承中得以延续，让中华文明成为四大古国中唯一没有断代的奇迹。

春秋时期私学兴起，冲破西周以来"学在官府"的局面，扩大了教育对象，对中华文明的发展作出了巨大的贡献。当今，教育与科学文化已成为衡量一个国家、一个地区综合实力的决定因素。随着我国经济文化建设的飞速发展，教育已呈现出多种形式的变革势态，校外教育成为学校教育的有力补充。在立德树人、全面育人教育方针的指导下，2021年7月24日，中共中央办公厅、国务院办公厅印发了《关于进一步减轻义务教育阶段学生作业负担和校外培训负担的意见》。

"双减"政策出台后，湖北省对校外教育机构予以正确引导，鼓励校外教育机构围绕文化传承、科技、科普等开展教学工作。湖北省天门市幸运星艺术培训有限公司顺应时代，响应号召，积极主动地寻求从应试教育到素质教育的突破，联合天门市小牛顿科普中心研发了系列科学实验教材，将科普课程结合"幸运星"作文教材，创造并完善了科普写作这种全新的模式，以新颖的教学方式，引导孩子们进入科学的殿堂，取得了良好的教学成果与社会反响。

他们指导学生单独或分组操作实验器材，通过动手实验、解惑释疑、深入探究、浅出表达、拓展思路、科普写作六个环节，激发学习兴趣，锻炼动手能力及思维能力，培养勇于探索的精神，使学生在今后的社会中更具竞争力。

他们组织学生外出参观科普基地，到科技、消防、卫生、气象、环保、植物、动物等多种基地去参观、采访、学习，通过亲眼所见、亲耳所闻、亲手实践，去了解相关科普知识，并整理成极具思辨性的科普作文。

他们鼓励学生在生活中、学习中保持好奇心，观察身边的科学现象，探究科学原理，形成科普小论文。

他们带领学生深入社区、工厂、农村等，进行社会调查，撰写科普调查报告。

他们注重开发学生的想象力，思接千载，上到远古时代，下至遥远未来，无限畅想神奇的科技世界。

“问渠哪得清如许，为有源头活水来”，“幸运星”在解决“作文之源”与“作文之法”相结合的难题上，通过将科普的思路引入作文教学，普及科普知识，弘扬科学精神，传播科学思想，倡导科学方法，释放了孩子们爱玩、好奇心强的天性，激发了探究的欲望，在体验中真实感知学习的乐趣。

两年来，“幸运星”认真落实“双减”政策，大力推进科普教育。带领学生进行科学实验100多次，包括制作洗发香波、刷刷车、七星瓢虫、点赞机器人、水火箭等，涉及物理、化学、生物等领域知识，小牛顿科普中心免费提供了所有实验器材；引导孩子们参观天门市各种场馆40余次，如科技馆、博物馆、革命烈士纪念馆、城市规划馆、天门人馆等，让孩子们走出课堂，直观了解家乡的历史、现在和科技化的未来，开拓了视野，丰富了阅历，积累了素材；充分利用社会资源，带领学生深入各专业部门考察学习，如深入气象站了解天气监测流程，走访污水处理厂见证污水的华丽蜕变，实地演习消防灭火……

通过丰富的科学实验及参观采访活动，孩子们的观察能力、语言表达能力、组织协调能力、逻辑思维能力在实践中潜滋暗长，并直接转化成了写作能力和综合素质的全面提高。50多篇科普作文在《帅作文》周报、《天门日报》等报刊杂志发表，40多名小作者在各类作文竞赛中获奖。由此，小牛顿科普中心在2022年4月，成功入选全国“‘科创筑梦’助力‘双减’科普行动”第一批试点单位；2023年2月，被省委宣传部命名为第八批湖北省学雷锋活动示范点。

本书精选了200余篇科普作文，分科学实验篇、参观实践篇、科普常识篇、科学幻想篇、科普调查篇五大版块，其中不乏启迪智慧、引领科学的佳作。本书可以说是天门市乃至湖北省目前鲜有的以“科普”为主题的作文书，是助推“双减”政策落地生根的实质性成果。相信这本书能在小读者心中种下一颗探索和发现的小种子，伴随着他们的成长生根发芽，引导他们去发现更神奇的科学现象、思考更深层的科学问题，自由徜徉于更神秘的科学殿堂，培育具备科学家潜质，愿意献身科学研究事业的青少年群体，努力用“科学文化之水”，撑起“创新发展之舟”，为“科技强国”贡献力量。

杨运灿

2023年8月

目　录

▶ 科学实验篇

▶ 参观实践篇

▶ 科普常识篇

科学幻想篇

▶ 科普调查篇

科学实验篇

小小考古员

林子鑫

提起我对恐龙的痴迷程度,可以说无人能及,我可是出了名的恐龙收集者。我不仅喜欢关于恐龙的图书,喜欢恐龙的模型,还喜欢恐龙化石,只要是与恐龙有关的东西我都非常感兴趣。

令人惊喜的是,我在今天得到了一件模拟考古人员探索恐龙化石的科普器材。我十分激动,迫不及待地把包装拆开,露出一块“大石头”,这块石头是用石膏做的,质地非常坚硬。除了这块大石膏外还有一些工具:一把刷子、一根削尖的木棍。

我按照说明书的步骤,先往石膏上洒一点水,让石膏表面湿润变软,然后拿起木棍小心翼翼地敲了起来。可是我敲了好久,依然是“不识庐山真面目”,连恐龙的影子都没有看见。这调皮的化石好像在和我躲猫猫,它藏得非常好,而我怎么也找不到,真让人气馁。

就在这时,一声清脆的响声瞬间吸引了我的注意,我赶快用刷子把表面刷干净,在石头中露出一块小骨骼化石,我开心得蹦了起来。于是,我再接再厉继续挖,我决定用凿子一点一点把骨架旁边的石膏凿开,挖出的土用刷子轻轻地扫到一边。

可是,没我想象的那么简单。那石膏灰特别爱捣乱,一会跳到我的手上,一会飞到我的胳膊上,弄得我灰头灰脑的。如果用力太小,很难把恐龙化石挖出来,而太用力又容易把恐龙化石劈断……真是困难重重呀!都挖了十分钟了,其他的化石骨骼依然被埋藏在这块石膏中。

我看着这一大块石头,感到十分沮丧,心想:“挖一小块就这么难,这一大块怎么挖啊,放弃吧!”但是又想到考古学家也是这样一点一滴地挖的,坚持下去才有了这么壮观的恐龙化石,便又想试试,于是我有了继续挖的动力。费了九牛二虎之力终于挖出来一块尾椎骨,看着胜利的果实,我兴奋不已,却感觉手上有一阵刺痛,一看,啊!都出水泡了。不一会儿,恐龙化石的头、身体、前肢、后肢、尾巴就都被挖了出来……

功夫不负有心人,一具完整的恐龙骨架呈现在我的眼前。我把它们刷干净、洗干净,一个霸气十足的霸王龙在我的注视中走了出来。它那血盆大口可以轻易地撕碎猎物，那尖锐并具有威慑力的眼神和那谁见了都要礼让三分的尖锐的牙齿是非常致命的。它抬头望着我，好像在说："你把我释放出来了，真行呀！"我把它放在我的书桌上，让它可以长久地陪伴我。

挖完这块化石，虽然感到很累，但是我非常开心，此刻的我俨然成了一名合格的"考古人员"。但恐龙化石是怎样形成的呢？我迫不及待地翻阅书籍查找，原来恐龙死后，身体中的软组织因腐烂而消失，骨骼（包括牙齿）等硬体组织沉积在泥沙中，处于隔绝氧气的环境下，经过几千万年甚至上亿年的沉积作用，骨骼完全石化而得以保存，此外恐龙生活时的遗迹，如脚印等有时候也可以石化成化石保存下来。怎么样，是不是很精彩呀？快来加入我们"考古队"吧！

"刷刷车"诞生记

胡朝睿

"刷刷车"相信你们一定没听说过吧？它现在正躺在我的书桌上哩！看着它，我就感到非常自豪，这可是我在那堂别开生面的科普课堂上的杰作。

星期四的第一节课，同学们的目光齐刷刷地投向讲台上的"仙女老师"——天门市小牛顿科普中心的毛老师。

"同学们，你们见过没有轮子的车吗？"毛老师一开口，教室里立刻像平静的湖面投下一颗石子，同学们你看看我，我看看你，满脸疑惑地议论开了："这老师该不会是骗我们吧？""车没轮子，怎么走嘛？"……

毛老师望着同学们，微微一笑，动动鼠标，一体机上立刻显示出一张图片，图片上是一把背满小零件的刷子，老师接着说："这就是我们接下来要做的没有轮子的车——刷刷车。"

听到这个消息，教室里顿时沸腾了：上课造车，这可是头一回呢！接下来，老师拿出一袋袋零件发给同学们，拿到零件后，我迫不及待地打开，可是打开后就傻眼了：里面的零件都堆成了小山，有刷子、电池、电线、开关、螺旋桨……要把它们拼装好，这对于从小笨手笨脚的我来说，简直太难了。

材料分发完毕，老师开始耐心地教我们组装：第一步先把电池槽用双面胶固定在刷子头上，这一步我很快完成了；第二步把电池槽和开关的一端用一根红色电线连接好，然后把一根黑色电线绞在开关的另一端，我理好电线的铜线头，学着奶奶平时穿针的样子，把黑、红两根电线的线头分别穿进开关两端的小孔里。可线头怎么也绞不紧，眼看周围的同学已陆续开始进行下一步了，我急得像热锅上的蚂蚁。唉！只怪自己平时“饭来张口，衣来伸手”的生活过惯了，连这么简单的事情也做不好。毛老师好像看穿了我的心思，来到我身边，轻言细语地教我拧好红色的线头，我用老师教的方法拧紧了黑色线头，然后只需要将发动机粘在刷子的尾部就大功告成，我不由得长长地舒了一口气。

再看看同桌，我刚刚落下的心又悬了起来：他的“刷刷车”已经完工了。他得意地瞟了我一眼，打开开关，可刷子尾部的发动机刚一发动，就和刷子分了家，原来是发动机没粘牢。他的失败给我敲了一记警钟，在粘发动机时，我一点也不敢大意，先用双面胶将发动机固定，再用胶带给它上了“双保险”，末了，还用手摇了摇，确定它稳固了，才小心翼翼地合上开关，“刷刷车”平稳地在桌面上转动起来。我的“刷刷车”诞生了！

待同学们的“刷刷车”都组装成功后，毛老师率领我们来到操场，进行了一场“刷刷车”比赛，那场面太壮观了！

“刷刷车”的诞生过程让我体会到动手实践的快乐，也让我感受到在求知的道路上要保持严谨的态度，任何一个环节的疏忽都可能让所有的努力功亏一篑。

看我做的洗发香波

夏子冉

众所周知，我们在洗头时要用洗发露，洗发露又称洗发香波。但你知道洗发香波是怎样制作的吗？我就在幸运星的科普课堂上做过一回，让我们一起来看看洗发香波到底是怎样制作的吧！

“洗发香波主要是用来清洗头发上的油污，在这一点上洗衣粉也能做到呀，而且更加经济实惠，那为什么我们不直接用洗衣粉洗头呢？”老师的问题一下把我们问住了，听起来好像很有道理啊！

老师见我们迟迟不回答，决定让我们做一个关于“安全性检测”的小实验。老师先给我们介绍了pH试纸，它是用来检测液体酸碱性的，物质过酸或过碱都会对人体造成伤害。

只见老师拿出几张黄色的pH试纸，分别涂上纯水、洗衣粉水、肥皂水，还有神秘的“X水”，试纸上瞬间出现了不同的颜色。老师拿出一张标准比色卡与它们进行对比，结果测出洗衣粉水的pH值=10，是碱性的；肥皂水的pH值=9，也是碱性的；“X水”的pH值≈7，纯水的pH值=7，而数值7表示中性，说明纯水是中性的。其中“X水”测出来的数值最接近纯水的数值，这说明“X水”最安全。所以这次实验决定用“X水”来配制洗发香波。通过老师的讲解，我们得知，原来“X水”就是十二醇硫酸钠，主要用于去污。

老师给我们每人准备了小半杯十二醇硫酸钠——一种白色粉末状物质，往杯子里倒入约50mL水，并不停地搅拌，水逐渐变浑浊。老师说一定要将所有粉末都溶于水中，我只好硬着头皮继续搅拌着。慢慢地，我发现水面涌现出很多泡泡，杯子里的水就像肥皂水一样，呈半透明状，漂亮极了。但还不行，水里还有粉末，得继续搅拌。直到我搅得手都酸了，都没能将粉末完全“消灭”，我无可奈何地将其推给同桌了。

在同桌的接力下，过了好一会儿，十二醇硫酸钠终于完全溶于水中。老师告诉我们，洗发香波不能像水一样稀，不然一下就流走了，也洗不干净，我们可以用一种叫“氯化铵”的物质来让它变黏稠。不过，氯化铵加少了不黏稠，加多了又会使溶液变稀，所以我们一定要控制好添加比例。

我们小心翼翼地将氯化铵加入十二醇硫酸钠溶液中，生怕加多了而导致溶液稀释。慢慢地，溶液变得浓稠起来了。这时，老师走过来，在液体里放入了色素和香精并搅拌均匀，这样，我们的洗发香波做好啦！

我将洗发香波上层的泡沫拨走，并将剩下的如同宝石一样艳丽的洗发香波倒入瓶中。就这样，一瓶好看的洗发香波映入我的眼帘，欣喜的我还给它起了个美丽的名字——“粉水晶”。

实践出真知，没想到“高大上”的洗发香波还能亲自动手制作出来，正如一位科学家所言：科学就是对常识的不断冲击、突破和超越。

探究七星瓢虫

杨诺亚

什么样的虫子才算是昆虫呢？昆虫是怎样走路的呢？大家想知道吗？那就让我们一起进入幸运星科普小课堂吧！

曾老师先给我们讲了一个小故事：有一天，昆虫王国要举办大型舞会，邀请了世界各地的昆虫来。可在这次的舞会上，蜘蛛却被螳螂大哥拦在了门外，说它不是昆虫，没有资格参加这次舞会。蜘蛛百思不得其解，自己明明长得那么像虫子，为什么不是昆虫呢？

原来蜘蛛不知道，昆虫都是有头、胸、腹三节的，可蜘蛛只有两节。昆虫是一对触角、三对足，而蜘蛛有四对足，没有触角。

通过这个小故事，我们都明白了什么是昆虫。那六足的昆虫到底是如何行走的呢？课堂上，老师让三位同学一起来做一个小游戏，第一位同学和第三位同学出左脚时，第二位同学就出右脚，反正第二位同学是要唱反调的，这便是昆虫走路的形态。

游戏过后，老师要求我们自己动手做一只昆虫——七星瓢虫。我拿到做七星瓢虫的实验器材后，先把它的脚组装好，再把脚放到红纸下面，把它们连起来，最后涂上颜色。好啦，我们的“六足舞蹈家”做好了！当我们拉动拉杆时，瓢虫像我们刚才游戏中的同学一样，中间的脚一直与前后脚唱反调，走出了一个三角形的步伐。

其实，昆虫与我们人类关系密切，昆虫可分为对农作物有害的蝗虫；对人有害的蚊、蝇等；可为人类提供资源的蜜蜂、蚕等；能帮助人们消灭害虫的，就比如我们做的“六足舞蹈家”——七星瓢虫了。

这次科学小课堂，我们从质疑中找寻真理，在验证中收获快乐，科学是点亮我们生活的一束光！

“我”为你点赞

张 慕

温暖的阳光洒落在幸运星科普教室的课桌上，一个机器人“咔吱咔吱”地走着，虽然它动作笨拙，但它点赞的大拇指却是那样的与众不同。周围不停地投来赞许的目光，我的心里充满了成就感。

那天阳光格外明媚，我和往常一样来到幸运星科普教室。老师神神秘秘地说：“接下来你们将要迎接一项大挑战。”说着，老师从身后抽出一个鼓鼓的包装袋。我们好奇极了，都迫不及待地凑到老师跟前，七嘴八舌地议论着。不知道包装袋里究竟是啥零件，也不知道这些零件会拼成什么。看我们急不可耐的样子，老师终于为我们解答疑惑了，原来是要制作点赞机器人呀！

我拿到了期待已久的零件袋，毫不犹豫地把小木片从方方正正的木板上扣下来。对照说明书，我很快拼好第一步，不由得沾沾自喜：“老师，这么简单，怎么可能是挑战呢？”“哎呀！可不能掉以轻心哦！还没有到难关呢！”老师苦口婆心地劝诫我。我又看了看第二步，这不就是把那个大木板往上一盖吗？电路组装也是小儿科。“老师真是低估了我的智商。”我在心里暗自嘀咕着。

可拼第六步时，我遇到了“拦路虎”。蜗杆似乎装不上去，我使出九牛二虎之力按它，它纹丝不动。反而是我装好的木板差点被按坏了。于是，我灵机一动，借助桌子的力，反向按它，它竟然很轻松地被装上去了。这下我可不敢再大意了，我开始认真研究说明书。

后面几步，我都得心应手地完成了。我举起了成品，无比自豪地说：“老师，我组装完毕了，就差安装电池了！”“这么快呀！好，你快把电池装上去。”老师都在为我的速度惊叹。我装上电池合上开关，机器人真动了起来。可我仔细一看，这不是在往后退吗？怎么会这样啊？我疑惑不解，身边的同学都在哈哈大笑，说我的机器人是“倒退机器人”。我不甘心，又仔细地研究了说明书，两根颜色不一样的导线引起了我的注意。我想问题或许就出现在这里。我重新调整了导线的位置，再次合上开关。机器人像假人一样，通过曲柄杆，开始缓慢向前走。两个大拇指不约而同地向我竖了起来，好像在说：“你竟然这么快就把我组装成功了，你真是太棒了！”

我的机器人一步一步挪动着，所有人都向我投来了羡慕的目光，这一刻，成就感油然而生。我真自豪啊！同时我也明白了一个道理——凡事都要虚心请教，不能自以为是。

点赞机器人

李佳妮

真奇怪，今天一到幸运星科普教室，还没坐下，毛老师就给我们出了一个大难题，叫我们夸夸自己。夸自己？那可真是太尴尬了！就在我们犹豫时，老师又说："不想夸自己，夸夸同桌也行。"我和同桌听后互相对视一眼，都忍不住笑了，大声抗议起来："老师，您还是放过我们吧！"只见毛老师莞尔一笑，拿出一包实验材料说道："放过你们也行，得先完成这个点赞机器人。"一听说要做实验，我们瞬间欢呼起来，撸起袖子准备大干一场。

这个机器人制作需要非常多的材料，老师给每一组发了一个材料包。我打开看了看，里面有一把小螺丝刀、一对电池、一个电池盒、一个小马达，还有五根铁轴和一些螺丝钉和固定轴，还有十块大小、形状不一的小木板，这么多的小零件组装起来一定很难吧！不过我可是被大家公认的制作小能手，我决定挑战一番。

我按照着说明书，一步一步把机器人拼装起来，先用螺丝刀把两块木板安装在一起；再用铁轴穿在第二块木板的圆孔上；接着用橙色的轴套固定紧，用稍微粗一点儿的螺丝把木板拼在一起；然后把电池盒的导线穿在圆孔里；紧接着用铜片和黑导线连接在一起，红导线连在右边的铜片上，固定板装在另一端；最后把安装好的机器人与木板固定在一起，装上电池，装上轮胎，就大功告成了。

我信心满满地扭动开关，可机器人却一点反应都没有，一动也不动。我心中充满了疑惑，为什么不走？我又仔细看了看说明书和自己制作的机器人，才发现原来是电线连接错了。

我只好重新拆开，把电线重新插入孔中，我又一次打开开关，这一次机器人动起来了，可是它的手却是反着的，根本举不起来，我真想一巴掌把机器人给拍碎。可看着其他同学认真地埋头苦做，我只得拾回了耐心，小心翼翼地把机器人的手调整过来，又一次尝试，这次点赞机器人竖起大拇指，一伸一缩，像毛毛虫一样走了起来，成功啦！我高兴得一蹦三尺高，毛老师也跑过来对我说：“不错不错，你们可真棒！”

“我们来举行一场比赛吧！”老师话音刚落，同学们异口同声叫“好”表示赞同。我们把机器人放在地上，一字排开，大喊一声：“开始！”点赞机器人就一起比着点赞的手势向前冲去，那动作整齐划一，就像是一群小勇士举着炸药包奔向战场。我心中暗想：一定要成功，快点儿，快点儿。我的机器人似乎和我有心灵感应，一直遥遥领先，最终我赢了，获得了第一名，同学们都鼓起掌来，我骄傲极了。

毛老师对我们说，点赞机器人的运行原理是通过电动机旋转带动齿轮转动，由于皮轮上有橡皮筋连着齿轮，让机器人可以动起来，在机器人的上面有个点赞支架，使机器人可以边行进边呈现出点赞的效果。

这一节科学实验课真是太好玩儿了，让我收获了成就，收获了喜悦，真希望以后可以多做这样的实验。

神奇的点赞机器人

张煜翔

你是否想过拥有一个像大黄蜂那样的机器人呢？我是想过的。大黄蜂多么帅气，多么威风，常常令我幻想连篇。当老师说要带我们制作点赞机器人时，我欣喜若狂：这不就是我想要的吗？

刚开始，我满怀期待，以为点赞机器人一定是通体雪白，有两只电子眼睛的智能机器人。然而，当老师把制作材料发给我时，我心里有点儿失落！这可和我想的不一样，我感觉眼前的一袋零件实在太简陋了，甚至连一个控制器都没有。我感到不屑一顾，觉得肯定能在半个小时之内就完美搞定，不，甚至更短！

我将零件全部摆在桌子上。哇！那么小的一包材料中居然有这么多零件，一看图纸，步骤也特别多。这时，我有点眼花缭乱了，不敢再有半点儿疏忽大意了。我按照图纸的步骤一步一步做了起来，先用粗纹螺丝和铁轴固定好机器人的身体；再把电池盒用双面胶贴到木板上；然后将电线从小孔中穿出去；接下来就是另一部分的制作了，我把木板拼在一起，固定好电动马达，开始研究起齿轮结构来，别看这只有十几个零件，却要经过几十次的校对才能确保点赞机器人的手臂摆动起来。

经过一个多小时安装，我终于完成了点赞机器人的外壳部分，我仔细地串好电线，迫不及待地装上电池。咦？怎么回事，机器人怎么不动呢？我是按照图纸上的步骤安装的呀！

我立马排查起来，电线、电池、齿轮，又忙活了十几分钟，却还是没有找出问题所在。就在我想要放弃时，两个齿轮摩擦出了咔嚓咔嚓的奇怪声音。我一看，电动马达在转，而两个齿轮的运动方向却不对，我立马察觉到这就是问题所在，于是我赶紧把正负极调换了过来。经过我的努力，机器人终于动了起来！机器人径直往前走着，手臂一上一下地摆动，两只黄色的眼睛直勾勾地看着我，好像在说："小朋友，你真棒！"

这时，老师告诉我们，点赞机器人是利用电动机的原理来实现的。这次实验锻炼了我们的思考能力和动手能力，还培养了我们的细心和耐心，看似平常简单又不起眼的实验其实也蕴藏着深刻的科学知识。这个点赞机器人虽然没有大黄蜂机器人帅气，但它是我通过努力制作的，我不仅收获了成功的快乐，还懂得了科学原理，我觉得它特别可爱！

小小干冰欢乐多

胡远洋

说起干冰，大家会想到什么？你一定会说："不就是几块冰块儿嘛，化了就没了，有什么好玩的？"你可能不信，干冰其实可神奇了，它是科学界里远近闻名的"变身小王子"。它可以从固态快速变成气态，而且还可以再从气态转化成固态，变化过程更是让人大开眼界。如果你想一探究竟，那就和我一起来我们的科学课堂看看吧！

这天，我来到幸运星科普教室，一推开门，就看见老师的桌子上摆满了各式各样的玻璃杯和一瓶洗洁精，以及一个正在往外冒气的杯子。我心里一阵好奇，老师今天又玩什么新花样？就在我胡思乱想的时候，老师从门外走了进来，一脸神秘地说道："今天我们来做一次干冰实验！""耶！"在我们的一阵欢呼后，老师稍作停顿，接着说："但是大家要注意，干冰的温度可是零下78.5℃，十分危险，不可以用手去摸。"我听完非常震惊，原来干冰的温度这么低啊！

老师给我们讲完了活动规则和注意事项后，我们都忙活起来，第一个环节是干冰吹泡泡。我先把老师发的杯子清洗了一遍，然后学着老师的样子，用手指沾了一些泡泡液，往杯口处轻轻地抹上了一层。接着，老师往我们的杯子里放了一小把干冰，又往里面倒了一些热水，杯子里的干冰顿时变成了白气，一个劲儿地往外涌，接连不断，就像火山爆发一样。老师递给了我们一条沾满泡泡液的绳子，我拿着绳子小心翼翼地往杯口抹去。别小瞧这一步，要在杯口均匀地抹上一层可不是简单的事，我每次都只抹了一半，泡泡膜就破了。

我又尝试着轻轻地推过，在进行了许多次的努力之后，终于成功了。只见那层泡泡膜慢慢地膨胀，摇头晃脑地钻出来，越来越大，仿佛在跟我打着招呼，可爱极了。我轻轻一戳，泡泡破了，里面的白气又涌了出来，接着成群结队的小泡泡也跟着涌了出来，仿佛是一群迫不及待想要出来看看外面世界的小精灵，一发不可收拾，怎么也止不住，我们个个都惊掉了下巴。

于是，大家快速地跟泡泡们“打”成了一片，有的同学一个劲儿地用嘴吹，泡泡四处飞散；有的同学直接用手去抓泡泡，调皮地放在别人头上；还有的同学对着小泡泡军团一阵猛戳，化身成“泡泡杀手”……教室里一片欢声笑语。

接下来的干冰实验都很好玩，但最有趣的要数“大闹天宫”环节了。老师给我们每个小组发了一个盆，往里面倒满了干冰，接着用热水往里倒，顿时，教室里云雾缭绕。我们仿佛是乘着孙悟空的筋斗云来到了天上，变成了仙童仙女，我们也一个劲儿地对着盆子吹气，就像小鸡啄米一样，我吹得差点晕了过去。教室里到处是雾，一个人也看不见，我躲在云雾里，趁老师不注意的时候“袭击”了她，老师毫无防备的一声尖叫，同学们顿时笑得合不拢嘴。

科学是神奇的，是有趣的，小小的干冰给我们带来了大大的欢乐！

有趣的干冰秀

施子谦

什么是干冰？干冰是零下 78.5℃的固态二氧化碳，白色冰状固体，你可知道在这小小干冰之中，却蕴含着大大的能量。

周末，我们幸运星科普小记者在老师的指导下，做了一次有趣的“干冰秀”。一进教室，我就被桌上的一大堆瓶瓶罐罐吸引了，我满心好奇地走向座位。看着一脸疑惑的我们，老师就开始介绍干冰了，形容得非常有趣，瞬间就激起了同学们的兴趣。

第一个环节就是“干冰吹泡泡”，我有幸被安排到讲台上去亲身体验。我将吸附有洗洁精的麻绳，往冒着气的干冰瓶口上一抹，一层薄膜就包围着二氧化碳形成了一个大泡泡。随着这个泡泡越来越大，同学们的尖叫声也越来越高，只听到“嘭”的一声爆炸，一团气体像核弹爆炸一样猛然炸开，炸出一朵漂亮的“小蘑菇云”，看得同学们兴奋极了，纷纷举起小手，要求上台亲自体验。老师为了满足大家的需求，点了好多同学上台体验。教室里的欢呼声、叫喊声此起彼伏。

接下来我们体验了“品尝干冰”和“干冰泡泡浴”，但最有趣的还是“大闹天宫”。只见老师将几盆热水放在教室四角，再往里面分别放入一些干冰，这两样东西碰到一起就发生反应，浓浓的白雾涌出，耳旁传来《西游记》主题曲的歌声。见此情形，同学们兴奋异常，情绪被调动起来了，都站了起来。有些同学恨不得把头伸进去一探究竟；有的跟随着音乐在白雾中欢快地跳起了舞；还有的在白雾中演起了话剧；更有甚者展示着自己的肺活量，对着白雾就是一顿吹气；而此时的我看着欢快的同学们，把手放在盆子上方，细心感受，感受着干冰给我们带来的无尽乐趣。白色的“浓雾”笼罩着整间教室，同学们仿佛一个个神仙，在瑶池中舞蹈、嬉戏，美哉！妙哉！

这次实验让我感受到了科学的神奇力量，我长大以后一定要成为一位为人民服务的科学家。

寻找第三只眼

鄢语桥

“我们都有第三只眼？”老师话还没说完，同学们都急忙地问。不对呀，不是只有二郎神才有第三只眼吗？可是曾老师还坚持说，每个人都有第三只眼，这是为什么呢，那就让我们走进今天的课堂，一起来寻找第三只眼吧！

老师首先让一位同学上台体验。只见老师把两杯水放在桌子上，然后将她的眼睛蒙上，让她说出哪一杯水有气味，哪一杯水没气味。她拿起一杯水，在鼻边轻轻闻了闻，只见她鼻翼微动，一副陶醉的小模样，抬头大声说：“这杯水是香的，还是我喜欢的香味,栀子花香,另一杯就不闻了,一定是无味的水。”

“回答正确!”老师公布了答案,第一杯水是加上香料调制的香水,第二杯是普通的水。大家都争先恐后地从座位上下来,都想来体验,而且是在眼睛被蒙上的情况下来闻。难怪老师说我们有第三只眼,鼻子不就是我们的第三只眼睛吗?

同学们都兴奋不已,自认为已经找到第三只眼睛在哪儿了。可老师又让一个同学上去体验,只见老师从包里拿出三枚硬币放在手中,然后将同学的眼睛蒙上,让他听硬币落地的声音,判断出硬币的面值。第一个落下,第二个落下,第三个落下,老师先让同学试听了两遍,重复了一遍,并让他摸了摸三枚硬币。

接着,老师开始向地板上扔硬币,这时全班同学都屏住呼吸,配合着同学来聆听。只见他俯下身去,把耳朵贴得很近,全神贯注地聆听着地板和硬币碰撞之后发出的声音。他时而点头,时而嘟起小嘴,时而脸上露出欣喜的笑容,当老师的三枚硬币全部扔完,他迅速地取下眼罩,自信满满地说出了答案。顿时,教室里情不自禁地响起了掌声,原来我们的第三只眼睛不仅仅是鼻子,还是我们的耳朵,更是我们身体的多个感觉器官。

难怪老师常说,只有去调动多种感官去感受生活,才能写出好作文。所以,我们一定要爱护我们的身体,不要让它受到伤害,要不然我们的第三只眼就失灵了。

我们的第三只眼

任梓睿

说到第三只眼,我们会立刻想到二郎神,可老师却说我们每个人都有第三只眼,这到底是怎么回事呢?为了消除我们的疑惑,老师带领我们开启了“探索”之路——寻找我们的第三只眼。

老师首先请了两位同学上台,给他们的眼睛蒙上了红领巾,再拿出两杯水,在不用嘴巴尝的情况下,来区分两杯水的味道。可他们一端起杯子就闻出了哪杯水是有香味的,哪杯是无味的。瞬间我们明白了,第三只眼是我们的鼻子呀!

我们本以为这次的体验活动就要结束了,可是老师却把我叫了上去,我心里又是一阵疑惑,我们的第三只眼不是已经找到了吗?这还要做什么呀?是要做另外的一个实验了吗?还不等我弄明白,老师就给我蒙上了红领巾,往我手里塞了一个东西，硬硬的，还带着一个长长的手臂像一把枪，这种感觉令我非常熟悉，可就是想不起来，正当我脑袋里一片空白时，我不小心按到了它身上的一个开关，随着“滴”的一声，我瞬间明白了，立即兴奋地大声说道：是体温枪。顿时，教室里响起了雷鸣般的掌声。哈哈，看来我们的第三只眼还有手呢！

同学们很是好奇，也一一在蒙着眼睛的情况下上台分辨物品。经过大家的亲身体验，终于明白了：我们的第三只眼不仅是鼻子，还是手，更是我们身体的多个器官。

通过这次的体验活动，我终于领悟到了：不是生活中没有美，而是缺少发现美的眼睛，只有充分调动我们的多种感官去感受生活，才能写出优美的文章。

竹知了

程敬晖

“有翅没有毛，飞着没多高。一到大热天，躲在树上叫……”想知道谜底是什么吗？没错，谜底就是知了。但我们今天可不是去捉知了，而是去做竹知了。

实验材料非常简单：一个圆木筒、一根木棒、一根细红线，还有翅膀、眼睛、打了洞的小圆片、细长的红卡片。

老师把我们分成四组，我和另外两名同学一组。首先，我把小木棍穿进洞里，可第一步就出了问题，就在我们小心翼翼地想把小木棍穿进洞里时，由于缠得不牢固，小木棍突然掉了。还好一名队友是个缠绳高手，他帮我们解决了这个难题。接着，我把圆片粘在圆木筒的一头，但是要注意，那根小木棍必须横着顶在小圆片上，不然它会掉的。我照着步骤拿出细长的红卡片，粘在小圆片在木筒头上多余的部分，这样做不仅是为了不让小圆片脱落，同时也会使竹知了更美观一些。之后在红卡片上粘上竹知了的双眼，它那智慧的眼神，看着都让人觉得可爱。紧接着在眼睛的下面粘上两个翅膀，最后把红绳子缠上那根木棒就大功告成了。

我们三人既激动又紧张，生怕竹知了发不出声音。大家小心翼翼地握着木棒轻轻甩动竹知了，竹知了真的发出了“吱吱吱……”的声音，我们都开心得手舞足蹈。

这次实验课不仅锻炼了同学们动手操作能力，还培养了同学们发现问题、解决问题的综合能力,科学永无止境,我要努力去追求。

什么知了能发声

乔俊熠

我们做过“水果发电”实验,做过“瓶口吞鸡蛋”实验,做过“火山喷发”实验,今天,老师带着我们做了有趣的“竹知了”实验。

老师首先讲了课堂纪律:在实验课上,要听从老师的安排,不得擅自行动。接下来,老师把实验器材发到每个小组,有竹筒、纸、眼睛、绳子、翅膀等小材料。

开始制作竹知了了,先在小棒上系紧红绳子,在圆形的纸片上打个小洞,将红绳子穿过小洞;然后用圆形的纸片盖住竹筒一头,用红色不干胶包裹住纸片,不留一点缝隙;接着给知了贴眼睛,贴在不干胶的上面,在竹筒的两边贴上翅膀,尖的一头在下面,最后把红绳子系在摇棒上,竹知了就做成了。

实验过程中要注意小棒与绳子不可以勒太紧,否则知了就发不出声音了。我看着做好的竹知了,迫不及待地拿起棒子甩起来,它发出了“吱吱”的声音,像一只真正的知了在叫,我们高兴得又蹦又跳。

老师告诉我们:“雄性知了可以发出尖锐的声音,它的发音器就在腹基部,它的发音器像蒙上一层鼓膜的大鼓,鼓膜受到振动而发出声音。由于知了的鸣肌每秒能伸缩约一万次,盖板和鼓膜之间是空的,能起到共鸣的作用,所以,知了的鸣叫声特别响亮,并且能轮流利用各种不同的声调激昂高歌。”

“但是你们知道吗? 什么知了不能发声?”还有知了不能发声的,同学们都惊讶得睁大了眼睛。老师补充道:“雌性知了的乐器构造不完全,不能发声,所以它是‘哑巴知了’。它的幼虫生活在土里,吸食植物的根,成虫后吃植物的汁液,它属不完全变态类,由卵至成虫,不经过蛹而变成虫。”同学们都睁大眼睛认真倾听着。

这节课不仅让我知道了如何制作竹知了,还懂得了知了的科学常识,真是受益匪浅!

小孔成像

曾雨菲

星期天的下午，我来到生动有趣的幸运星科普课堂，同学们早已按捺不住激动的心情，叽叽喳喳地讨论着，这是为什么呢？因为这节课要做小孔成像的实验。

“小孔成像？那是什么呀？”我不禁疑惑道。老师露出得意的表情：“小孔成像就是光从一个小孔里透过，将物象倒映在另一个白板上，我们把这统称为小孔成像，而今天，我们就要做这个实验！”我恍然大悟，并对这个实验充满了期待。

老师简要介绍了怎样做小孔成像的实验的过程，随后便把实验材料发了下来，分别是一根蜡烛、三个插座、一个带孔的黑板和一个白板。

我们分好小组就开始做实验啦！我和队友先把白板和带孔的黑板插在插座上，然后把蜡烛卡在插座上，最后叫老师为我们点燃蜡烛，小孔成像的准备工作就做好了。

老师让我们移动白板或蜡烛，看看有什么神奇的变化？蜡烛的火烧得很旺，但白板上始终没有出现火苗的身影，这是为什么呢？正当我思考时，老师忽然把灯一关，一个清晰的倒着的火苗的影子出现在黑板上。“为什么它的影子是倒着的呢？”我和队友异口同声地说道。

我们百思不得其解，只好求助老师。老师告诉我们光是沿直线传播的，蜡烛火焰顶部的光穿过小孔投射到光屏上的位置是靠下的，而火焰底部的光穿过小孔投射到光屏上的位置是靠上的，因此它的像是倒立着的。

接着，我们轻轻地移动蜡烛，发现蜡烛离得越近，成的像就越大越模糊；蜡烛离得越远，成的像就越小越清楚。我们又缓缓移动白板，发现白板离得越近，成的像小且明亮；白板离得越远，成的像大且模糊，真是太有意思了！

这次科学实践活动，不仅让我了解到了小孔成像的原理，更是让我体验到了科学的魅力！

制作环保手工皂

王语涵

俗语说得好“自己动手，丰衣足食”，这不，星期二下午，我们在幸运星科普课堂上，亲自动手制作了手工皂，既环保又实用。

制作前，老师带我们认识制作手工皂的主要原材料——皂基，一根根硬硬的、半透明的小长条皂基，用手摸上去油腻腻的，还真有点我们平日用香皂那种滑滑的感觉。可为什么是透明的呢？当同学们在台下议论纷纷时，老师又拿出两样材料，分别是色素和模具，边展示边说：“这就是手工皂的独特之处，可以根据各自的喜好挑选自己喜欢的颜色和形状。”随后老师又将滴管、小勺子和量杯等材料的作用和使用方法做了一一介绍。

“老师，什么时候开始做呀？”“可以开始做了没？”在同学们一声声迫不及待的催促声中，我们进入有趣的制作过程。大家按照说明书中的提示，各自开始动手操作起来，先将两袋装有皂基的小袋子放进量杯中，然后向量杯里倒入适量的开水，注意这时千万别去碰量杯，小心烫到手呀！

很快，袋中的皂基就溶化成了黏稠状的液体，我疑惑不解。老师看见了，对我说：“这种液体叫皂液，是皂基溶化而成。”接着，用滴管吸入少量的色素滴入小袋中，再用小勺子快速搅拌均匀，让色素与皂液完全融合，然后把它们倒入模具里。几分钟后，我的水晶香皂表面结了一层薄薄的“皮”，这时，老师对我们说，可以放到一边等待冷却。

我小心翼翼地拿起模具盒把它移到了安全地带，老师又说了，要等它凝固了才可以拿出来，估计要十五分钟。我倾耳拭目，终于，十五分钟后我们的作品一一出炉了，我激动地拿出我的玫瑰花香皂，结果由于色素放多了，颜色有点深沉，外加倒模时速度还是慢了些，表面看上去不细致，也不光滑。

瞧那粗糙样，我兴奋的心一下就凉了，听见同学们惊叹：“哇！我的香皂晶莹剔透，大家快来看！”“我的也是……”我整个人都垂头丧气了，但我还是鼓起勇气，把我的香皂“雕刻”了一下，心想应该不会太丑。说干就干，过了一会儿，一个看着还行的香皂出现在我眼前，心里便嘚瑟起来：看来我还是挺厉害的嘛！

虽然我做的香皂不如别人的香皂美观大方，但我还是很开心，因为我又学习了一项新技能——制作环保手工皂。

星星指路

胡小茉

说起我们的课余生活，那可真丰富：打球、下棋、钓鱼……每一样我都喜欢，但我最喜欢科学小实验，它给我带来欢乐，也让我懂得了科学的奥秘。今天，让我们走进幸运星科学课堂，去探索牙签的秘密吧！

老师把幸运星科普小记者分成四个小组，每个小组四人。给每组发了实验材料：五根牙签、一个空盘子、一根滴管和一碗清水。万事俱备，只欠东风，就等老师一声令下啦！

我们组的人谁都不愿意掰牙签，生怕把牙签弄断了，被其他人责怪。“怕什么？这不有六根吗？”我指着老师多给的一根说道，并顺手拿起一根牙签准备掰。可我才稍微使了点劲，手中的牙签就断了。其实我大可不必担心，因为我们组的一个男生又从老师那儿要了三根。我又拿起第二根，先用大拇指划一下中线，然后略施一点点力，可算是成功了！

接下来的几根我都掰得很顺利，就要摆五角星了。我把那根牙签向内旋转，放在了空盘子里，其他人也都很给力，帮我摆剩下的。咦？不对！这不是五角星，怎么成了六角星？我仔细数了数牙签的数量，是六根！唉，是我粗心了。我们又重新摆了一下，咋又成了四角星呢？我赶紧加了一根牙签，嗯，完美贴合！

终于到了要最小心、最仔细的步骤——向牙签里面滴水！这个活对于毛手毛脚的我来说可能不行，我拿着滴管的手不由得颤抖起来。水终究是要滴的，我只好动手了，我把注意力全部集中在一个点上，尽量控制力度，终于，水滴垂直而下，成功滴落到了五角星的中心点上，我松了口气。

过了几秒，五角星慢慢绽开，像花朵一样缓缓舒展开花瓣。我们成功啦！但也不能算太成功，因为五角星才打开了一点点。我尝试轻轻地用手把它弄大，可我失败了。其他小组同学纷纷动手帮忙，递水的、助力的、呐喊的，小五角星像听懂了同学们的话，慢慢张开，成了一个漂漂亮亮、方方正正的五角星。

这个实验真神奇！其实原理非常简单：牙签由木质纤维构成，沾水后断裂处会吸水，所以半折的牙签会有重新伸直的倾向。同时，水的表面张力扩开了被折断的牙签，因此拼合的牙签就变成了五角星。

这次科技活动给我指明了前进的方向，我要努力学科学、爱科学，只要我们善于观察和发现，就会有很多收获。

小小牙签趣味多

周诗雅

这个世界真奇妙，什么蚂蚁搬家、什么动物自卫、什么海市蜃楼、什么美丽极光……怎么说也说不完，让人向往，让人着迷！在今天的科学小课堂上，老师带领我们用普通的小牙签儿玩出了奇妙的科学现象，走，我们一起去看看！

只见毛老师端着一个瓶子走了进来，她一步一步，小心翼翼地来到讲台前，掏出一根牙签，将它折断放在了瓶口处，然后拿出一枚小硬币架在了牙签上。随后，故作神秘地询问我们："你们可不可以不借助外力，让这个硬币掉进瓶子里？"老师的话音刚落，教室里便闹哄成一片。有的同学大声嚷嚷着说：把竹签给烧了，硬币就直接掉下来了。还有的同学说：把水灌满，让牙签掉下来，硬币掉下去。这办法真是一个比一个离谱。

只见老师笑而不答，提醒我们认真观察，便悠闲地拿出一个小滴管，吸了几滴清水，滴在了牙签折弯的部位。我们顿时都睁大了眼睛，目不转睛地盯着那根小牙签。教室里一片寂静，有一滴、两滴水落下的声音。不知为什么，我的心里像有只兔子在扑通扑通直跳，慢慢地，牙签缓缓地动了一下，停顿两下，又动，又停顿……就像一个淘气的小孩儿，走了一步，停下；又走一步，再停下。在我们的注视下，那根折弯的牙签缓缓舒展开来，折弯的角度逐渐变大、再变大……终于，只听见"啪"的一声，硬币掉入了空瓶子之中。"成功了！"大家欢呼起来，一阵掌声随之滔滔而来，大家异口同声地称赞着这个神奇的小实验。

那么，究竟为什么牙签会自己动呢？其实这个现象是非常简单的毛细现象。牙签是木头或者竹子做的，它由很多纤维组成，纤维之间又有很多细小的缝隙，就像是很多细小的毛细血管，当牙签的折痕处和水接触后，水会浸润到缝隙中，由于水的张力，牙签会慢慢张开角度，当扩大到一定程度没办法支撑硬币后，硬币就坠落了。

真是大千世界，无奇不有啊！每一次上科普课，我们都会有新的收获、新的感悟。我发现，只要用心观察、思考，就能探索出生活中的各种奥秘，这样我们脑海中的知识就会越来越丰富，写作也就自然会变得得心应手啦！

绽放的星星

徐嘉浩

你相信牙签能像星星一样绽放吗？如果不信，就和我一起走进科普小课堂，看看牙签的美丽变身吧！

做这个实验，得准备一些材料，不过这次实验用的材料简单得不能再简单了，常见得不能再常见了。这些材料分别是五根牙签、一个空盘子、一个滴管和一杯清水。

“开始实验吧！”老师一声令下，我们迫不及待地把五根牙签从中间折弯，让五根牙签变成对等的两半。这个过程中千万注意不要把牙签折断。接下来，将五根牙签折弯处向内，尖尖的两头向外，整齐地摆在盘子中心，让中间留一个小圆圈。摆好的牙签像一颗闪闪发光的星星。最后，在圆圈中心滴上几滴水。

滴完水后我既紧张又兴奋，过了几秒，只见折弯的牙签慢慢展开，就像一朵慢慢盛开的花朵。终于牙签变成了一个五角星，就像五星红旗上的五角星一样。顿时，我高兴得一蹦三尺高，大声地喊道：“我成功啦！”

你们想知道是什么原理吗？原来由于牙签中含有大量纤维，每根纤维就像一根细管子，一旦沾水，牙签断裂处的“管子”便开始吸水并膨胀，吸水后的牙签具有重新伸直的倾向，再配合水的表面张力，导致靠近中心那部分的牙签会互相远离，所以才会慢慢变成五角星。

通过这次的实验，我不仅了解了一些关于科学的奥秘和神奇，还欣赏到了牙签像花儿一样“绽放”的过程，真是收获不小呢！

会“冒汗”的纯净水

段瑞熙

一个烈日炎炎的上午，在科普课堂上，王老师拿出一瓶冰冻的纯净水，让我们仔细观察它的变化。

我看见瓶子里全是冰，冰直顶着瓶盖。过了一会儿，瓶里的冰慢慢融化成了水，瓶子的顶部露出了一点儿空隙，水可以左右晃动，瓶子的外壁上冒出了一层“小汗珠”。我用手一摸，“汗水”在手上直往下流。一位同学用纸巾把这些“汗珠”擦干，不一会儿，瓶子的外壁又被“小汗珠”包围了。

王老师又拿出一瓶没冰冻的纯净水，让我们比较比较。没冰冻的纯净水清澈透明，它可没“冒汗”。“咦，冰冻的纯净水为什么会‘冒汗’呢?”王老师不失时机地问。我们一个个摇着头，都说不知道。

王老师给我们做了详细地讲解。她说，水有三种形态：气态(水蒸气)、固态(冰)、液态(水)。瓶子里的固态冰融化成水，要吸收周围空气中的热量，空气中的热量被吸走了，温度就会下降，空气中的水蒸气就会凝结成小水珠，附着在瓶子的外壁，看起来就像是纯净水在“冒汗”。

“哦。”我们恍然大悟，原来纯净水不会“冒汗”，这都是瓶内的冰融化成水的缘故呀!

泡泡里的学问

王馨晨

“你们见过多大的泡泡?”“你们知道世界上最大的泡泡有多大吗?”“你们知道世界上保存最久的泡泡有多久吗?”在幸运星三楼的草坪上，毛老师将一连串关于泡泡的问题一个接一个地抛向了我们。

没错，我们正在开展欢乐的“泡泡秀”活动，过程精彩、场面热闹，小朋友们跟我一起去看看那欢乐的“泡泡海洋”吧！

要来到“泡泡海洋”就要先进行“泡泡大闯关”，在闯关问答游戏环节中，我们得知了世界上最大的泡泡是捷克的一位艺术家创造的，它可以同时装下275人加一辆汽车。世界上保存最久的泡泡是法国里尔大学的一个物理学家团队研究出来的，通过加甘油的方式，使一个泡泡保存了465天。没想到我们平常认为转瞬即逝的泡泡竟然还能保存如此之久，真是太神奇了，我们不由得惊叹连连。

那么泡泡是如何形成的呢？清水为什么不能吹泡泡？为了让我们更直观地认识到泡泡的成因，老师带我们玩起了一个游戏，叫作“水的力量”。老师先请了两位同学上讲台，让他们分别把曲别针放在装满水的杯子里，看谁浮起来的曲别针多。同学们纷纷议论，曲别针是铁的，怎么可能浮在水面上？老师提示说，要让曲别针浮在水面上，必须曲别针和手都是干的才行。

比赛开始了，他们小心翼翼地动起手来，我们屏住呼吸紧紧盯着他们的双手，生怕错过了一丝一毫，在经历了刚开始的两次失败后，女生组率先找到了规律，成功地将一枚曲别针放在了水面上，引来大家一片欢呼。紧接着，男生组也不甘示弱，打破了零记录。当游戏时间结束时，我们看见水面上已经漂浮了许许多多的曲别针，它们像一条条小船一样，安安静静地躺在水面上，一点也没有要沉下去的意思。老师提问：“你们知道它们为什么会浮在水面上吗？”同学们你看看我，我看看你，都答不上来。通过老师的讲解，我们得知，其实水是由许许多多的水分子组成的，这些水分子紧紧地靠拢在一起，形成一种相互吸引的力，叫作“水的表面张力”。清水不能吹出泡泡就是因为水的表面张力存在，而当我们加了洗洁精或洗涤剂后，破坏了水的表面张力，这些水分子不能靠拢在一起了，我们就可以吹出泡泡来了。同学们听后恍然大悟。

终于来到了“欢乐泡泡雨”的环节。老师拿出了许许多多吹泡泡的工具，有爱心形，有圆圈交叉形，还有许多大圆形。老师用各种吹泡泡的工具都吹了一遍，那些“泡泡小精灵”们就一股脑地涌了出来，它们纷飞在半空中，一会儿是绿的，一会儿是红的，一会儿是黄的，自由自在，无拘无束。你瞧，那泡泡在天空中飞舞着，在阳光下闪烁着五彩缤纷的颜色，有的像相亲相爱的好朋友不想分开；有的像大肚子的将军一摇一摆的；还有的在空中举行着盛大的舞会，优雅地跳着舞。他们有时借助风吹上去向太阳公公问好；有时被柔软的草地吸引，一头扎进大地妈妈的怀抱。

后来，老师又带我们玩了“泡泡龙”比赛和“套人”游戏，大家都沉浸在泡泡的海洋里，欢笑声溢满整个草坪。

这次的泡泡活动太好玩了,将小泡泡玩出了大欢乐!还让我们懂得了,原来许多学问都藏在我们平常的生活中,只是需要我们勇于去探索、去发现。

与“泡泡”的欢乐时光

熊紫欣

“哇……太好玩啦,我们是到了梦幻的童话世界吗?”你想知道这是哪里传来的欢笑声吗?是我们科普小记者班正在热火朝天地进行着一场科学实验,名字叫“神奇泡泡秀”。

课程开始前,毛老师神神秘秘地问我们说:“大家见过世界上最大的泡泡吗?大家知道泡泡最长能保存多长时间吗?”我们连连摇头,泡泡能有多大?还能保存?不可能吧?看我们一脸震惊,毛老师接着揭秘道:“世界上最大泡泡的是捷克的一位艺术家创造的,它可以装下275个人和一辆汽车!保存时间最久的泡泡保存了465天!”我们都惊掉了下巴!泡泡原来这么神奇呀!真是难以置信!

紧接着,我们开始了第一项游戏:曲别针实验——认识水的表面张力。老师先请了一男一女两位同学上台进行比赛。只见他们按照老师的要求,小心翼翼地拿起曲别针往水杯里放去,哇!神奇的一幕发生了:曲别针并没有像我们想的那样沉入水底,而是浮在了水面上。而且不仅仅是一个,不一会儿杯面就浮满了,那动作如行云流水般一气呵成。

那么铁质的曲别针为什么能漂浮在水面上呢?老师总结出了一个道理:因为水是由许许多多水分子组成的,它们凝聚在一起形成一种相互吸引的力叫作水的表面张力,当水的表面张力大于曲别针的重量时,曲别针就轻松地漂浮在了水面上。

由此,我们也得知了清水为什么不能吹泡泡,而加了洗洁精的泡泡水就可以吹出泡泡来。原来洗洁精就像是一个“间碟”,它破坏了水分子的凝聚力,所以就可以吹出泡泡了,真神奇呀!

懂得了泡泡的成因,我们开始了“欢乐泡泡雨”环节。在我们的欢呼声中,老师拿来了各种各样的吹泡泡工具。大家一拥而上,开启了“欢乐泡泡”的大制作活动。你瞧,那泡泡在天空中飞舞,一会儿变成绿色,一会儿变成黄色,一会儿变成金色……它们是多么的自在呀！有的似一对双胞胎，不肯和自己的朋友分开；有的却很内向，想独自冲向蓝天与太阳公公打招呼；有的却是三个一群五个一伙，抱在一起在天空中飞翔；有的一起扎进草坪里安安心心地睡觉；还有的在风姐姐的带领下徐徐上升呢！

后来，我们还玩了让人大开眼界的“泡泡套人”“泡泡龙”等游戏，欢乐的笑声伴随着漫天飞舞的泡泡，我们就像是置身于一个童话的世界，大家都玩得开心极了！

童年的梦，七彩的梦；童年的歌，快乐的歌；童年的泡泡，欢乐的泡泡！

欢乐泡泡秀

张　晗

回想那场神奇的泡泡秀，那多姿多彩的“泡泡军团”深深吸引着我，让我久久不能忘怀。

活动开始了，老师先带大家一起做了一个实验——让曲别针漂在水面上。咦，为什么曲别针能漂在水上呢？它可是铁质的，难道什么时候练轻功了？带着这个问题，我们开始了实验。老师请了两名小帮手，大家纷纷走上前来围观，只见老师拿出两个装满水的杯子和几个曲别针，第一位同学自信满满地说：“这点小把戏难不倒我。”说完便拿着曲别针随手一放，“扑通”曲别针像石头一样沉入了杯底，另一位同学嘲笑道：“哼，看我的。”只见他拿着曲别针慢慢从杯沿向水面中心放入，可惜又是“扑通”一声，这似曾相识的一幕，引得我们哄堂大笑，大家纷纷议论着。

可他们俩还是不信邪，于是又尝试一次，直到曲别针都用完了，也没有一个同学成功，相反，他们滑稽的神态逗得大家哈哈大笑。老师见状，一边给我们展示成功的图片，一边解释道：“其实，水是由许许多多的水分子组成，这些水分子紧紧地靠拢在一起，形成一种吸引的力，叫作水的表面张力。”我们才恍然大悟，原来水也有这么深的学问，这让我想起了一句话：团结就是力量。

了解了曲别针水上漂的原理后，老师又带我们玩了有趣的“泡泡龙”比赛，那“泡泡龙”真如名称一样，像条飞舞的龙。但有个问题同学们百思不得其解，“泡泡龙”是怎么形成的呢？原来湿巾上不仅有水分，还分布着许多密密麻麻的小孔，再沾上含有洗洁精的泡泡水，然后配上均匀、有力的呼吸，就可以吹出源源不断的“泡泡龙”了。

听完老师的讲解，同学们恍然大悟，随后老师带着我们玩了欢乐的“泡泡雨”

“泡泡套人”等多种实验。

你可别小瞧这些普通的泡泡，它们的存在，蕴含着光学、力学、数学等多种科学知识，不仅让我们感受到了关于泡泡的科学魅力，还使我们收获了满满的欢乐！

神奇的泡泡

鄢奕涵

国庆长假的一天，我在幸运星参加了一场精彩纷呈的“泡泡秀”活动，不信就跟我一起去看看吧！

瞧！活动现场早已热闹非凡了，大家正在进行抢答环节。“加了洗洁精！”“不对，是洗手液！”“老师，还有胶水和甘油！”为了探究泡泡水为什么可以吹出泡泡而普通的水不能吹出泡泡，同学们使出了浑身解数。

老师正带着大家做一个小实验，叫“曲别针轻功水上漂”。材料很简单，一个装满水的杯子和一盒曲别针。“曲别针是铁质的，怎么可能浮在水面呢？”同学们都用怀疑的眼神看向老师，想看一看老师这葫芦里到底卖的什么药？此时，有一名同学觉得这是“小儿科”，他拿了一个曲别针随手放入了水面，可曲别针像一个醉汉晃晃悠悠地沉入了杯底，“哎！”在场同学齐声惋惜道。之后他又小心翼翼地尝试了好几次，可都以失败告终，引得围观的同学们心痒痒，全都试了一次，可没一个成功的，最后还是老师出马让曲别针像小船一样轻轻漂在了水面上。

可这是为什么呢？原来水是由许许多多的水分子组成的，这些水分子紧紧地靠拢在一起，形成一种相互吸引的力，叫作水的表面张力。而泡泡水之所以能吹出泡泡，是水中加入了活性剂（洗洁精），降低了水的表面张力，才能吹出泡泡来。听完老师的讲解，大家顿时恍然大悟，一个泡泡水也有这么深的学问，科学真是无处不在啊！

接下来进入了有趣的“泡泡龙”比赛环节。老师先拿出了用湿纸巾包裹着剪掉了下半部分的矿泉水瓶，还有倒入适量清水和洗洁精的盘子各两个，然后请了两位同学上台进行PK，其余同学围观，呐喊助威。瞬间，那像云朵，像棉花糖，还像大象鼻子一样的“泡泡长龙”就从湿纸巾上冒了出来。很快，盘子里就堆满了泡泡，看上去软绵绵的，还闪着七色光，好看极了！

一位同学忍不住用手捧了一把,放到嘴边轻轻一吹,泡泡四处飘散,飘到了同学们的头上、脸上、身上,随着盘里的泡泡越来越多,同学们纷纷涌上去,抓的抓,捧的捧,一场“世纪泡泡大作战”上演了,你追我赶,嬉戏打闹,教室里立马成了泡泡的海洋、欢乐的海洋。男生一个个成落汤鸡,女生则报怨:“我的妈!昨天刚洗的头发,今天又要洗了。”

那你们知道为什么用湿纸巾可以吹出这么有趣的“泡泡长龙”吗?我们百思不得其解,老师解释说:“湿纸巾上不仅有水分,还分布着许多密密麻麻的小圆孔,再沾上含有洗洁精的泡泡水,配上均匀、有力的呼吸,就可以吹出源源不断的‘泡泡龙’了。”

随后,我们又玩了“泡泡套人”“泡泡大集合”……这次泡泡秀活动可真好玩啊!给我紧张的学习生活带来了无穷的快乐!

不一样的焰火

陈思涵

厨房天然气的火是蓝色的,爸爸的打火机点燃的火苗是红色的,木质柴火的颜色则是橙色的……为什么同样是火焰,但是颜色却不一样呢?影响火焰颜色的因素除了温度还有哪些呢?

周末这天,幸运星科普老师给大家带来了一个神奇又有趣的科学小实验——焰色反应,老师给我们验证了影响火焰颜色的其他因素,让我们一起去探索一下吧!

一进教室,就看见老师的桌子上摆放着大大小小的各种瓶子,瓶子上贴着不同的标签,有氯化钾、能量水、硫酸铜、氯化锂等含有金属元素的物质。还有一盏酒精灯和一个打火机。据说,这两样东西可是这个实验的重要材料。

就在我们好奇老师要如何做实验时,她微笑着向我们提了个问题:“同学们,你们想一想,烟火为什么是五颜六色的呢?”就在我们面面相觑、绞尽脑汁思考之时,我们班的“科学大王”抢先一步说出了答案:“就是因为烟花制造者们在燃烧物中加入了不同的金属元素,点燃后发生焰色反应,产生不同的颜色,就呈现出绚丽多彩的效果。”老师满意地点了点头,说:“对,今天我们来做焰色反应的实验。”

只见老师先把能量水快速倒入酒精瓶中，接着将酒精灯的灯芯——棉线，在能量水中泡一泡，最后点燃酒精灯，一簇橘黄色的小火苗就燃烧了起来。

准备工作做好了，要开启“变魔法”的环节。老师派我们班的“跑腿大王”去关灯，随着“啪”的一声，整间教室瞬间变得一片漆黑。好在还有一束酒精灯上微弱的小火苗在那儿飘忽不定。接着，老师从众多金属元素中随手拿起一瓶硫酸铜，朝着小火苗无情地喷了上去。我原本以为小火苗那么弱，一下就会被扑灭了，但没有想到的是，它竟然变大了，而且在那一瞬间还变成了绿色，真是太神奇了！

我们惊讶得瞪大了眼睛，看大家意犹未尽，老师拿了一瓶氯化钾，它在与酒精灯的火焰相接触时，竟然产生了淡紫色的火苗，看上去就像一束正在开放的紫色花朵一样，美丽极了！同学们欢呼雀跃，情不自禁地手舞足蹈起来，我仿佛觉得教室里此时正在开着一场盛大的焰火晚会。欢乐的时光总是过得飞快，实验结束了，老师熄灭了酒精灯，同学们依依不舍地回到了座位上。

后来，老师告诉了我们焰色反应的原理，就是金属盐在燃烧时会吸收能量，然后这些能量又以光的形式释放出来，而不同的金属盐可以释放出不同波长的光，我们肉眼看到的这些光，就是焰色反应产生的一种物理现象。

你们看，科学的世界是多么精彩啊！每一次都能让我收获知识、收获快乐、收获经验。

察“焰”观色

周向阳

我做过许多有趣的实验，有“火龙生字”“瓶口吞鸡蛋”“火山喷发”……而我最喜欢的还是“焰色反应”，因为这个实验让我学会了察“焰”观色。

周末的科普课堂上，只见老师在讲台上摆放了一些大大小小的装着些不明液体的小瓶子，还有一盏酒精灯和一个打火机。眼尖的我看见那些小瓶子上面分别写着：能量水、氯化锶、氯化铜、氯化锂等。它们大多是透明的，只有氯化铜溶液是绿色的。这一定是为这次的实验所准备的吧！细心的老师还不忘提醒我们说：“这些实验材料都是有毒的，所以不可以放进嘴巴里哦！”

万事俱备后，终于可以开始实验啦！老师先取出能量水并拧开瓶盖，倒入酒精灯的“肚子”里，再拧紧瓶盖，等灯芯被酒精完全浸泡打湿后，用打火机将酒精灯点燃。

为了保证实验效果，让我们看得更清楚，老师把教室里的灯全关了。身处在这黑漆漆的教室，本来有些害怕的我，在这伸手不见五指的地方，心里更担心了，“那些液体不是有毒吗？那我们会不会中毒呢？……”各种各样的问题从我心里冒了出来，但是强烈的好奇心和求知欲让我还是鼓起了勇气望向酒精灯。

只见试验台上那燃烧并跳动着的小火苗，呈现出淡淡的黄色。这时，老师拿出事先准备好的氯化铜喷雾瓶，对准小火苗喷了过去，只见一团绿色的火焰瞬间把原本的淡黄色全部包裹住了，那随着欢呼声而起的绿火苗，更加翠绿，那跳跃的样子，像极了随风飘动的杨柳。在这漆黑的教室，又像一支幽灵一样的火花。它虽宛如昙花一样，一瞬即逝，但却把自己最美的一面向我们呈现了出来。

听着同学们的一阵阵惊叹声，望着我们一幅意犹未尽的样子，老师把桌上的其他溶液给我们进行了演示。当老师把氯化锂的溶液向着火苗喷过去的时候，酒精灯上方立刻发出了红色的亮光，那耀眼的红光仿佛把整个教室都给照亮了。

欢呼声、赞叹声一阵接一阵，我们看着这多变的色彩，看着离我们这么近的焰火，一个个兴奋得就像一只只出笼的小鸟，一蹦三尺高，教室里顿时沸腾了。

当教室里的灯亮了，我的脑海中还在放映刚才那精彩的画面，当一个个颜色在我的脑海中闪烁时，我仿佛看到了烟花在寂静的夜空中爆开时，绽放出的五彩斑斓。

接着老师详细地给我们讲解了焰色反应形成的原因：金属盐在燃烧时会吸收能量，然后这些能量又以光的形式释放出来。而不同的金属盐可以释放出不同波长的光，我们的肉眼所看到的这些光就是五颜六色的了。

原来，小小的火苗中竟藏着如此多的学问。我不由得感叹，科学知识的海洋实在太广博了，未来，我要在这片海洋中继续畅游，去探索更多、更神奇的科学奥秘！

夏天的雪人

邹雨馨

亲爱的小朋友，你们在夏天堆过雪人吗？我看到你摇头了，没堆过吧！但是我要告诉你，我堆过哦！其实我是用“造雪粉”堆的雪人，神奇吧！

暑假的一天，我在幸运星科普小记者班上了一堂实验课——夏天的雪人，我和同学们可开心啦！

拿来材料之后，实验就开始了。老师先给我们每人发了一个杯子，然后让我们一人接一杯水；接完水后，老师给我们一人发了一个里面装着“造雪粉”的碗，老师说：“想在自己杯子里加色素的人请举手。”同学们纷纷举起了手，可是我没举手，因为我觉得白色更适合雪人。

开始堆雪人了，我们先把杯子里的水慢慢地倒进碗里，水渗进造雪粉里时，造雪粉就像吹气球一样一点儿一点儿膨胀了起来，水终于倒完啦！老师说：“快点把雪人堆好，不然雪人比赛就赶不上了哦！”我先把雪人的“身体”做好，接着做“头”。可是不知道为什么，雪人的“头”裂了，我拿起雪人的“头”又放了一点儿雪，这次成功了，然后用老师给我的橡皮泥做了雪人的“鼻子”“眼睛”“扣子”“帽子”。

雪人比赛开始啦！老师把所有同学的雪人都看了一遍，说：“现在我点几位同学的名字，点到名字的就是获胜者。”老师没有点到我的名字，我有点伤心，但老师说：“没得到名次的同学也不要伤心，因为你们也收获到了堆雪人的快乐。”

小朋友们，你们一定很好奇造雪粉是怎么变成雪的呢？幸运星的科普老师告诉我们，造雪粉的成分是高吸水性树脂。这是一种吸水能力特别强的功能高分子材料。当水分子与聚合体接触时，从聚合体外部进入内部产生膨胀。造雪粉为细小颗粒状，吸水后外观与真的雪没有区别，洁白、晶莹，摸上去凉凉的、有雪的感觉，而且无毒、无害、无污染、高温不化。

通过这堂实验课，我不仅知道了造雪粉的原理，还体会到了亲手动手实验的乐趣。

瓶子吞鸡蛋

王子傲

“吞进去了！吞进去了！”“不可能吧！”科普班里为什么这么热闹呢？让我们一起按下时光倒放键，回到三十分钟前，一探究竟吧！

要上课了，我慌慌张张地跑进教室，看见了这次实验的名称：瓶子吞鸡蛋。只见吕老师拿着一个熟鸡蛋、一个杯子和两个盆子，快步走进教室，笑眯眯地说：“现在，我要表演魔术——瓶子吞鸡蛋！”大家屏住呼吸，拭目以待。

只见吕老师把鸡蛋放在瓶口上，哎呀！这个鸡蛋也太大了，卡在瓶口根本没法掉下去。就在同学们以为实验失败的时候，老师拿起鸡蛋，把开水倒入瓶子里，让瓶身受热，然后把热水倒掉，重新把鸡蛋放在瓶口上，随后把瓶子放在冷水里。接着，神奇的事情发生了：鸡蛋慢慢地往下沉，它像个动作笨拙的小胖子，拖着胖胖的身子往瓶子里钻，不到几秒钟的时间，鸡蛋就掉进了瓶子里。

正在同学们目瞪口呆的时候，吕老师抛给同学们一个问题：“你们谁能把鸡蛋完整地取出来呢？”顿时教室里鸦雀无声了。大约过了十几秒，一名同学举起了手，自告奋勇走上台说：“我们可以把瓶口放进热水里，让瓶口受热膨胀。”老师照着他的办法把瓶口倒放在开水里，大家都好奇地凑过来看热闹，可过了一分多钟，鸡蛋像个傲娇的宝宝纹丝不动。

这时，另一名同学又说：“可以把瓶口放进冷水里，让鸡蛋遇冷水缩小。”老师又照做了，过了几秒钟，鸡蛋一点儿也没动，仍不想出来。“是不是因为放的时间太短了。”不知道哪位同学又说道。

于是，老师又多放了一会儿，可鸡蛋仍然纹丝不动，我们都想放弃了。到底怎么回事呢？我冥思苦想一番后，“有了！”我把手高高举起说：“我们可以利用热胀冷缩的原理呀！”同学们恍然大悟。老师把瓶子倒过来，然后往瓶身上淋热水，让瓶子里的温度升高。

“哇！鸡蛋动了！”

“哇！真的耶！”

“太棒了！”同学们高兴得跳了起来。

此刻的鸡蛋像个听话的孩子慢慢地移动，又像刚刚破壳而出的蝴蝶，更像嫩绿的小草从土里探出头来。

“对了，老师，这个原理是什么呀？”老师慢条斯理地回答道：“热水烫过的瓶子放到冷水中后，瓶内空气体积迅速缩小，外面的空气压力比里面大，就把鸡蛋往瓶子里推；相反，向瓶底浇热水的时候，瓶子温度升高，瓶内密闭气体受热膨胀，使瓶内气压变大，就会将鸡蛋挤出瓶口。”我们恍然大悟。原来，科学这么神奇呀！我以后一定学好科学知识，当一名科学家。

记一次科学小实验

姚泽林

生活中的小实验,可以丰富我们的科学知识。而给我留下最深印象的实验是“瓶子吃鸡蛋”。

星期天,张老师笑着对我们说:“今天我们来做一个有趣的实验。”同学们一听说要做实验,一阵欢呼,都睁大眼睛看着张老师。有的忍不住问:“是什么实验啊?”张老师继续笑着,摆摆头,没有回答。

张老师像变魔术似的,从讲台下面拿出好多器材:一个冰块、一个没有壳的熟鸡蛋、一壶开水、一盆冷水、一个玻璃瓶子。老师把鸡蛋放在瓶口上面,叫我们用力按了按,那鸡蛋很光滑,也很有弹性,可是怎么也按不下去。张老师神秘地笑了笑说:“你们用手按不下去,我可以让鸡蛋自己跑到瓶子里面去。”我们疑惑地睁大了眼睛,都认为张老师牛吹大了。

只见张老师把瓶子用热水烫了一下,然后把鸡蛋放在瓶口处,再迅速地把瓶子放在冷水中,那一连串的动作,绝不亚于一名魔术师。这时神奇的事情发生了,鸡蛋慢慢地开始往下动了,几秒钟后,“咚”的一声,鸡蛋掉入了瓶中,我“哇”地尖叫着,其他人也叫道:“哇,鸡蛋真的自己下去了。”

老师又说:“谁能让这个鸡蛋自己‘爬’出来?”我自告奋勇地迎上去,我把瓶子摇了又摇,可是鸡蛋怎么也摇不出来,我无可奈何地摇了摇头。老师说:“我可以让鸡蛋自己出来,看好啦!”同学们惊奇地涌上前来,伸长脖子往里看。老师往瓶子上面浇热水,热水顺着瓶子壁慢慢流下来,仿佛在给瓶子洗澡。张老师大声说:“大家看好,见证奇迹的时候到啦!”几秒钟后,鸡蛋真的自己出来了,我们再一次尖叫、欢呼,觉得太不可思议了!

老师告诉我们:“这就是热胀冷缩的原理。”同学们纷纷上台,都要体验下这个实验过程。

一个小小的实验,竟包含了这么多的学问。科学无处不在,只要细心观察,就会有新的发现。

鸡蛋里的学问

张沐辰

星期二的下午，同学们在教室里讨论得火热，这是为什么呢？原来十几分钟前老师说："今天我们要来上堂实验课！"然后，拿出了两个圆滚滚的鸡蛋，有一个同学说："这是要给我们吃吗？"老师说："不，这是要你们用自己的方法分辨生、熟！"所以才有了大家的窃窃私语和冥思苦想。

就在我们皱着眉头，埋头苦想之时，同学小王打破了这一片寂静，"我想可以用摇晃鸡蛋的方法来区分，有声音的是生的，没有声音的是熟的！"老师用了这个方法，果然有一个有"咕咚咕咚"的声音，而另一个没有。老师让大家举手说一下为什么，小王自告奋勇地说："因为生鸡蛋里面是蛋清——液体，而熟鸡蛋经过加热变成了固体。"老师为他竖起了大拇指，同学们也为他送来了掌声。

不一会儿，又一个小勇士——同学小张，跳了出来，他说："能用强光照，用光照蛋的颜色，红色的是生的，黑色的是熟的。"老师关了教室里的照明灯，打开手机的"手电筒"模式，又成功了！因为一个是可透光，一个是实心的。老师仍然让人上来说出原理，同学小红立马举了手，说："因为熟鸡蛋煮过，是固体，是实心的；生鸡蛋没煮过，是液体，是透明的。"老师笑呵呵地说："你是个小博士啊，懂得这么多，真棒！"

没过几分钟，同学小兰又说出了一个好办法，"转得快的是熟鸡蛋，转得慢的是生鸡蛋！"老师用了同样的方法，因为一个转得比陀螺都快，另一个像"病人"一样，得了晃头症，这也说明成功了！老师又问了原理，同学小刘大声说："因为熟的重力比生的大，所以转动起来更有'力'。"老师补充说："对的，同时，因为熟的是固体，整体旋转着，所以转得快！你们真厉害！"

这么平常的鸡蛋，却蕴含了这么多的知识，其实科学就在我们日常生活中，等着我们去发现、探究。

怎样辨别生鸡蛋和熟鸡蛋

胡西纯

“一个圆圆的东西，人人都爱吃，生时是液体，熟时成固体。”周六的科普课上，老师给我们出了一个谜语，老师刚说完，就有同学忍不住蹦起来说：“我知道，我知道！就是鸡蛋！”

“没错！”姚老师像魔术师一样，从口袋里拿出两个一模一样的鸡蛋，笑眯眯地说：“我们今天来玩一个小游戏，这两个鸡蛋，一个是生的，一个是熟的，谁能分辨出生熟呢？”

话音刚落，一名同学赶紧站起来说：“老师，我有办法。”只见他走上前台，接过老师手里的两个鸡蛋，分别放在耳边轻轻地摇了摇，一会儿眯起了眼睛，一会儿又皱了皱眉头，轮流摇过几次后，把右手的鸡蛋递给了老师，非常肯定地说：“这个是生鸡蛋，我摇动时听到里面的蛋液在轻轻地晃动。”这个方法我倒是很赞同，因为我曾经也摇过妈妈买的鸡蛋。

“这个办法好，那么除了这个方法，同学们还有别的方法吗？”老师扫视着全班同学笑着说。同学们你看着我，我看着你，相互讨论起来。我平时只知道鸡蛋美味又营养，吃得多，对于这个问题还真没想过。突然，另一名同学像解答了一道老师都不会做的奥数题一样兴奋地说：“熟鸡蛋转得快，生鸡蛋转得慢。”我半信半疑，都是一样圆圆的鸡蛋，转动还会有快慢之分？

“好！我们来转动鸡蛋试验一下。”老师一边说着，一边把鸡蛋放在桌子上转动起来。果然，其中一个鸡蛋比另外一个鸡蛋转动得快很多。“同学们仔细看好了，这个转得快的鸡蛋还很听话呢！”老师说着，用手指把两个转动的鸡蛋点了一下，转得快的鸡蛋真的乖乖地停了下来，而另外一个鸡蛋就像个调皮的孩子，非要再转动一会儿才肯停下来。

可这是为什么呢？两个外表看上去一样的鸡蛋，怎么会有这么大的差别？同学们疑惑重重，纷纷问老师。老师微笑着说：“这可是有科学依据的，因为生鸡蛋里面的蛋黄和蛋白都是液体，转动生鸡蛋后，由于惯性作用，要保持原来的静止状态；而熟鸡蛋里面的蛋黄和蛋白都是固体，是一个整体，转动熟鸡蛋后，整个部分一起转动,所以熟鸡蛋旋转速度比生鸡蛋快。同理,当碰一下生鸡蛋时,也是由于惯性作用,里面的蛋液保持原来的转动状态,不能马上停下,所以还要转一会儿才能停下来。”

今天的科普课不仅让我学会了辨别生、熟鸡蛋的方法,还让我明白了这么多的科学道理,我越来越喜欢科学了!

两个鸡蛋

魏梓翱

星期天,我来到科普教室,发现讲台上有两个鸡蛋。大家纷纷议论,有的说:这难不成是老师带给我们吃的?又有人说:这两个鸡蛋怎么分呢?大概是今天谁作文写得好,奖励给他的吧……

上课了,张老师拿起那两个鸡蛋在我们面前晃了晃,说:“今天我们来做一个实验。”我们想:会是什么有趣的实验呢?我们满脸疑惑。

张老师给了我们一个大大的悬念:你们会识别生鸡蛋和熟鸡蛋吗?大家都摇着头:不剥开吃谁能知道是生还是熟呢?

张老师拿着讲台上的两个鸡蛋,问:“你们猜一猜,哪个是生鸡蛋?哪个是熟鸡蛋?”我们被这个问题难住了,不过这是难不倒我的。我说:“把它摇一摇,有轻微晃动的是生的,反之就是熟的。”于是,老师把两个鸡蛋给了我,让我来试一下。我把两个鸡蛋摇了摇,一下就试出来了:一个鸡蛋在摇动的时候发出了细微的流动声,另一个则听不到丝毫声音。老师笑着说:“回答正确,你真厉害!”

老师又让其他同学去尝试。有同学说:“把它放在水里,沉下去的是熟的,在水里浮动的是生的。”老师让这名同学做实验。在透明的玻璃容器上装上大半的水,他拿起一个鸡蛋,轻轻放入水中,鸡蛋先往水里沉下去,我们都以为它要沉入水底,它却晃悠悠地浮了起来。他接着拿起另一个鸡蛋,往水面上一放,这个鸡蛋却头也不回地一直沉到了容器底部。同学们开心得欢呼起来!

又有同学说,还可以通过旋转来判断鸡蛋的生与熟。老师就让一个女生上台,只见她用力一扭,一个鸡蛋笨拙地转了起来,没转几圈,就摇摆着倒下了。她拿起另一个鸡蛋,也是用力一转,鸡蛋就像陀螺一样转过不停。老师说,熟鸡蛋转一下就停,生鸡蛋会转很久。

老师说,区别生鸡蛋还是熟鸡蛋,还有其他方法,大家可以多想想。老师接着解释说:“熟鸡蛋的蛋白、蛋黄凝结在一起,是一个整体的固体;生鸡蛋的蛋白、蛋黄都是液体,这就是我们能用以上方法区别它们的原因。”

最后当然是品尝鸡蛋。这次实验真是太棒了,希望以后还可以多上这样的课!

鸡蛋能捏破吗

李易阳

不知道大家有没有捏过鸡蛋?可能你们觉得这一点意义都没有。对!其实我也是这么想的,更何况大家都知道,鸡蛋的壳薄薄的,一碰就会破,哪里还经得起一捏呀!可在科普课上,我们却见证了捏不破的鸡蛋!

课前,老师给我们讲了一个故事:一个能徒手捏碎一块砖头的大力士,有人给他一个鸡蛋,他却捏不破。我听了半信半疑,我在二年级时,就亲手捏破过妈妈买回来的鸡蛋,当时蛋液洒了一地,我慌慌张张地处理掉了事发现场,生怕被妈妈发现呢!

这时,老师已准备好了一个鸡蛋,拿在手中高高举起说:“哪位同学上来试试?”同学们的眼睛齐刷刷地望着鸡蛋,我也仔细地观察了一下,发现这个鸡蛋与我妈妈买的鸡蛋并无两样,这怎么可能捏不破呢?

课堂里的气氛顿时活跃起来,同学们议论纷纷,都觉得自己肯定能捏破鸡蛋。老师又说了:“看来,同学们好像不相信,那么我们现在就来验证一下,同学们轮流上讲台来,用最大的力气尽管捏。”

第一个上场的同学卷起袖子,把鸡蛋用右手紧紧地握住,我的眼前仿佛看到了蛋液从她指缝中流出来的样子,可是她却把左手合在了右手上,改成用双手握鸡蛋。只见她手臂上的青筋暴起,脸也涨得通红,可鸡蛋就是纹丝未动。

见此情形,有的同学小声议论着,怀疑是不是她的力气太小了。第二个上场的同学个子比较高,平时热爱运动,同学们都认为他的力气还是很大的。可他也一样,并没有捏碎鸡蛋。

他们今天是怎么啦?我觉得任何事情不亲自试一下,我是不会相信的,我赶紧举起了手，想一探究竟。这次老师终于点到了我。我抢过老师手中的鸡蛋，尽量把手伸开一点，做好了鸡蛋洒一地的准备。我慢慢加力，用到最大力时，鸡蛋居然表现出了前所未有的坚强。我又一次双手握住鸡蛋，咬紧牙关，瞪大眼睛，使出全身的力量狠狠地捏下去，可鸡蛋还是安然无恙地躺在我手中。

经过同学们轮流尝试，被捏过的鸡蛋完完整整地回到了老师的手中。同学们惊诧不已，不约而同地问老师这是怎么回事？老师给我们解释道："同学们，这个实验是有它的科学原理的，鸡蛋壳虽然很薄，但它是一个椭圆形，当你去捏它时，它就会把你使出的力量全部均匀地分布到在鸡蛋各个地方，所以它能承受很大的力量。一些建筑物就是运用这个原理建成的呢！"

听了老师的话，我恍然大悟，没想到生活中很多自以为是的事，并不是想得那么简单，居然还蕴藏着这么多奇妙的科学道理。我以后一定要多观察、多思考，当一个爱思考、爱创造的小科学家！

与鸡蛋过招

吴泽宇

星期六的科普课上，姚老师从口袋里拿出来一个鸡蛋，神秘地说："有没有同学敢上来把这个鸡蛋捏破？"同学们对这个"敢"字产生了浓厚兴趣，纷纷举起了手，有的甚至等不及了，直接跑上讲台去夺老师手里的鸡蛋，一捏为快！

"等一下，这个鸡蛋可能拳王都捏不破哟！"老师笑了笑，补充说道。这时，同学们想捏鸡蛋的心更急了！可是老师偏偏让同学们先回到座位，老师点了谁，谁才能上去捏，这可把我们急死了！"老师，让我先捏吧！"我想主动争取优先权，因为我发现老师就一个鸡蛋，别人捏破了我就没机会了，可是老师偏偏点了同学小胡，我心里有点儿失望。

只见他兴致勃勃地走上前台，在众目睽睽之下接过老师手里的鸡蛋，轻轻一捏，鸡蛋破了！蛋液从他手指缝里流出来，洒到了地上。见此情景，有的同学赶快去拿拖把，处理现场卫生；有的同学在小声议论："老师不是说拳王都捏不破的吗？""可能是老师故意说的吧！"顿时，教室里你一言我一语地纷纷议论起来，还有的同学故意赞扬小胡说："你比拳王都厉害！"小胡不好意思地说："我都没怎么用力，鸡蛋就破了。”

下课了，老师又去旁边超市买了一盒鸡蛋。同学们感到很奇怪，难道还要捏鸡蛋？这不是浪费吗？反正我是不想捏了，这没什么意义嘛！更何况鸡蛋破了还要打扫卫生，多麻烦呀！

“同学们，现在谁能把鸡蛋捏破，就奖励一盒鸡蛋。”老师边说，边从盒子里拿出一个鸡蛋，还迎着光线看了看。同学们听说有奖励，兴致又来了，都把手举得高高的，我也举起了手。老师看了看我说：“这次你来，捏破了这盒鸡蛋就是你的了。”

“老师，我要用碗接着捏。”我突然想了个好主意。老师拿来一个碗放在桌上，我接过老师手里的鸡蛋，把手放到碗上面，才敢用劲捏。这时，我好像听到了鸡蛋破碎的声音，可是鸡蛋却表现得很坚强，然后我又加大力气捏了捏，鸡蛋还是毫发无损。我心里有点急了，别人不费吹灰之力就捏破了鸡蛋，我怎么就捏不破呢？我把两只手合在了一起，使出了最大的力气捏下去，直到背心都冒汗了，鸡蛋居然还是安然无恙。

“老师，让我来，我肯定能捏破！”这名同学是班上最爱表现的，每次别人回答不上来的问题，他都会蹦出来表现表现，这又是他得意的机会了。“好！你来试试。”老师话还没说完，他就昂首挺胸地走上了前台，他冲着我做了个鬼脸，从我手里拿过鸡蛋，面对着同学们，深吸一口气，凝聚全身的力量于手心，把鸡蛋横着扭，然后又竖着捏，鸡蛋就像铁了心一样，就是不破。

“来，每个同学们都上来捏一下，看有没有能捏破的。”老师笑着说。同学们一个一个走上前台，但没有一个人捏破鸡蛋。“老师，让小胡再试试。”有同学提的这个主意，全班同学都很赞同，说不定小胡有捏鸡蛋的经验呢！小胡快步走上前台，重复着刚才捏破鸡蛋的动作，但加大了力气，可鸡蛋就像一个鹅卵石，坚硬无比！

实验结束后，我们和老师展开了讨论，为什么同学小胡第一次能捏破鸡蛋，后来又捏不破呢？老师说：“一个完好无损的鸡蛋是捏不破的，鸡蛋壳虽然很薄，但它是一个椭圆形的，当你去捏它时，它可以把力均匀地分散到各地方，所以它能承受很大的力量，怎么能捏破呢！”“为什么小胡把第一个鸡蛋捏破了呢？”有同学打破砂锅问到底。“可能是老师故意带了一个有破损的鸡蛋吧！”几个爱思考问题的同学和老师开玩笑，老师笑而不答。

这节实验课太有趣了！一个普通的鸡蛋实验，让同学们心中跌宕起伏、疑问重重，最后豁然开朗、心潮澎湃，我太喜欢实验课了，希望以后多做这样的实验。

鸡蛋大力士

薛子钰

在我们的惯性思维中,可能觉得鸡蛋一碰就会破。可如果不是亲自尝试,不是亲眼所见,真的不敢相信鸡蛋会捏不破。

今天的科普课上,老师给我们讲了一个故事,老师说:“一个大力士能徒手打碎一块砖,可别人给他一个鸡蛋,他使劲捏了半天,却怎么也捏不破。”我想这怎么可能呢！平时妈妈买鸡蛋总是小心翼翼的,可回来后总唠叨着:“这鸡蛋又破了几个,我放得好好的,怎么这么容易破呢!”

老师见我们不相信,她像变魔术一样从口袋里拿出来一个鸡蛋说:“有没有哪个同学先上来试试?”我看其颜色、大小和我家买的鸡蛋并无两样,未必这个鸡蛋真捏不破?

“不亲自捏一下,我是不信的。”我的同桌自言自语地说。后面有几名力气大的同学把手举得很高,纷纷要求上台露一手。

“你先来试试。”老师点了班上力气最大的男同学。他走到前台,胸有成竹地拿起鸡蛋,还让老师拿个碗接着,生怕洒一地。老师配合地拿来碗,他这才敢用劲。我仿佛已经听到了鸡蛋破裂的声音,但令我没想到的是,他由一只手捏变成用两只手合力捏,鸡蛋竟然还是没有破。他急得脸都红了,他咬紧牙,弓着背,两手紧握着鸡蛋,估计使出了全身的力,可鸡蛋液并没有从他的手指缝里流出来。

“我来试试!”我班一名个子比较高的同学健步走上前台,他上次的武术表演可让我们啧啧称赞呢！他不仅力气大,而且还懂得用巧力,同学们都非常看好他。只见他拿起鸡蛋深吸一口气,鸡蛋被他紧紧捏在手中,他把全身的力气都集中在了手上,狠狠地捏了下去,就在我认为鸡蛋必破无疑时,却看见他把那个丝毫未损的鸡蛋递给了老师。

“还有同学要试一下吗?”老师环顾了整个教室又说:“每个同学都试一下,实验必须亲自动手,亲身体验。”同学们纷纷走上台,尝试了一把。我幻想着自己会不会是个意外呢？但鸡蛋就像一块石头那么坚固,最后安然无恙地回到了老师的手中。

看着同学们惊奇的眼神,老师说:“同学们,这个实验是有科学原理的,鸡蛋壳虽然很薄，但它是一个椭圆形，当你去捏它时，它就会把你使出的力量全部均匀地分布在鸡蛋的各个地方，所以它能承受很大的力量，一些建筑物就是运用这个原理建成的。”

听了老师的话，我恍然大悟，这个世界真的很奇妙！只要我们爱发现、爱观察、爱劳动，就能与美妙的科学邂逅。当今社会可以说已经离不开科学了，相信我们明亮的眼睛一定能发现许多奇妙的事物。

鸡蛋弹弹球

高祥墀

“你们相信吗？听说只要把鸡蛋放在白醋里面泡上一段时间就可以变成弹力球。”“真的吗？我回家要去试一下。”同学们在幸运星科普教室里七嘴八舌地讨论着。我半信半疑地回到家，决定亲自试验，一探究竟。

首先准备好醋、鸡蛋、透明的玻璃杯、水，但由于我不知道用陈醋，还是用白醋，所以我决定先用陈醋，如果失败了再用白醋。

我倒了一些陈醋到玻璃杯里，又把一枚鸡蛋小心翼翼地放进去。一个小时过去了，我迫不及待地把鸡蛋倒入了另一个装了清水的杯子，观察它的变化，可是鸡蛋并没有什么变化。

于是，我决定用白醋再做一次。我把白醋倒在玻璃杯里，然后把刚才浸泡过陈醋的鸡蛋洗干净后放入白醋里。这次我不再像上次那么心急，决定“静待花开”。到了晚上，我透过杯子发现鸡蛋壳在慢慢地变化，有很多气泡冒上来，四周还有一些黄色的皮，那应该是白醋泡烂的鸡蛋壳。

第二天，鸡蛋则躺在白醋里，像个胖娃，正在悠闲地泡澡。我吸取了上次的教训，“心急吃不了热豆腐”，我等到第三天才把鸡蛋捞起来，居然发现蛋壳已全部褪去，露出半透明的水晶衣，黄澄澄的，真好看！我正在感慨之际，鸡蛋从我手中溜了出去，掉在了地上。“完了，又要摔破了！”我大叫道，可是鸡蛋居然像蹦极一样弹了起来，越弹越高，真好玩。

后来我查了资料才知道：白醋的主要成分是醋酸，属于弱酸，鸡蛋壳的成分主要为碳酸钙。二者在一起时，会发生化合反应，生成二氧化碳和醋酸钙，二氧化碳会使鸡蛋重新上浮,上浮后的鸡蛋又在重力作用下下沉,因此鸡蛋会变软。

这就是一蹦三尺高的“弹力蛋”,有意思吧!

水中“流星雨”

徐依璇

流星雨,是在夜空中由许多的流星从天空中一个所谓的辐射点发射出来的天文现象。那么,你见过水中的“流星雨”吗?

其实,看见别人做出“流星雨”时我很惊讶,水中居然有五颜六色的“流星雨”啊!于是,我也打算做一场“流星雨”,跟着我一起欣赏一下这美妙绝伦的“流星雨”盛宴吧!

首先,准备一些比较简单的材料:一杯水、一些食用油、三原色的色素、量杯、搅拌棒。

其次,在杯中倒入清水,滴上食用油和色素,只见水上的一层油色泽杂乱,咦,我的“流星雨”呢?怎么只有被染了色的水呀?我垂头丧气,本想放弃。但转念一想都做了这么久了,现在放弃太可惜了。我又重拾信心,思来想去,原来是忘记了搅拌。于是,我将搅拌均匀的油和色素倒入杯子里,只见杯中的色素在油的包裹下慢悠悠地漂浮起来,一个个美丽的流星在水中划过,每个颜色的流星都拖着长长的尾巴,美得让人窒息。这些小色素水滴像一个个穿着彩色衣裙的姑娘,跳着轻盈的舞步来到舞台,空中只剩她们的裙子虚影,上面还在不停地旋转、跳跃,美轮美奂。

我痴痴地看了好一会,一直到上面的色素消失了,我才恋恋不舍地收回目光,又在家人的要求下,不得不倒掉了杯子中的水。

后来,我上网查了原理:油不能溶于水,色素不能溶于油,所以色素加入油后被油包裹成一粒粒色素油粒,混有色素的油密度比水大,因此会下沉到水底,过程中像流星雨划过天际一样,所以叫作水中“流星雨”。

这次实验不仅开阔了我的视野,丰富了我的知识体系,同时也让我欣赏了一场神奇的“流星雨”,这大概就是科学的魅力所在吧!

复活废纸

周锦亿

同学们，把废纸“复活”的小实验你们做过吗？星期天上午，幸运星的老师带我们做了这个小实验，叫作“制造再生纸”，感觉挺有趣的。

实验所需材料有：框架、过滤网、两张纸、网格板、刮器、压平器、胶水、水彩颜料、厚重的书本、杯子等。

实验开始了，大家高兴得一蹦三尺高，第一步是做纸浆，先将一个牛奶盒卡纸剪开，剪出几个小方块；再从表面边缘将其撕开，使之一分为二；接着把它们放在水盆中浸泡；然后用刮器将纸片上原材料刮下放入杯子中；紧接着向杯子里倒入适量的胶水和水，用筷子搅拌均匀，这样纸浆制作就完成了。

接着调配颜料，可选配一至两种颜料调配，但千万不要用三至四种颜料调配，因为这样调配的纸看上去比较脏，选好后，再用筷子把原料搅拌成糊状。

然后倒模成型，把过滤网及网格板依次放入框架中，再将框架放入脸盆里，把纸浆倒入框架内的过滤网上，尽量使纸浆溶液均匀铺开，放入另一张过滤网，用压平器压平，接着拆掉框架，放入旧书中间，用书压15分钟。

最后一步是风干纸浆，把纸浆放在阳光下晒2小时后，再把过滤网拿开，一张再生纸就大功告成了。

今天不仅做了有趣的科学小实验，还懂得了环保的重要性，资源回收再利用是需要倡导的行动，只有集约、节约地球材料，我们未来才能拥有更美好的生活。

“声控车”诞生记

胡景煜

众所周知，声控技术已经广泛地被运用到生活中，如手机的智能管家、小爱同学声控灯等。这次，我也要运用声音，来控制一辆小车。

声控车需要的材料既有木制的木棍，还有电池盒、马达等。老师把这些材料发下来后，我们一个个都目瞪口呆，心想：这么多的材料，怎么装呀？就算会装，估计要装到猴年马月吧！虽然我们心里这样想，但还是动手做了起来。

首先，我们将一根短方木棍、两根长方木棍和一片有洞的方木板摆好，再依次用双面胶固定车身。接着，在车身上装上车轴，在车轴上装4个车轮。要进行下一步时，我们发现问题了，齿轮没有装到车轴上。没办法，我们只好硬着头皮将一个个车轮拆下来，重新装齿轮。重新装好后，我们给马达装上直齿，用扎带固定在横放的短木板上。然后在洞里插上木棍，再在木棍上插上有洞的圆木片。这几步都非常简单，我们三下五除二就完成了。

可下面的几步就非常难了，要连接线路，电池盒上的黑、红线要和电路板一端的黑、白线连接，马达的黑、红线要和电路板另一端的黑、红线用连接夹连接起来。我们在将电线插进接线夹时遇到了麻烦，插了好几次都没有成功，我们急得像热锅上的蚂蚁。老师看到了，鼓励我们，有志者事竟成，叫我们不要放弃。最终功夫不负有心人，我们成功了。

组装完成后，我们把小车放到地上，小车在我们的拍手声中飞速向前奔跑。当我们不发出声音时，小车则一动不动，真是神奇有趣！后来老师告诉了我们声控车的原理：声控车是采用声响效果发音器，进行声电转换，控制用电器的开启，并经过延时能动断开电源的装置。

声控技术给我们带来了意想不到的方便，也广泛运用到了生活之中。当然，声控技术还有很大的发展空间，我们还要继续努力！

神奇的瓶子

代诗妍

你见过能“吹气球”的瓶子吗？在周末的科普课堂上，毛老师带领我们做了一个有趣的实验——瓶子吹气球，过程相当精彩！

我准备小试牛刀，等爸爸下班回来做给他看看。晚饭前，爸爸终于回家了。一进门，我就故作神秘地对爸爸说“爸爸，不用打气筒和嘴，你知道还有什么方法能吹出气球？”爸爸说：“不知道。”“今天我就让你大开眼界。”我兴奋地拍着胸脯说道。

我先从袋子里拿出一个红色的气球和苏打粉、一瓶醋、一个空瓶子，再拿起苏打粉和气球，小心翼翼地把苏打粉倒进气球，可是苏打粉像一个不听话的小孩，老是向外跑去，就是不肯乖乖地钻进气球里去，撒得桌子上、地上全部都是。我眼珠子一动：啊！想出办法来了，拿出一张纸，把它做成漏斗，然后把它插在气球口上，再小心地把苏打粉倒了进去。我心想：如果做不好，我可要被嘲笑了。这时，苏打粉像一个快乐的小孩子滑着滑滑梯，进了气球的"肚子"里。

接着，我拿出瓶子将醋倒了进去，那酸味呛得我眼泪都要流下来了，但我不能放弃，我拿起气球准备把气球套上去，可是我费了九牛二虎之力，好不容易套上去，却因为太用力了，所以把气球口撑破了，气得我火冒三丈。我叫来爸爸和我一起套，终于气球被我们套了进去。

这时，我拎起小气球把它里面的苏打粉向瓶中倒去，小气球逐渐蔫了下来，像一个被批评了的小朋友低着头。不一会儿，奇迹发生了，清澈的醋变得浑浊起来，并冒起了泡泡，还发出了"啪啪啪"的声音，小气球也随之变大了，爸爸说："女儿这是什么原理，快告诉我吧！"我说："其实是由于白醋里面有醋酸，小苏打里面有碳酸氢钠，这两者融合在一起产生化学反应，形成大量的二氧化碳气体，就是这个气体把小气球给'吹'起来的。"爸爸听了，恍然大悟："原来是这样啊！"

通过这个小实验让我明白了：生活中很多有趣的现象都包含着一定的科学道理，科学就在我们身边！睁大你探究的眼睛，让我们一起去探索吧！

会"吹气球"的瓶子

刘一廷

我用嘴吹过气球，用打气筒吹过气球，但我却没见过用瓶子吹气球的。这次的科普课堂上，我们特意做了一个小实验——瓶子吹气球。

实验开始了，我按照老师事先讲的方法，先拿出一个透明的瓶子，向里面倒入50mL的白醋，再小心翼翼地往气球里面装入两勺雪白的苏打粉，接着用气球的"嘴巴"套住瓶口，你可别小瞧这一步，如果用力过猛，可能会把气球弄破的。

我屏息凝神，小心翼翼地将气球的口抠开，轻轻地套在了瓶口上，这时，气球像一个受了批评的小孩子耷拉着脑袋，一副无精打采的样子垂头丧气地吊在瓶口边。

我兴奋地把气球的底部拎起来抖一抖，让里面的苏打粉全部掉进瓶子里。只见苏打粉与瓶中的白醋快速地融合在一起。在我们的欢呼声中奇迹发生了，白醋如沸腾了一般，冒出了大量的白色小泡泡。气球“呼”的一声，昂首挺胸，变得精神抖擞起来，而且气球越变越大，直到瓶子里的反应停止，气球最后变成了个大葫芦。我还在气球上画了一个笑脸呢！

我们看到瓶子“吹”起来的气球，惊讶得张大了嘴巴，连连催问老师这是什么原理？老师微笑着为我们解释道，“瓶子吹气球”的原理是这样的：苏打粉里面有碳酸氢钠，白醋里面有醋酸，二者混合在一起时就会产生大量的二氧化碳气体，气体在瓶中无处可逃，只有往气球“肚子”里钻，就把气球“吹”大了。听老师说，二氧化碳的作用可大了，灭火器需要用到，制作干冰需要用到，就连植物进行光合作用也离不开它。

奇迹无处不在，一切皆有可能，未来还会有更多的科学实验等着我们去探索去发现。

制作走马灯

吴子晨

我见过美轮美奂的电动灯，也玩过五颜六色的壁灯，但我从来没有亲手制作过走马灯。今天，我们班竟然有机会亲手做走马灯，真令人兴奋啊！

你们知道什么是走马灯吗？不知道吧！那就让我来告诉你。走马灯是传统节日玩具之一，属于灯笼的一种，常见于元旦、元宵、中秋等节日。

在同学们的翘首以盼下，终于可以制作走马灯了。我先把顶棚上的压痕按照说明书上的步骤折叠好，接着给顶棚扣顶扣。咦，为什么扣不上去呢？正当我抓耳挠腮的时候，同桌提醒我顶扣装反了。果然有同学的帮助，不管什么困难，都可以迎刃而解。

当我的走马灯快要做完的时候，又遇到一个“拦路虎”，走马灯的主体安装不到套管上。老师好像发现我遇到了“拦路虎”，就走到我身边，帮我固定主体，我小心翼翼地在主体上粘上双面胶，在老师的帮助下，我终于战胜了这个“拦路虎”。

所有同学都做完后，老师组织我们去陆羽广场比赛，比一比谁的走马灯转得快、转得稳。到了广场，我们开始比赛，有的走马灯还没喊比赛开始，就停了下来；有的走马灯转得飞快，但是转了几秒就停了；而我的走马灯还稳稳地转着，可是我还没有高兴三秒钟，我的走马灯也停了，只有同学小胡的走马灯还稳稳地转着。

为什么会这样呢？老师走过来告诉我们，走马灯之所以会转，是因为蜡烛燃烧产生的热力造成气流，驱动灯罩顶部叶片带动轴或灯罩转动。经过进一步的调整，我的走马灯转得又快又稳了。

通过这次的科学实验，使我懂得了遇事要多思考，只有细心观察才能取得成功。

我的“飞机”飞上天啦

沈博辉

有人喜欢生动有趣的语文课，有人喜欢妙趣横生的数学课，还有人喜欢书声琅琅的英语课，而我则喜欢高深莫测的科学课，它犹如一个巨大的黑洞，深深地吸引着我去探索，让我们一起走进这堂有趣的科学课堂吧！

这天中午，我们正在背英语课文，突然听到某位同学喊道：“你们看，那是什么？”我一看，那是我最喜欢的“小汽车”。只见其他班的同学正在用自己制作的汽车模型比赛呢！顿时，我们全班同学都热血沸腾了。我想：“等会那些老师如果来给我们上课该多好啊！”我既有些激动，又有些担心，我怕那些老师不来我们班上课。这时，我们的数学老师告诉我们一个好消息！你们猜这个好消息是什么呢？对！就是那些老师要来我们班给我们上课了！

过了大概10分钟，不过对于我来说好像过了一年。那些穿着统一服装的老师们终于走进我们教室，原来他们来自天门市小牛顿科普中心，是受天门市科学技术协会的委托，专程来给我们上科学课的，全班同学都欢呼雀跃。老师们带来了飞机模型的零件，只见这些零件有：木棍、飞机泡沫模型、长皮筋、双面胶、两个小挂钩和一个螺旋桨。看着这些零件，我感到很疑惑：这些东西能做成“直升飞机”飞上天空吗？为了解开这个困惑，我上课打起十二分精神，认真听老师讲解相关知识。

到了动手操作阶段，我迫不及待地拆开包装，按照老师的指导认真拼装起来。制作到一半时，突然有一个部件不知道该如何固定好。此时，我看到有好几位同学都已经快拼好了,我心急如焚,生怕下课时自己不能拼好。就在这时,一位老师走到我身边,认真地给我讲解了固定的方法。我顿时茅塞顿开,很快,我的“直升飞机”在老师的指导和我的努力下做好了。此时,同学们也都陆续制作完成。

接着,老师组织我们到操场,让我们亲自放飞自己的“作品”,看谁的“飞机”飞得又高又稳。到了操场,等待老师的口令时,我的心激动不已,生怕自己的“飞机”飞不起来。终于,听到一声:放!全班同学放开“飞机”,只见有的“飞机”没有飞起来,有的“飞机”刚飞起来又落了下来,而我的“飞机”稳稳地向上飞起来了,我高兴极了。不过没高兴几秒,我的“飞机”就开始摇晃起来,然后就落下来了。

正在这时,只听全班同学都欢呼起来了,一名同学的“飞机”飞过三层教学楼了,还在稳稳地飞行,同学们都兴奋不已,我更是羡慕极了。老师叫我们围拢在一起,给我们讲了为什么有的“飞机”飞得又高又稳,有的却飞不起来?经过老师的讲解,我明白了原来“直升飞机”能够飞上天,是利用橡皮筋的弹性形变带动螺旋桨转动,使机身飞上天空,如果螺旋桨的转动方向反了就飞不起来……

接着,我们在老师的指导下,再次放飞我们的“直升飞机”,只见无数“直升飞机”飞上天空,当然也包括我的。我的心久久不能平静,飞上天空的不仅是“直升飞机”,还有我们的梦想!还有我们的欢乐!

通过这次科学课,我发现世界上还有很多东西值得我们去探索,我决定从现在开始一定要好好学习,长大做一名科学家,去探索更多新鲜的事物。

科学在我心里

肖　扬

科学是非常有趣的,它给我带来了许多快乐,也让我增长了许多见识。今天我就给大家讲一个关于纸团的科学实验。

那是一个夏日午后,我午觉醒来,感觉很无聊,就把纸揉成一团,塞进了一个玻璃杯子里。这时,我的电话手表铃声响了,我赶紧跑过去接电话,一不小心就把装有纸团的玻璃杯子碰到奶奶准备洗衣物的水盆里,我马上把它拿了起来,这时我突然发现里面的纸团居然没有打湿。

我感到很疑惑,为什么会这样呢?我赶紧跑过去问爷爷,爷爷说:“我们做个试验来验证一下吧!”于是,我找来了一个水桶,加满了水,又拿起一个空的玻璃杯子,用电吹风把里面吹干。又找了一张白纸,塞进杯子里,然后把杯子垂直向下倒放进水桶里。

做完这些,我就跑到外面玩了一会,回到家我把玻璃杯从水桶里面拿起来,把纸从水杯里面抽出来,纸果真没有湿,这是为什么呢?我想了好久也想不明白。我去问爸爸,爸爸让我自己去电脑上面查资料。我打开电脑,开始查找资料,不一会儿,我就找到了原因。原来是因为水杯里面有空气,当杯子垂直放入水中的时候,杯子内的空气还来不及排出,留在了杯子内,而杯子入水后水进入杯子,杯子里面的空气被压缩,当两个压力相等时,水就不会再进入杯子里面了,杯底的纸团就不会被弄湿了。

我感到科学太神奇了,看不到的空气,却能让放进水杯的纸团不被弄湿,我明白了生活中只要用心观察就会有发现。

科学太有趣了,我一定要好好学习科学知识,长大后成为一个像爱因斯坦一样的科学家。

我成功啦

夏翌晨

为什么普通的车是向前行,而空气动力车却向后行呢?且听我细细道来。空气动力车是以风力为动力的环保车,是通电后电机带动风叶产生向前吹的风力,在空气的反作用力下,推动小车向后行驶。

知道了行驶原理,还要会亲手制作才行。我先把一个长方形泡沫板拿出来,在它四边对称的地方装上四个半圆轮毂。接着安装插套管,这里要注意,套管的长度要一致,在这时候,出了一点小麻烦,套管装不进去,我尝试用铁钩穿过去,还是不行,我就用那个套管在洞口边转来转去,猛然使劲一转,终于成功了。

接着把小铁棒放进套管内,套管太长,我用剪刀剪短了些,小铁棒装好后,把轮子放上去,这样四个小轮子就装好了。

然后是固定马达,装风叶。我拿出贴纸,马达上有个轮轴,把风叶插到马达的轮轴上,快速完成。

最后接导线、装电池盒和开关，我仔细地按照老师的讲解，把红色导线接到马达的接头上，把另外一根黑色导线接到开关上，然后把电池盒和开关贴在车身上，把导线整理好。安装结束了，我怀着忐忑不安的心情，按下小开关，我的空气动力车“嗖”的一声向后驶去，我成功啦！我高兴得蹦了起来。

空气动力车的制作很有意思，不仅锻炼了我手脑协调能力，还考验了我的耐心，并且还学到了科学知识。

揭秘香水

杨子涵

同学们，你们做过香水吗？你们知道香水的使用方法吗？如果不知道的话，就和我们幸运星的小朋友一起来做一做吧！

实验所需的材料很简单，就是我们吃的大橙子、纱布、塑料杯、小喷壶，还有固香剂和浓度为95%的酒精。

开始制作了，我先把橙子的皮剥开，取出两片果肉和少许掰碎了的果皮一起放到塑料杯里；然后用螺丝刀把果肉和果皮捣烂，使汁液全部流出来；再由老师给我们倒入浓度为95%的酒精，放置一会儿。这里老师提示我们，酒精的倒入量以刚好没过杯中的果皮和果肉为宜，放置时间原本是5个小时以上，但由于我们的时间不够，只能放置20分钟左右。

为什么要加入酒精呢？是因为酒精具有很强的挥发性，扩散速度很快，能让香气快速地向四周散发。其次是酒精具有萃取作用，可以很好地提取水果中的香气。听老师这么一说，我顿时恍然大悟，原来一瓶小小的香水也藏着这么深的学问呀！

接着，我们用纱布把静置好的汁液过滤到另一个杯中，再加入两到三滴固香剂后进行搅拌。老师说这样可以让香水的香味多样且更加持久。最后倒入小喷壶，一瓶纯手工制作的香水就大功告成了。

看着自己手中的香水，感觉很像平时我喝的果汁，心想肯定不香。谁知我尝试着喷了两下，这香水比买的还要香，就这么一小瓶，都有点舍不得喷了，但老师说：由于我们这个没有加防腐剂，所以只有两三个小时的保质期。顿时，我心里感到很失落。不过转身一想，既然我都会制作了，还用担心这个吗？

接下来，老师还告诉我们，法国的香水之都其实不是巴黎，而是法国南部的一个小镇——格拉斯。香水里面的主要成分是香精，分别是由植物性原材料或动物性原材料制成。

今天这堂课不仅让我学会制作香水，还了解了许多有关香水的知识，真是快乐多多，收获多多！

彩泥是怎样做成的？

何宜航

每次逛超市，看到货架上五颜六色的彩泥，我都想带一盒回家。可是，妈妈担心彩泥的制作成分有害，不让我玩，我很伤心。

妈妈不忍心我每次都失落而归，于是决定买来食用色素，教我在家自制彩泥。听妈妈说，自制的彩泥不仅安全还便宜。

买回来的食用色素用小瓶子装着，有红的、黄的、蓝的、绿的……摆成一排五颜六色的，可真好看。我们还准备了制作彩泥的面粉、食用油、盐和水。

我们拿来一个做彩泥的小盆子，倒进去一小碗面粉、几小勺食用油，还加一点食用盐，然后把热水倒进去，最后滴了一两滴神奇的食用色素。用筷子在小盆子里搅拌搅拌，再把快成团的面拿出来反复揉搓，等色素的颜料揉得差不多均匀了，面团变得柔软又光滑，彩泥就制作完成啦！我用不同的色素做出了不同颜色的彩泥。这些彩泥摆在桌子上，比超市货架上的彩泥还要漂亮。

用这些自制的彩泥，我捏出了好多的小动物，有猴子、大象、老虎、兔子……它们现在都被摆在我的房间里。

制作彩泥时，还可以混合不同的颜色，或者多放、少放色素，就能制作出颜色不同的彩泥了。只要开动脑筋，勤于动手，乐趣就能层出不穷哦！

彩泥做成功啦

宋淳羽

超市里那些花花绿绿的彩泥总能深深地吸引我的眼球，为了满足我的需求，妈妈决定买来一些食用色素和面粉，教我自制彩泥。

原材料买好后，我先拿出一个小盆，把一碗面粉放进盆里，接着放入一点油，一点盐和适量水，用筷子搅拌均匀。这时面粉变成了絮状的面泥。我把手伸进盆里一捏，呀！好黏呀！我的五个手指头糊满了面泥。

妈妈说："你像奶奶揉馒头一样，蘸点干面粉多揉一会儿，就不黏了。"我将这些面泥分成几小份，在一份面泥里滴入一些红色的色素，然后抓了把干面粉撒在盆底，不停地用手揉捏。果然不久，这个红色的面团在我手里变得光滑柔软，色泽均匀，像个西红柿一样，我开心极了，我做的红色彩泥成功了！我再接再厉，几个不同颜色的彩泥便出现在手中。

我准备捏一个菠萝。我先拿出一块黄色彩泥，捏成一个长方体，再拿出一小块绿色彩泥做成叶子，放在长方体上面，一个可爱的小菠萝就做好了。我又做了粉嘟嘟的水蜜桃、红彤彤的草莓，真是太好玩了。

自己动手做的玩具比在超市买的玩具好玩多了，劳动换来的东西才是最有意义的。

国歌声中的"国旗升降台"

万哲涵

"叮铃铃……"放学铃声响起的时候，班主任李老师高兴地走进教室，兴奋地告诉大家：明天小牛顿科普中心的老师会来给你们上一节科学课。同学们一听，都欢呼雀跃地跳了起来，我更是抑制不住内心的激动，像小兔子一样又蹦又跳。

第二天一大早，同学们都早早地来到教室，争先恐后地扫地、拖地、擦桌子，把教室打扫得干干净净，为即将到来的科学课做准备。同学们等啊，盼啊，终于迎来了科学课。

上课铃声一响，同学们都笔直地坐好，教室里顿时鸦雀无声。科学老师一走进教室，教室爆发出一阵雷鸣般的掌声。老师给我们每人发了一盒积木，让我们拆开，介绍道："现在，我们要用这个盒子里的零件组装出一个'国旗升降台'。"我心里纳闷着："这么点儿，也能拼成一个'升降台'吗？"我急切地拆开盒子，盒子里装着一个摇把、一面国旗、两根长立柱、一点儿双面胶、滑轮轴等小零件。

然后，老师开始示范如何制作国旗升降台。先找到一个红色方形底座，把两个长立柱拼在一起，插在底座上；再组装中滑轮；接着组装小滑轮；最后装上绳子和国旗，就这样一个精致小巧的国旗升降台便完成了。我照着老师的样子，一步一步做了起来，中间遇到了不少困难，比如：不会打结、不会粘贴国旗等，经过老师的细心指导，我终于克服重重难关，完成了"国旗升降台"的制作。

看着这台自己亲手制作的"国旗升降台"，伴随着国歌声，小国旗冉冉升起，我的心中激动不已，直到下课，我还依然沉浸在科学课的欢乐与兴奋中！

魔法变变变

彭子珂

在我们的成长过程中，接触过各种各样的科学小实验。有神奇的"瓶子吹气球"，有趣味性强的"鸡蛋浮起来了"，其中让我印象最深刻的小实验是"魔法变色酒"。你一定很好奇酒为什么会变色吧！那就来我们的科普小课堂看看吧！

课堂刚开始时，毛老师没有正常讲课，而是一反常态地和我们聊起了天："最近这段时间看到同学们的作文都有了小进步，我特别开心，那么老师想问问，你们开心时都干些什么呀？"

我们回答："我们唱唱歌，跳跳舞呀！"

"那你们知道我们大人开心时喜欢干什么吗？"

"嗯，不知道。"

"我来告诉你们吧！我们大人开心时就会喝上一杯酒，今天呀，毛老师也想喝一杯，但是我的酒量又不太好，喝葡萄酒吧，我又没有，怎么办呢?”老师眨着眼睛一脸微笑地望着我们说。

有的同学大声叫了起来：“老师！你不早说，我家有呀！”

“对了，忘了告诉你们，我还有一项特殊的本领，我会‘点水成酒’！”老师高举着她的食指说道。

“什么？点水成酒？只听过童话故事里有‘点石成金’还没听过有‘点水成酒’呢，毛老师，你葫芦里卖的到底是什么药呀！”教室里热闹得房顶都快被我们掀翻了。

毛老师狡黠地笑了笑，二话不说，左手拿起一杯清水，右手用手指在水中快速地搅了搅，奇迹发生了，水竟然真的变红了。我们看见毛老师的这一翻操作，惊讶得眼珠子都快瞪出来了。

就在我们疑惑不解的时候，毛老师又自信满满地说：“我不仅能把水变成酒，我还可以还原呢！”“啊！不会吧！”大家此时都屏住呼吸，大气都不敢出一口，紧紧地盯着毛老师的一举一动，只见毛老师神神秘秘地从兜里掏出一个白色的小瓶子，轻轻拧开盖子，把瓶子里的白色小粉末放入杯子里，然后顺手拿了根铅笔搅了搅，神奇的一幕发生了，水真的渐渐变白了，可细心的我发现，里面有一点白色末末，这到底是什么呢?

我们好奇极了，经过仔细观察才发现原来老师的“魔法”用了两种粉末，一种叫高锰酸钾粉末，一种叫维生素C。高锰酸钾粉可以把水变红，而维生素C有一个特殊的功能叫作“还原性”，正是这种“还原”的特点将“红酒”颜色给消除的，原来是化学反应的原理呀！科学真是太有趣了！

后来，老师又让我们自己亲自尝试了用维生素C还原碘酒、钢笔水，看着一杯杯清水在我们手中变来变去，仿佛我们自己也成了一个小小魔法师，我们开心极了。

这次科学实验课真是太好玩了，希望以后老师能多开展这样的活动。

火山喷发啦

樊宇宸

“我们终于成功啦!”看着猩红的岩浆从模具上涌出来,我高兴得手舞足蹈,回想起“火山喷发”的全过程,真是叫人难忘和激动呀!

阳光明媚的早晨,我和往常一样,来到幸运星科普班的教室,猛然发现,老师的桌子上多了好多东西。我感到很疑惑:难道今天要做实验?会是什么实验呢?老师神秘一笑,告诉我们:“今天要干一件大事,模拟‘火山爆发’。”

我们迫不及待地打开实验器材,惊奇地发现,实验物品都是些普通的物品,如小巧玲珑的瓶子、造型奇特的火山模具、颜色各异的橡皮泥、细腻如珍珠粉的小苏打粉、酸味极重的白醋、鲜艳的红色色素、水、勺子、盘子等。

老师告诉我们先用橡皮泥装饰火山模具,然后把小苏打和少许红色色素舀入模具里,搅拌均匀,接着往瓶子里一次倒入洗洁精、白醋、水,最后摇晃一下,就可以了。

老师介绍的步骤太简单了,我们都跃跃欲试,我先用勺子舀三勺小苏打,小心翼翼地放入模具中。然后又舀一勺红色色素放入模具,调制酸性溶液。见证奇迹的时候到了,“火山里的熔岩”喷发出来了,还发出“哧哧”的声音,那喷涌的感觉仿佛真的是火山在爆发。哇,真是太奇妙了!

老师告诉我们小苏打和其他酸性溶液混合后会释放二氧化碳,另外小苏打还可以起到黏稠的作用,也有去污功效呢!这次的科学小实验真是太好玩了,不仅增强了我的动手能力,而且还让我们知道了火山喷发的原理,真是一举多得呀!下次,我还要参加这样的科普活动。

喷发的“火山”

吴沁怡

星期六的上午，阳光明媚，我来到了幸运星小记者班里，只见邓老师手里拿着一个红色袋子，神秘兮兮地对我们说：“今天我们要做一个科学实验，叫喷发的‘火山’。”说完，邓老师打开了红色的袋子，里面装着实验道具，有火山模具、小勺子、柠檬酸和碳酸氢钠以及红色色素。

邓老师将实验道具发给我们，我仔细地观察了一下，柠檬酸是白色的小粉末，不知道的还以为是白糖呢！碳酸氢钠和面粉很像，它们都没有气味。

随着邓老师的一声令下，实验开始了。我先小心翼翼地往火山模具里放了三勺碳酸氢钠；再放进去三勺柠檬酸；接着放了一点儿红色色素；然后轻轻地把它们搅拌均匀；最后慢慢加入适量的清水。做完后，我便开始仔细观察火山里的“岩浆”。很快，“岩浆”升上来了，随后冒出了许多小气泡，伴随着“哧哧”的声音，这些小气泡越来越大，最后变成了几个大气泡从“火山口”喷涌而出。

没过多久，红色的“岩浆”就填满了整个模具，似乎要把周边的“城市”和“乡村”都淹没。

为什么我们的“火山”会喷发呢？原来柠檬酸和碳酸氢钠结合会产生中和反应，释放大量二氧化碳气体，就像可乐被猛烈的摇晃后气体喷发的样子。我们就是通过这个原理，模仿了火山喷发时的样子。

这节实验课真是太有趣了，不仅锻炼了我的动手能力，而且还让我学到了许多科学知识，以后我要多上这样的实验课！

小苏打与柠檬酸的“爱”

何嘉祺

都说爱轰轰烈烈，那么我们今天做的“火山爆发”实验就是小苏打与柠檬酸的“爱”了。

走进教室，老师的讲桌上摆放着很多实验器材。我们都用好奇地眼光看向老师，老师笑着说：“今天我们做一个‘火山喷发’的小实验。”听说要做实验，同学们可来劲了。

老师先发模具，我迫不及待地接过来，仔细看了看这个模具，它像一座火山，是褐色的，中间有个凹槽，是“火山”的内部。很快老师就将材料发完了，有一个装着粉色小苏打的小瓶子，小苏打本身拌有色素，呈粉末状，像粉色的沙子。还有勺子、柠檬酸、盘子，盘子是用来装实验器材的，柠檬酸是白色的小粉末，就像我们吃的盐、糖一样，不过它有毒，是不能吃的。

老师发完材料后，就开始指导我们做实验。我们每三人为一个实验小组，我先用小勺子挑了三勺粉色小苏打，放在“火山”口里。坐在对面的同学小王早已坐不住了，将注满水的注射器举起来，我们立刻阻止：“不不，你冷静点！”这时，旁边的同学小夏用小勺子舀了三勺柠檬酸，也倒进我们的“火山”口里。我俩一起拿着小勺子轻轻搅拌，让它们混合均匀。万事俱备了，只等加水了。那个拿注射器的同学赶紧拿着注射器挤进来，慢慢向模具内注入清水。

见证奇迹的时刻到了，水一进入“火山”口，“火山”口里的岩浆就开始沸腾，冒出很多气泡，还发出“哧哧”的响声。大量炽热的粉红色液体从火山口溢出，顺着山坡缓缓流动，好像煮沸的水从水壶里泻出来一样。同学们欢呼起来：“真的看到了‘火山喷发’啦！”

实验结束了，老师给我们揭示了“火山”喷发的原理，小苏打和柠檬酸产生二氧化碳，再加入水就像可乐一样沸腾了。

这次实验令我受益匪浅，让我懂得了小苏打与柠檬酸的结合，再加入水会沸腾……这真是一场轰轰烈烈的“爱”呀！

五彩缤纷的水中花园

沈青岩

周六的早上，在幸运星小记者班的科普课上，我们又开始了一次新的实验课。邓老师拿出一个绿色的盒子，从里面拿出实验材料：一个透明的玻璃杯、一个长勺、一堆五颜六色的化合物，还有一袋五彩石。

开始做实验了，只见邓老师将硅酸钠化合物放入玻璃杯中，在瓶中倒入温水，然后用长勺搅拌均匀，使它变成硅酸钠溶液。接着邓老师把五彩石放进杯中，瓶中立刻有了颜色。邓老师又将一些白色、蓝色、红色、绿色的晶体化合物放入杯中，此时的杯中颜色更加丰富了，我感觉水中花园就快形成了。

紧接着邓老师又把棕色和白色的化合物放入了杯中，神奇的事情发生了。棕色的化合物和白色的化合物开始"发芽"，它们不停地往上长，直到快长出玻璃杯才停止。白色化合物长出了比头发还细的丝状物，它们长短不一，并在一起很像海底的雪山。棕色化合物像一根根树枝，还像海藻。绿色化合物融合在了一起，它连成一片变成了海底的草坪。蓝色化合物与红色化合物相撞成了紫色的块状物，就像一团紫色的薰衣草。"真是一个神奇的水中花园呀！"我不禁脱口而出。

我很好奇"水中花园"形成的原因，就问了问邓老师。邓老师告诉我们：硅酸钠与水融合变成了硅酸钠溶液，而那些化合物与硅酸钠溶液接触会产生化学反应，发生胶状金属硅酸盐，慢慢地硅酸盐生成了芽状或树枝状，从而产生了水中花园的景观。

听了邓老师的讲解，我才恍然大悟，这一次的实验课对我影响很大，这个神奇且美丽的"水中花园"深深地镌刻在了我的脑海里。

竹签陀螺的奥秘

肖思聪

科学的发展，推动了人类社会的进步。随着知识的累积，人类利用自然、改造自然的能力越来越强，科学越来越广泛而深入渗透到人们的工作、生产、生活和思维等各方面。

一天早上，上课铃刚响，张老师从身后拿出了一个袋子，神神秘秘地对我们说道："同学们，今天我们做一个有趣的科学小实验——竹签陀螺。"提到实验，同学们顿时兴趣高涨，议论纷纷："什么是竹签陀螺？""竹签做的陀螺会转吗？"

我们带着这样的疑惑看着张老师。老师笑而不语，而是给我们每两个人发了一个材料包，里面有：三长一短的四根竹签，两个橡皮塞和几根橡皮筋。接下来，老师就给我们演示如何制作竹签陀螺。我竖起耳朵认真地听着老师的讲解，生怕漏掉了重要环节。

老师演示完之后，我就迫不及待地开始制作啦！我先把两长一短的三根竹签用橡皮筋绑在一起，然后将最短的一根放在最外面。接着把两根长的竹签向左右两边拉开，这就是竹签陀螺的两个臂膀了。再用橡皮筋把最后一根竹签分别和两个臂膀的两端绑在一起。这时候，三根长竹签就形成了一个稳定的三角形，接下来把中间的短竹签固定在三角形的底边中间，最后把橡皮塞装在两个臂膀的末端，我的竹签陀螺就制作成功了！

看看同学们，大家正玩得不亦乐乎。有的正在调试；有的仍在组装；还有的已经大功告成了，正在旋转着陀螺。

我也赶紧把我的陀螺立在食指尖上，可是我的陀螺却像一个喝了酒的醉汉，有气无力地倒向左边。怎么回事？我的竹签陀螺怎么向一边倒呢？老师看见了我的竹签陀螺，指导我说："你要观察一下，你的竹签陀螺哪边重一些？为什么那一边会重一些呢？"通过老师的提醒，我发现右边长竹签离中间的支点更远一些。我快速对竹签陀螺进行调整，让左、右两边的竹签离中间的支点一样远，再次把竹签陀螺立在我的手指上，这次我的竹签陀螺站得笔直笔直的，我高兴得手舞足蹈。

后来老师告诉我们：这是因为左、右质量分布对称，重心低于支点的时候物体就能立起来了。像生活中的不倒翁就是利用这个原理,装运东西时把重的物品放在下面也是这个原理。

这节课让我明白了科学无处不在,任意一件小事里面都有可能包含着无穷无尽的科学道理,只要我们去探索,我们懂得的知识就会越来越多。

有趣的竹签陀螺

董奕鑫

“老师快看我的!”“老师看我的,我的陀螺也立起来了!”教室里传来了阵阵吵闹声,这是怎么回事呢?原来是科普小记者们正做科学实验呢!

上课了,当邓老师告诉我们要上实验课时,原本鸦雀无声的教室顿时热闹得炸开了锅。只见邓老师神秘兮兮地拿出一个袋子,然后从袋子里拿出了一包包实验器材发给大家。我迫不及待地打开实验器材包,里面有三根长竹签、一根短竹签、六根皮筋、两个橡皮塞。

邓老师给大家示范了一遍,我们就开始动手制作了。首先,我把两根长竹签并在一起,用皮筋把它们缠好;然后,把它们拉开,再加上一根短竹签竖在两根长竹签的中间缠好,这一步有点难,我缠了好久才缠好;最后,把一根长竹签横放在三根竹签的中下方,用皮筋把它们缠好,再加上两个陀螺就完成了。

邓老师说过,成功的竹签陀螺站在任何地方都不会倒,我抱着怀疑的心态尝试了一下,我将它放在手指上,只见它摇晃了两下,就站稳了。原本我以为它会倒下,这才发现我的担心是多余的。这时,邓老师似乎看出了我们的疑惑,便主动告诉我们,竹签陀螺之所以不会倒,是因为它的重心离支点很近,而且比支点低,重心越低物体越稳。

这节实验课真有趣呀!既学到了科学知识,又锻炼了动手能力,真是一举两得啊!

太阳能风扇

倪芷恩

“快看，快看，转起来啦！”小记者班里传来一阵兴奋的尖叫声。这是在干什么呢？原来是科普小记者们正在制作“太阳能风扇”。

当老师把器材发给我们后，我把所有的零件都摆在面前，迫不及待地开始组装。可忙乎了半天，我无从下手，急得像热锅上的蚂蚁。于是，我告诉自己，先冷静下来。我认真地看了一遍说明书，脑袋里像放电影似的过了一遍关于太阳能转变成动能的知识。

实验正式开始了，我这颗勇于尝试的心又激动了起来。首先，将马达用垫帽卡在电机夹里；其次，盖上马达盖，加长马达线；接着插风叶，导线接头处用热缩管套上；紧接着将导线穿过立杆，立杆套在马达夹上，把立杆安插到螺孔板上；最后将四条导线通过导线夹夹在一起，用泡沫胶固定导线夹和板子，这样就大功告成了！

我迫不及待地带着太阳能风扇跑到楼下去测试，一路上，我的心里七上八下的，总在想它会不会转动呢？这次的实验会不会成功呢？就在我东猜西想时，它接触到了阳光的沐浴，迫不及待地转了起来，而且越来越快。我成功啦！

下课后，我们追着老师和他一起讨论能量转换的问题，也让我更加深刻地了解了这个太阳能风扇的制作原理：太阳能电池吸收太阳光能，转换成电能，提供的电能传递给了马达，转换成动能。马达开始工作，从而带动扇叶转动，加速周围空气流动，形成了风。

通过这次实验，我不仅了解了一些能量转换之间的奥秘，而且锻炼了我的动手能力及勤于思考的习惯。以后，我要去探究更多的科学知识。

会跳舞的机械狗

龚子玥

我曾做过稳如泰山的“竹签陀螺”，做过水陆两栖的“风动船”，做过惊险刺激的“火山喷发”，但今天做的机械狗最令我捧腹大笑，“他”太呆萌，太可爱了。

制作机械狗用到的材料虽然很多，但这些材料很常见，如：电池、电池盒、马达、曲柄、平口钉、底板、八根小木片和固定塞，当然还有普通到不能再普通的螺旋钉。

我和同桌迫不及待地从老师手中抢过实验袋，开始紧锣密鼓地组装起来，生怕落后于其他组。

“这个是装这里的，好像不是呀，应该在这吧。”“哎呀，看看说明书就知道啦！”因为一个钉子，我们小组开始起内讧，但好在“战争”并不激烈，因为其他组已经开始装机械狗的腿了，我们不敢耽误太多时间。组员仔细研究说明书，发现那颗螺旋钉并不需要组装。唉，本来信心满满的我们好像吃瘪了，但我们互相加油打气，很快又雄赳赳气昂昂，继续埋头组装。

忙了好久，终于把这只麻烦的“狗”组装好了，我兴高采烈地按下机械狗的开关，本以为它会欢快地走起来。可是这只“狗”太不听话，偏要和我们作对，它故意撒开腿，左摇右晃。不仅如此，它竟然还倒退，我气得拍了拍它的屁股，它这下不倒退了，改为跳舞了，时而上蹿时而下跳，仿佛在跳华尔兹，它沉浸在自己优美的舞姿中，不可自拔。

我气得火冒三丈，恨不得拆了它。老师看到这滑稽的一幕，笑着说：“可能是你们的线装反了，换一换吧！”老师的话点醒了我们，我们将导线换了一边，终于，爱跳舞的“狗”变得乖巧了，它开始大步朝前奔跑了。

到了比赛环节，想不到这只爱跳舞的“狗”这么厉害，竟得了第一名。看到它第一个冲过终点时，我们开心得跳了起来。

电动空气悬浮球

陈奕贞

“一切推理都必须从观察与实验中得来”，这是科学家伽利略说的。我从小就有着对科学的渴望，可一直没有机会动手实践过。

周三那天，小牛顿科普中心的老师来到我们班，给同学们上科学制作课。这个科学小制作的名字是“电动空气悬浮球”，老师先讲解了基本原理，然后把材料发给我们。

这下我可乐了，连忙动起手来，材料有：木板、马达、螺丝等。我先拿起马达和电池盒，用电线连了起来；再用电机夹将电机固定在了小木板上，放在了一边；接着，我拿起两块看似相同的木板，左右看了看，发现了两块木板有所不同，一块木板上多了一个凹槽，我赶紧仔细看了看说明书，原来那个有凹槽的是用来固定电线的。我快速地把木板和马达组合到一起。可就在固定时出了问题，无论我怎么用力，螺丝都拧不进去，我又将螺丝取下来，重新来回拧了几遍，可那顽固的螺丝就像涂了胶水一般，就是不肯乖乖进去。

这是为什么呢？是因为螺丝歪吗？我长呼一口气，静下心来细细观察了一番，果真是螺丝歪了，我重新摆正螺丝再扭，这次螺丝很轻松地拧进去了。然后是拼装，固定接电线，接下来的一套操作如行云流水般流畅自然，就这样，一个电动空气悬浮球就做好了。看着自己亲手完成的科学小制作，别提我的心里有多自豪了！

看着小球乖乖地在空中悬浮着，就像是被施了什么神奇的法术一样，我的心里别提有多美了。

可是小球为什么会悬浮在空中呢？科普老师告诉我们：将泡沫球置于气流上方，气流冲击着小球，不让它落下来。当小球一跳出气流，周围的空气就会把它推回到气流里，因为周围的空气速度小、压力大，而气流里的空气速度大、压力小，这就是著名的伯努利原理。

其实，在生活中，我们常常会看见科学的影子，比如马路上行驶的汽车、天上飞行的飞机、海底漫游的潜水艇都是科学的结晶。少年强则国强，我以后一定要好好学习，将来为国家和社会贡献出自己的一份力量。

有趣的小球

傅子涵

上课了，毛老师走进教室，神秘兮兮地告诉我们："同学们，请坐好，今天我们要上一节十分奇妙的实验课，你们准备好了吗？"顿时，同学们议论纷纷："会是什么实验啊？""这个实验真的神奇吗？"

正当我们疑惑不解时，毛老师拿出了一个"V"形"大炮"。我心想：该不会是想带我们来一场"班级大战"吧！这时，毛老师慢悠悠地说道："我要……"我又想：完蛋了，这下中埋伏了。见我们一个个紧张的样子，毛老师笑嘻嘻地说："我要把三个乒乓球放进'炮孔'里。"

说着，就把三个白色的乒乓球放入了"大炮"里。接着，毛老师又拿出另外一件"武器"——吹风机。用吹风机对准炮孔，吹风机"呼"的一声吹起一阵大风，只见炮孔里的乒乓球们像一个个站立的士兵一样往上"走"去。

这时，神奇的一幕发生了，乒乓球居然从"炮孔"里飞了出来，瞬间砸向了我的头。"哎哟！"我痛叫了一声。同学们惊讶得嘴巴都成了"O"形，甚至可以塞下一个鸡蛋了，好半天才反应过来。

"等下还有更精彩的呢！"毛老师说完。她又拿出了吹风机，把它的"嘴巴"对准天花板吹了起来。这是要干什么？我们睁大了好奇的眼睛，紧紧盯着她。只见毛老师小心翼翼地把乒乓球放了上去，乒乓球像是被毛老师驯服了似的，乖乖地浮在上面，甚至还跳起了舞。我们都惊呆了！

毛老师问道："你们谁想试试？"我们一个个跃跃欲试："老师，我来！"于是，毛老师让我们一个个都来体验一次。终于轮到我了，我学着毛老师的样子，小心翼翼地把乒乓球放到了吹风机的"嘴巴"上。可是，乒乓球像跟我作对似的掉了下来。我又试了一次，但还是"竹篮子打水一场空"，我又失败了！我有点想放弃了。看到我失落的表情，毛老师鼓励我说道："没关系，你再试一次！"我鼓起勇气又试了一次，最终我成功了，我高兴得跳了起来。

我突然明白了一个道理：失败是成功之母，只有在不断的失败中才能总结经验获得成功。后来，我知道了这个实验原来是伯努利原理，当气流、水流速度快，压强就小;气流、水流速度慢,压强就大。控制乒乓球的不是我们,而是神奇的大气压。

我一定要努力学习,奋发图强,积累更多的知识,将来当一名科学家,为社会做贡献!

玩转乒乓球

王乐加

"同学们,你们信不信,我可以让乒乓球乖乖听话,在我的指挥下,它可以发射、跳舞,而且我还可以让它悬浮在空气中。"我刚走进教室,就听见我们科普班的毛老师在得意洋洋地吹着牛。

毛老师先给我们讲了一个真实的故事:故事发生在100多年前,在俄国的列车站上,站长带着37人迎接钦差大臣。当列车飞快地从他们身边驰过的时候,他们站得笔直,刚想大声欢呼,却发生了一件意想不到的事情——霎时,一股强大的力量将他们所有人一同推向了火车,导致34人惨死,另外4个幸存者则是终身残疾。我听了这个故事,疑惑不解:难道他们是全部都着了魔吗?

接着,老师拿出了一个吹风机,这是干什么的呢? 老师又拿出了两个小乒乓球,她把吹风机打开,得意地吹嘘起来:"同学们,看我的表演吧!"边说边把小乒乓球放在吹风机上面,神奇的一幕发生了:乒乓球竟然"飞"起来了!"哇,老师你太厉害了!"我情不自禁地想。"注意了! 你们看好!"老师神秘兮兮地说。说着,就在那个乒乓球上面约4厘米的地方又放了一个乒乓球,这个乒乓球也"飞"起来了!

"哇,太神奇了!""老师,你是怎么做到的? 快教教我们吧!"可调皮的老师只是说:"你们自己试一下就知道了!"哼,老师太坏了,就是不想告诉我们!

终于轮到我了,我深吸一口气,昂首挺胸地走上台,拿起一个乒乓球就往吹风机上面扔。"呼哧!"小乒乓球掉在地上了! 奇怪,怎么回事? 再来试一次! 我小心翼翼地把小乒乓球放在离吹风机约8厘米的地方,见证奇迹的时刻到了,小球"飞"起来了!"我成功喽!"我高兴得手舞足蹈。接着,我又把另一个乒乓球放在"飞"起来的乒乓球上,可是这个顽皮的小球竟然跑到了一名同学的脑门上,全班哄堂大笑。

可恶,又失败了! 怎么搞的! 我心急如焚,直接把小球往吹风机上一扔,结果球还是掉在了地上。哼,我就不信我“打”不过你! 这一次,我拿着球,小心翼翼地放在离那个小球3厘米的地方。终于,那个小球也“飞”起来了!

两个小球在吹风机上方跳跃,它们就像两个顽皮的小孩在互相嬉戏、打闹。看到它们玩得这样开心,我心里比吃了蜜还甜。

过了一会,老师讲了这个实验的原理:“这个其实就是伯努利原理——气流、水流速度快,压强就小;气流、水流速度慢,压强就大!”火车站的神秘事件和乒乓球悬浮事件都体现了这个原理。

这个实验既有趣又简单,还能学到知识。我终于明白伯努利原理是什么了,未来我还要继续做更有趣的科学小实验。

神奇的小球

吴语馨

“一颗、两颗、三颗……加油! 加油! 太棒了,我成功了!”你想知道这是哪里传出来的欢声笑语吗? 嘿嘿,我们小记者科普班正在热火朝天地进行着一场科学实验课——神奇的小球。

课堂上,只见毛老师拿着一个造型特殊的杯子。为什么说它造型特殊呢? 因为杯子上面固定着一个像“V”形的粗管,是由两根粗管连起来的,整体造型像一个大炮,又像一个手枪……所以,这个实验器材的名字就叫“乒乓球大炮”。首先,毛老师把乒乓球放在了管道里,再用吹风机来吹小球,只听“嗖”的一声就飞到了一名同学的脸上! 哈哈! 可真是太好笑了,太有趣了! 突然又一个“炮弹”飞到了另外一名同学脸上,不过我很奇怪,为什么老师不用吹风机在装满小球的那一边吹呢? 不过还是很好玩的。

接着,我们又来玩了一个更好玩、更刺激的实验,只见老师又请出了“吹风机大哥”。这次,老师把吹风机的风口朝上放,用手小心翼翼地把球放在风口的不远处,神奇的一幕发生了,只见小球在空中“翩翩起舞”,我惊讶极了! 这是什么原理,小球像在太空中航行的宇航员,又像蝴蝶在花坛上方翩翩起舞,还像技术高超的舞蹈专家在太空中跳着芭蕾舞。

接下来,到了个人尝试时间了,终于轮到了我们这一组了,我激动地将小球放在吹风机上方,可是它却掉了下来,我再次将小球小心翼翼地放了上去,终于成功了。我的同桌也放了上去,两个小球好像在打架一样,可是帅不过三秒就掉了,于是又尝试了一次,还是没成功。小球仿佛躺在地上说:“哼,你把我弄疼了,我起不来了,再说了,失败了就是失败了!我可是‘跳跳大王’呢!放弃吧!放弃吧!”就这样,同桌真的放弃了,但是我就是因为这句话而又有了斗志,直到成功为止。

实验结束后,老师解释了这其中的原理,原来,这些实验都用到了伯努利原理。就是空气流速越快,压强越小;空气流速越慢,压强越大。原来“小球”是由无处不在的空气控制的呀!真是太棒了!

我的实验成功了,我心里美滋滋的,我多么希望成为一名科学家,去探索更多的未解之谜!

倒吸喷泉的秘密

彭乐宇

你们看过著名物理学家帕斯卡在1648年做的“桶裂实验”吗?周末的科普课上,我们就做了一个和“桶裂实验”原理一样的“倒吸喷泉”实验。

课前,王老师让我们两个人为一组做实验,我和同学小戴一组。然后,我们到老师那拿到了实验器材和说明书,还到卫生间里接了适量的水。

实验一开始,我们就遇到了困难:我们要把两根吸管插入瓶塞,但是瓶塞的孔太小了,我插了好几次都插不进去。哎!我像一只泄了气的皮球在那里呆坐着,心里想:怎么插都插不进,这实验还怎么做?这时小戴拍了拍我的背,说:“喂,我想到一个办法,咱们把瓶塞的孔弄大不就行了。”我恍然大悟,只见他用吸管慢慢地把孔撑大,然后赶紧插进去。按照说明书的步骤,把两根吸管一根插得深,另一根插得浅,再把软管连接上吸管。

可是接下来,我们又遇到了新的问题:软管和吸管差不多一样粗细,这怎么弄?我琢磨了一会儿,想到了一个办法,把软管的端口慢慢捏小,再插进去。在反复尝试了五次后,我们终于成功了,心里暗暗窃喜。

下面的步骤就简单多了,我先往直身瓶倒入三分之二的水量,然后往烧杯倒入150mL水,用一个平底杯把烧杯垫到和直身瓶同样高,再把一个平底杯放到直身瓶的旁边，使三个杯子成为一条直线。我还把两种不同颜色的色素分别滴到烧杯和直身瓶中，然后用一根搅拌棒把杯里的色素和水搅拌混合好，再把我们之前做好的瓶塞封住直身瓶的瓶口，把一根软管放进烧杯，把另一根软管接上针管，最后用力反复推拉了几下针管。

这时，神奇的一幕发生了，直身瓶里的水像被什么东西吸住了般，流往平底杯。看！烧杯里的水竟神奇地吸到了直身瓶中，高悬的吸管出口处水滴像调皮的孩子般纷纷跳下来。我们见到这个情景，便兴奋地喊："老师，倒吸喷泉成功了！"老师听到后连忙来看了看我们的杰作，高兴地说："你们太棒了！来，让我给你们照张相。"

"老师，倒吸喷泉是什么原理呢？"我用手挠了挠脑袋，疑惑地问。老师轻轻地说："因为你们用针管把软管里的空气给抽了出来，软管和直身瓶内形成了气压差，直身瓶的水就会流到平底杯中。当直身瓶的水位降低，瓶上方的空气压强变小，与外界大气压又形成气压差，所以大气又将烧杯里的水压进直身瓶中，这就形成了倒吸喷泉。"听了老师一番解说，我恍然大悟。

今天我不仅在玩中学到了知识，还感受到了科学的魅力！

十秒"炸弹"

黄友哲

当老师告诉我们要制作和发射水火箭的时候，大家的眼睛里都发出了兴奋和好奇的光芒，我也不例外，心想：制作水火箭肯定很有趣！看着老师在多媒体屏幕上播放着以前同学们制作水火箭的照片，还有一个个已经完成好的水火箭成品，我们别提有多高兴了！于是，大家摩拳擦掌，撸起袖子，准备大干一番。

终于，"勇敢友哲，不怕困难"牌火箭就正式出炉了。整个过程对我这个手工小能手来说，简直就是"张飞吃豆芽——小菜一碟"。我先把一个瓶子的瓶颈用剪刀剪下来，然后把它的"屁股"也给剪下来，接着把它俩连起来，注意一定要直，最后再用胶带固定，这样，一个简易的水火箭就横空出世了。

看我们都完成了水火箭的制作，老师拿起材料就大声宣布说："嗯，现在是时候去炸同学小帅的老窝了。"我们听了都乐得哈哈笑，大家兴高采烈地举起双手表示赞同。只有小帅呆呆地站在那儿，一脸无辜地说："为什么不说去炸小黄的老窝呢?”看着他那委屈的模样,老师和同学们笑得更大声了。

过了一会儿,我们就到了目的地,老师摆好工具,说“谁先来试试?”同学小李和小王自告奋勇,第一个说:“我们来!”她们先是往“动力舱”里灌了三分之一的水,然后把瓶口塞进橡胶套里,接着安上火箭头,最后就是连续不断地用打气筒打气。这时,周围的同学们都紧张极了,有的握着手在默默祈祷,有的眼睛紧紧盯着水火箭,生怕出现什么意外事故,还有的摩拳擦掌恨不得上前去帮帮忙才好……

“十、九、八、七……”只听见“嘭”的一声,“炸弹”被崩飞了几十米远,站在水火箭旁边的小王遭了殃,身上、脸上全是水火箭发射后剩余的“燃料”——水。大家都笑得上气不接下气,小王也笑得弯下了腰。

然后就到我们这组了,首先我的“中国好队友”——小帅给燃料舱装了三分之二的水。此时我还没发现,不慌不忙地装上“火箭头”,我心里默念着:“十、九、八、七……”可是在打了十二下后,它还没有要发射的意思,我心想:怎么还不发射呢?突然,“嘭”的一声,我的“火箭”宛如一条巨龙,一飞冲天,从花坛前飞到了花坛后,同学们看到后都惊叹不已,就连老师也对我竖起了大拇指,那一刻,我感到了无比的开心和自豪。

其实水火箭的原理就是牛顿第三定律的作用力和反作用力。这次的实验可真好玩,既能锻炼我们的动手能力,也能增强我们对科学实验的兴趣。

机器人涂鸦记

胡景皓

汽车是怎么驰骋在街道上的?气球是怎么飞起来的?雨是怎么来的?……生活中处处能发现科学的影子。而今日,我亲身体验了一次科学的力量和乐趣,令我感慨万千。

就在金秋一天的午后,老师将一堆透明的袋子摆上了讲桌,吸引了一圈黑脑袋争相观望。当袋子落入我手中,我方才看清了上面的字样:涂鸦机器人。

“什么东西?”我心里好奇地嘀咕着。轻轻拉开塑料袋,我拿出了说明书。“木板、导线、开关……真是个机器人呀!”看着说明书,从袋子里倒出了零件,我与同桌一组,开始满怀期待地组装起来。

首先，连接导线。将电池盒一端的红线与马达上的传导器相连，把另一头的黑线连上开关，再将一根红线的一头连上马达，一头连上开关。然后，将木制支架的小孔与凸起对接，记住，是先安小圆片。接着，用泡沫胶将电池盒粘在反面，用螺丝将对接处固定，把零件按照要求组装起来，毫无难度可言。

之后，轮到心灵手巧的同桌上场了。只见她神情专注地把马达作为大、小圆片的连接支柱，将大圆片卡在之前的支架上，再卡上开关，然后，在马达顶部的"天线"上安好震动杆。

最后，用橡皮筋在它的三条腿上绑好不同颜色的彩笔，对了，别忘了安电线哟。来，试试看。按下开关，怎么只会走直线？我们将机器人翻转过来，还是毫无头绪，不知如何是好。我和同桌开始相互埋怨。

我左顾右盼，想看看其他同学的杰作。果不其然，好几组的同学已经完成。他们个个喜笑颜开，互相交流着心得与收获。也有的同学紧锁眉头，手忙脚乱地寻找着零件。这时，我冷静下来，发现怪谁都没用，还不如自己动手寻找原因。经过一番研究，原来是电线装反了。我小心翼翼地拆开，重新调整了电线的位置。

来，再试试看。按下开关，终于，它像打了兴奋剂一般，在纸上跳起了一段华尔兹。只见三种颜色的笔不断抖动，在纸上留下一串脚印，看似杂乱无章，实则暗藏玄机。深蓝的小点形成一个大圈，恍若无边而深邃的宇宙；中间鹅黄的小点仿佛群星汇集，如诗如幻；里面的一圈小红点又恰似一环激情的火焰。这样看来，俨然是一件艺术品了。

不过，可不能只专注于它的作品了，它的原理是什么呢？原来，马达带动曲柄高速转动，由于曲柄的重心与电机转轴不在同一点上，旋转时出现重心偏移，从而导致震动，使得笔尖在纸上持续运动，机器人才画下绚丽的线条。

"噢，原来这样小小的机器人竟有着如此多的科学知识！"我不由得感慨道。

在这样一个科技发达的时代，人工智能早已融入我们的生活，以后会有各行各业的机器人出现，它们将会协助或取代人类的工作，比如生产业、建筑业或是危险的高危工作等。希望通过学习，以后我也能成功开发出可以改变人类生活的机器人，期待人类生活会更美好！

风动船扬帆起航啦

李裕琨

我做过许多有趣的科学小制作，有翱翔天空的“滑翔机”，有驰骋地面的“刷刷车”，还有称霸水下的“潜水艇”，但我从来没有制作过既可以在陆地驰骋，还可以下水遨游的风动船。

星期天的下午，我来到了幸运星科普班，发现教室里热闹非凡。一打听，才知道这次要制作水上风动船，我顿时激动得上蹿下跳。

终于等到上课了，老师微笑着询问我们：“你们认识哪些船呀？”

这个问题太简单了，我们喋喋不休地说道：“航海船、潜水艇、帆船、手动船……”

“你们真是见多识广呀！”老师直夸我们，接着又问：“有谁见过水陆两栖船？”我们都你瞅瞅我，我瞅瞅你，沉默不语了。

老师看我们都不吱声，就拿出一个用泡沫制成的小船，告诉我们，这是风动船，可以水陆两栖。我们惊讶地说道：“老师，你没有骗我们吧？这船在水上行驶，我们信，它在陆地行驶，不可能吧？”老师脸上的笑容越发迷人，她坚定地说：“眼见为实吧！”说完后，轻轻打开了小船开关，小船在桌面上欢快地前行。

这真是太不可思议了！我们迫切想知道它的原理。原来，它是靠各种部件组成，有电池、马达、扇叶和泡沫船体。首先是电池的电能转换成为马达的动能，动能带动扇叶，形成风能，风能推动船体前行，这真是太神奇啦！

终于到了动手实践的环节，我们四人一组，团结协作制作风动船。组长给我们每人都分配了任务。我旁边的同学做着“穿针引线”的工作，这可是精细活，如果导线没接好，马达可是会“罢工”的。大家都齐心合力地组装着，过了一会儿，我们组的风动船虽然已完成了大半，可别的组此时基本上都拼完了。

我内心焦急得不行，手上快速地完成着最后一步——用胶带将船篷固定好。然后迫不及待地打开开关，期待风动船扬帆起航，可是马达却一动不动！怎么回事？我们赶紧调试导线，查看红线和黑线连接是否正确，并将导线的铜丝再捏紧了些，再次打开开关，听到了“哗、哗”的声音，哇，我们成功了！大家开心地拥抱在了一起。

美好的时光总是短暂的，要放学了。我们依依不舍地走出教室，回味着制作风动船的过程，不禁感叹：科学真奇妙啊！不仅让我们动手动脑，还让我们学到了知识。

探索之旅

陈宝乐

科学在哪里？以前总感觉科学离我们很远很远，其实当我们坐下来，静静地观察我们的周围，就会发现，在我们的日常生活中，到处都散发着科学的光芒！

这不，我在幸运星科普课堂踏上了科学之旅，做了一次科学小实验，叫作“自制吸尘器”。

首先，老师把我们分成了四个小组，要我们分工合作，要求在最短的时间内完成吸尘器的制作，然后进行吸尘器比拼，看哪个组的“吸尘器”做得更好。

我们根据老师的讲解，了解到吸尘器是由瓶体、电机、电池盒、支撑杆等组成。它的工作原理是利用电动机带动叶片高速旋转，在制作的瓶内产生空气负压，从而吸取果皮、纸屑等。

了解完毕，我们就开始热火朝天地忙碌了起来。我们小组分工明确，我被分配到了一个非常重要的环节，负责连接电机。同学小王负责制造垃圾，小隆负责组装导线和套立柱，小刘负责粘贴泡沫胶和剪开瓶子，小田负责装电池盒。

一切准备就绪，只见小田快速地打开包装，用她灵巧的小手把电池盒组装在木板上。接着，小隆快速地把木板拿过去，按照说明书把立柱紧紧插入木板中，再把电池盒的导线套在立柱中。轮到我大显身手了，我要把导线和电机连接在一起。这是最重要的位置，如果装错了，全部都要重来，想到这里，我的手不禁抖了起来。我抑制住内心的激动，先把导线穿入电机的小孔中，再把电机一扭，完成！第一根线接完了。紧接着，第二根也顺利完成。只差最后一步了，我们五人一起把双面胶贴在木板上，再小心翼翼地把塑料瓶粘上去，哇！完成啦！

我们开心得跳起来，把吸尘器给老师看，我们组是第一个制作完成的。老师满意地点点头，给我们两节电池，让我们测试一下。当然，小王把“垃圾”也准备好了，装上电池,“1、2、3——开始测试。”哇！真的吸起来了,好神奇啊！测试完成,我们开心地、静静地等待比赛……

终于到了激动人心的比赛时刻,我们比赛选手站在一边,观众站在老师那边。“预备、开始!”随着老师一声令下,我们几位参赛选手一起把开关打开,我听见后面的参赛人员同时也发出尖叫声,很快我就把桌子上的碎纸屑用“吸尘器”清理干净了,比赛结束了。开始颁奖,我们小组荣获第二名,奖品非常丰厚,每人十张激励卡！大家脸上都挂满微笑。

科学,虽然只不过是一个简单的词语,但是却包含着无限的神秘,需要人们去发现、去探索、去运用,未来的世界属于我们这些爱科学的人!

无字天书

汪云萌

“哇！成了！我的字在纸上呈现出来啦!”“你看,你看,我写的‘佳人’两个字都出来了,太神奇了!”是什么事,让这些同学这么兴奋呢？哦,原来是幸运星的小记者们正在做“火龙生字”的实验呀！我们一起来瞧一瞧吧!

做实验首先得准备材料。先准备一张干净的白纸,再准备一支毛笔,然后请出这次实验的主角——“火龙药水”,也就是硝酸钾溶液。硝酸钾不仅可以用于制作火药、鞭炮,还可以用于制作防腐剂,如若大量接触,还会引起人身体的不适。为了不让药水滴到手上,细心的老师还为我们准备了手套以及护目镜。

万事俱备后,就可以开始实验了。先用毛笔蘸满“火龙药水”,再在白纸上面用连接不断的笔画写字,并且每个字都要重复两到三遍,再用红笔在纸上做个记号。接着把纸放在地板上晾干。等写好的字完全消失后,用带火星的木条轻轻接触纸上有记号的地方,纸上立即就有火花出现,并缓缓在纸上蔓延开来。那跳动的火花就如一条顽皮的小火龙,在纸上挥毫泼墨,一笔一画写着苍劲有力的大字。不一会儿,原本干净、整洁的纸上,一个个字迹清晰地呈现出来了。看到这神奇的一幕,我不禁想到了“无字天书”这四个字,它是不是也是这样形成的呢？情报局在特殊时期是不是也会采用这种方法来传递信息呢？哈哈,太好玩,太有趣了!

其实,这个“无字天书”的形成是巧用了硝酸钾的化学性质,当纸上硝酸钾溶液与带火星的木条接触时，硝酸钾受热会分解出氧气，而氧气的助燃性会加快纸张被烧焦，从而使用药水写过的字就呈现了出来。

这个实验真是太好玩了，它不仅让我学到了许多科学知识，还让我收获到了快乐！

会写字的“火龙”

彭慕琳

生活中，我们不可能看到真正的“火龙”，老师却说可以让我们在教室里看到“火龙”，并能让它乖乖地听话、写字。带着这个疑问与好奇，我们踏上了今天的实验之旅——火龙生字。

老师交代清楚实验注意事项后，从箱子里拿出了实验材料及纸张，分发给我们。同学们按照老师的要求把它们整齐地摆放在操作台上。好奇的我这时发现，材料中有一个瓶子里装着透明无色的溶液，写着“火龙药水”。

开始大变魔法啦！我先用毛笔蘸满“火龙药水”，在白纸上写了一个“五”字，还用笔在这个字上面重复了两遍；接着在“五”字的起笔处用红笔做了个记号，把它放在地板上等待它变干；再用带火星的木条，轻轻地接触纸上有记号的地方，立即有火花出现，并缓慢地沿着字的笔迹蔓延，好像用火写字一般，纸张燃烧的样子，真像一条火龙被人指挥着，在一笔一画地书写；最后纸上便呈现出当初我写的字来。

看着我的纸张上呈现出的字，一股成就感油然而生。不由地感叹科学真的好神奇呀！虽然实验很成功，但好奇心还是驱使我向老师请教这个实验成功的原因。原来，“火龙药水”就是硝酸钾溶液，当纸上的硝酸钾与带火星的木条或火苗接触时，会受热分解出氧气，这时氧气的助燃性发挥了大作用，加快了纸张的燃烧，沿着蘸有硝酸钾的痕迹，慢慢蔓延开来，字就呈现出来了。

通过这次实验课，不仅开阔了我的眼界，还使我懂得了科学与生活其实是息息相关的，只要我们留心观察，勇于实践，一定会成为一名知识渊博的学生。

纸为什么能托住水杯

李承祐

“哇，成功了，好厉害呀！”同学们兴奋地大声叫了起来，这是为什么呢？原来是在“五一”节期间，我们幸运星小记者在教室里做有趣的科学实验——纸托水杯。

当邓老师说出实验名称的时候，我提出了质疑：“区区一张纸怎么可能托住装满水的水杯呢？”为了证明，邓老师亲自示范了一遍，她拿出了做实验的材料：一个水杯，一盆水和一些卡纸。邓老师先将水杯装满水，再将一张卡纸覆盖在杯口，然后一只手按着卡纸，一只手握着杯底将水杯慢慢翻转过来，邓老师说：“我要放手了，你们觉得水会不会流出来？”“会”我坚定地答道。只见邓老师松开了托着卡纸的手……“咦，怎么回事？竟然没有掉下来？”我惊讶极了。

邓老师说，谁想挑战一下？我立刻高高地举起了手，来到讲台上，我回想着邓老师的操作方法。先把水杯装满水，直到看见水表面凸起；再拿一张卡纸沿着水杯边缘轻轻地往前移动，直到盖住水面；然后一只手小心翼翼地按住卡纸，另一只手抓着杯底慢慢地将杯子翻转过来，这一步我做得十分小心，但我却迟迟不肯松开按住卡纸的这只手，同学们都催我赶快松手，我还是犹豫再三，始终不敢松手。这时，我看见杯口流出了一点水，心想肯定失败了，在老师和同学的催促声中我准备迎接事实，我闭上了眼睛，松开了手。旁边的同学突然尖叫一声，我被惊得睁开了眼，“我成功了，我成功了！”我也惊讶地大喊了起来，同学们在旁边既紧张又兴奋地看着水杯，我们都在心里默数着1、2、3……中途我一会儿拍拍杯底，一会儿摇摇水杯，还翻了几个“跟头”，卡纸居然还没有掉下去。我小声地说：“怎么坚持了这么久呀！”不过我看到卡纸已经湿透了，我心想，不出意外的话，应该是要掉了。只听“扑通”一声，果然卡纸掉了，水流了下来，持续时间是9秒，我们都欢呼起来。

虽然实验成功了，但这是什么原理呢？邓老师娓娓道来：这是利用了大气压强的作用，杯口用卡纸盖住，在倒扣的时候，外界的气流不会进入杯中，由于外界大气压的压强远大于水对纸的压强，所以水就不会流出来，但纸片浸透太久，最终也会掉下来的。

这节有趣的实验课，使我们对空气有了更深的理解，没想到原本普通的空气还有如此强大的一面，真是受益匪浅呀！

非牛顿流体

骆嘉仁

有一种物质，它既不是液体、固体也不是气体，你知道它是什么吗？我来告诉你吧，它就是——非牛顿流体。受疫情的影响，幸运星的科普课改在了线上进行，邓老师教我们制作非牛顿流体。我在家找来了一个大点儿的碗、一个量杯、一袋玉米淀粉、一双筷子和一碗清水。

我要开始制作了，第一步，用量杯取30mL水，再取30mL的玉米淀粉，将它们倒进大碗里，用筷子搅拌一下。这时你会发现，玉米淀粉溶在水里面，像纯牛奶一样。接下来是第二步，再加30mL的玉米淀粉倒进大碗里，使水和玉米淀粉的比例为1:2，搅拌均匀，淀粉溶在水里，我感觉像酸奶一样有些浓稠了。最后，也就是第三步，这也是非牛顿流体快成功的一步。这次还是再加30mL的玉米淀粉在大碗里，使水与淀粉呈1:3的比例。接着搅拌，这次筷子好像很不听使唤，搅拌起来十分费力，我惊讶极了，但也感觉到非牛顿流体快要成功了，经过我的不懈努力，非牛顿流体终于被我做出来了。

我试着用手指轻轻地摸了摸这个神奇的液体，我发现我的手指可以完全伸入液体里。然后我又将手握成拳，用力地捶打非牛顿流体，结果发现流体外面好像有一层保护膜，让我的手无法穿透液体的表面，它变得如此坚硬。这可真神奇呀，原来这就是非牛顿流体啊。

我觉得我应该像非牛顿流体一样，别人温柔对我，我便温柔对他。别人要是用力打我，我就变得更坚强。

有趣的“水果发电”

夏梓鑫

大家都知道火力发电、水力发电和风力发电吧！你们见过水果发电吗？在幸运星科普小记者班，老师带我们做了一个有趣的实验，叫“水果发电”。

做这个实验，首先要准备材料：两片铜片、两片锌片、两根导线、两个橙子和一个显示器。

实验开始了，我拿着铜片对着一个橙子插去，可是橙子像一个坚硬的石头，怎么也插不进去。于是，我和同桌开始想各种办法，先把铜片用斜插的方式试了试，又改变握铜片的方位。最终费了九牛二虎之力才把铜片插进去了。再吸取刚才的经验拿着锌片对着另一个橙子插去，这个橙子一下就插好了。

于是，我们连忙用导线把它们连接起来。我们一边连导线，心里一边忐忑不安，不是说水果发电吗？它若真的发出了电，那我们会不会被电触到呢？于是，越想越紧张，手也不停地开始颤抖。老师似乎看出了我们的紧张，对同学们说：“大家不用紧张，人体可承受36V的电压，这两个水果发出的电量还不足一个干电池呢！”听了老师的话，我们的心终于平静下来。接着，把显示器也连接起来。连接好后，显示器没有任何反应，就像一个调皮的小懒虫在和我们开玩笑，这是材料出了问题吗？

这时，我想起了老师的话：“要不断地揉橙子，揉软为止，让汁水在橙子里面呈流动状态，才能产生电流。”我们又重新开始，先把橙子揉软，接着把铜片、锌片插进去，再连接导线，最后连接显示器。“哇，亮了，亮了，我们成功了。”我兴奋地说道，显示出来是十二。我抬头一看，其他同学用不同的水果发电也成功了。

实验虽然成功了，但是我还是十分疑惑。老师解开了谜团，说道：“水果发电的原理是：两种金属片的化学活性是不一样的，如铜线和镀锌铁钉，其中更活泼的那个金属(铜)能与水果的果酸物质起化学作用产生了正电荷。正是这个化学的能量转换成了电能，才能形成了电。”

有了电真好，这样我们就不用摸黑点蜡烛，不用捕捉萤火虫照明，更不用凿壁借光看书了。电不仅可以给我们生活带来光亮，还可以让生活变得快捷方便，更加的丰富多彩。

通过这次的实验,我们不仅了解到了火力发电、水力发电、风力发电、太阳能发电和核能发电等,更是亲身验证了水果发电。科学无处不在,只有我们不断努力学习知识,才能掌握更多的科技力量,为祖国的科技发展贡献力量!

水果的特异功能

李金泽

“水果除了能吃以外,还能发电?”我看到你摇头了,不信的话,就到幸运星科普课堂来见识一下水果发电吧!

我们准备的材料有:两个橙子、两个苹果、五根导线、一块电子表、四片锌片、四片铜片。

老师先将全班同学分成四个小组,我被分在了第一小组。我们开始分工了,同学小鲁负责插插片,因为他力气大。我动手能力强,而且心细,所以我负责接导线。同学小王眼疾手快,所以,找配件的任务就交给他了。

分好工,便迫不及待地开始制作了。首先,小王把找好的铜片递给我,我要把铜片接在导线上,再在导线的另一头接上锌片,那几根导线像几个调皮的小孩儿,每当我要捆住时,它就掉了,一次、两次、三次……弄得我满头大汗。

这时,老师走过来,告诉我说:“想清楚,动脑筋,慢慢来!”我按照老师说的方法仔细看了看,两个芯片很快就安好啦!我长长地舒了一口气。接着把接好的插片递给小鲁,他把这些插片以两片一组分别插入水果中,验证实验结果。哎!显示盘怎么没有数字出现?哪里又出问题了?同学们你看看我,我看看你,都不知道问题在哪里?小鲁看着屏幕的图示,拍了拍脑袋说:“哦,我把正负极装反了,再来!”只见他迅速地又将几片铜片和锌片插入水果中,我们的大眼睛紧紧盯着电子表的显示器,居然跳出了一排数字。哇,我们发电成功啦!我们激动得手舞足蹈。

原来,做实验这么有趣,我以后一定要做个勤动手、多动脑的好孩子。

彩虹色水

别一戴

星期六下午,费老师带我们做了一个有趣的科学实验,究竟是什么实验呢？让我们一起走进这堂奇妙又特别的科学实验课吧！

一上课,老师就将实验所需的材料通通摆上了桌,我好奇地伸长脖子瞧了瞧,都是些很普通的东西:一包食盐、三个透明的塑料杯、一把小勺、一盒马克笔、一根滴管和一根试管。哎,就这些东西能变出什么花样？

老师好像看穿了我的心思,拉高了嗓子说:"抄完笔记的同学坐端正,咱们这个实验可有趣了,坐得端正的同学有机会上来参与实验哟!"一听这话,同学们一个个可来劲了,背挺得直直的,眼睛直勾勾地看着老师,好像在说:"老师点我,老师点我!"

最终,老师选了两位平时表现较好的同学当小助手,当然没轮到我,但为了弄清老师葫芦里到底卖的什么药,我开始认真观察。老师先让小助手拿出三个塑料杯依次在上面标记上1、2、3,然后往三个塑料杯里倒入等量的温水,注意要等量哟！这个关系到我们的实验结果,所以这一步两位小助手操作得格外小心,先将三个杯子呈一字排开,小心翼翼地将水一点点加入杯中,随后又将三个杯子围成了一个圈,边倒边目测水量,快接近等量时,围观的同学都情不自禁地喊道:"好！停!"

接下来老师又选了两位小助手,让他们往1号水杯里加入四勺盐,往2号水杯里倒两勺盐,3号水杯里不放盐,用筷子搅拌均匀。然后拿出马克笔,让他们从中挑选三种色差大且艳丽的颜色,分别染入三杯水中。他们左看看,右拿拿,后来在大家的共同决定下选了红、绿、蓝这三种颜色。不过一会,1号杯里的水就变成了苹果一样的红色,像我们喝的果汁;2号杯的水变成了青草似的绿色,像一块绿色的翡翠;3号杯里的水变成了宝石一样的蓝,十分迷人。

正当大家沉浸在梦幻般的有色水中时,老师说:"现在是最精彩的时刻,大家可不能眨眼。"说完,便依次从三个杯里取等量的溶液,滴入试管里。同时提醒大家操作这一步时,滴管伸入试管三分之一处,沿着试管的边缘小心翼翼地滴入,以免与试管里的水混在一起。不一会儿,神奇的事情发生了,大家惊奇地发现试管里的水变成了三层，从下到上有红、绿、蓝三种颜色，所有颜色居然都没有混合在一起，而是层次分明的一层一层叠加在一起，变成了一杯美轮美奂的“彩虹水”，简直太神奇了！

后来，老师给我们道出了真相和原理，由于1到3号杯里加入的盐由多至少，融化后盐水的密度也由大到小各不相同；倒入彩色溶液的时候将密度大的沉入底层，密度小的就浮在了上面。听完老师的话，我不禁感叹到科学真是无处不在！

这堂科学实验课真是太好玩了，不仅让我体验到了前所未有的乐趣，还激励我去探索更多的科学奥秘！

瓶中的“彩虹”

刘锦怡

朋友们，天空的彩虹也许你们见过，但是你们见过瓶子中的“彩虹”吗？如果没有，大家就跟着我一起来感受一下做“瓶中彩虹”科学小实验的奇妙吧！

实验开始之前，我准备的是紫色、粉色、红色三种颜色的色素，一根试管、一根滴管、一袋盐，还有四个杯子。

先拿出三个杯子，在每个杯子里放同样多的清水；然后在三个杯子的杯身上面分别写上a、b、c这三个字母；再把三种色素分别加入杯子中，如下：a粉色，b紫色，c红色；接着向b杯放一勺盐，c杯放三勺盐，等盐溶化后，就可以拿出滴管把c杯里的溶液加到试管里面；紧接着把滴管放入第四个放清水的杯子里清洗，需要注意的是：每次吸完一种溶液都要清洗滴管，要不然它会混色的。最后依次把三种溶液加到试管里，果然，试管中出现了漂亮的彩虹水。

通过这次实验，我所得到的原理是a、b、c杯里的盐由少至多，融化后盐水的密度也由小到大各不相同，倒入彩色溶液的时候，是将密度大的溶液沉入底层，利用引流作用，让后来的不同颜色溶液倒入的速度不至于太快，所以形成了颜色分层，犹如彩虹一般美丽。

看着自己亲手做出来的“彩虹”，我高兴极了，紧紧握住试管，如珍宝般呵护着它，生怕它一不小心消失了。它的颜色也始终和当时形成时一样美丽。就在我得意之时，一忘形，我把试管平放在了桌子上，当我回想起来再猛地将试管拿起来时已经晚了，颜色都混合在一起了。所以，朋友们，你们在操作时千万不要晃动瓶身，要不然三种液体就会混合在一起，看不出分层的现象了。

这次的实验真是太有趣了！朋友们，在家一定要动手试试哟，说不定还可以调出美丽的鸡尾酒色彩呢！

自制汽水

宋子瑜

炎热的夏天，如果来上一杯冰镇汽水的话，那该是多么舒爽的事啊！真是想什么来什么，周末，幸运星科普小记者班的姚老师组织我们一起做汽水啦！

同学们都非常期待，我想：怎么自制汽水呢？是不是和超市买的一样好喝？老师笑着说："我们自己来做汽水，做完后同学们都尝尝，比较一下和超市买的汽水有什么区别？"说完，老师拿出了材料：小苏打、白醋、白砂糖、可乐、柠檬、柠檬苏打水、矿泉水等。

实验开始了，老师首先给每个人发了一个一次性杯子；然后往杯子里分别倒了一点水；再往每个杯子里倒入不同的物质，让我们观察一下，看有什么变化。一位同学站起来说道："我的杯子里开始起泡，泡泡慢慢升了上来，又降了下去，变成了像啤酒一样的水。"同学们都在疑惑为什么只有白醋和小苏打放在一起时会产生气泡呢？老师给我们解释道："因为小苏打是碱性，而白醋是酸性，它们在一起发生了化学反应，产生了一种新物质——二氧化碳。"

明白了气泡产生的原理，下面开始自制汽水了。同学们兴高采烈，一窝蜂地涌上前，把老师团团围住。只见老师先准备好半瓶纯净水，把挤出的柠檬汁倒入瓶中，然后加入糖和小苏打，盖上瓶盖，上下摇了摇。这时，我们发现瓶中的水像烧开了一样，冒出了好多泡泡。老师拧开盖子，泡泡"嗖嗖嗖"地窜了出来，这些神奇的小泡泡好像已经跳到了我嘴里，我舔了舔嘴唇，似乎有一丝甜甜的味道在我嘴里荡漾呢！同学们实在经不住诱惑了，于是老师给我们倒了一小杯让我们尝尝。尝过后，同学们都皱起了眉头，有的说有点酸，有的说有点咸，有的说怎么没有在超市买的汽水好喝呢？

老师为我们解开了疑惑：原来工厂里的汽水在制造时是通过加工的方法，使二氧化碳溶解在水里，溶解越多口感越好，而且还加入了多种食用色素、香精和咖啡因。我们制作汽水时可以根据自己的口味去调制，调配比例需要我们自己去探索。这时，有的同学想喝甜一点的就加糖，想喝气泡多一点的就加小苏打，同学们边尝边添加，都想调制出最美味的汽水呢！

看着同学们喝得不亦乐乎，老师提醒我们要养成良好的生活习惯，讲解了胃溃疡、胃酸过多、糖尿病患者喝汽水的危害性；少年儿童是骨骼发育的重要时期，大量喝汽水对骨骼的发育和牙齿的健康也有很多的不良影响，所以汽水虽然好喝，但我们不能贪杯哟！

通过制作美味的汽水，让我感受到了快乐，懂得了汽水的原理，也了解了制作汽水的过程，还了解了关于饮用汽水的健康知识，真是一举多得啊！

揭秘潜水艇

姚宇舜

说起潜水艇，你一定也不陌生，可我要是问你：潜水艇在生活中有什么用？潜水艇为什么能上浮下沉？面对这些问题，你肯定会不知所措，接下来就由我来为你揭开潜水艇神秘的面纱吧！

首先，我来回答一下第一个问题：潜水艇在生活中有什么用？潜水艇一般用于军事方面，帮助我军更好地击沉敌方的军舰、航母、渔船；另外潜水艇在生活中会用在开采深海矿石，观看海底风景，如五颜六色的珊瑚、奇形怪状的鱼类，有的人甚至会把潜水艇当作水下私人豪宅。

现在来回答第二个问题：潜水艇为什么能上浮下沉？其实“指使”潜水艇上浮下沉的是一项仿生学设备，模仿的是鱼的一种身体器官：鱼鳔。鱼之所以能上浮下沉就是因为鱼鳔的动作原理是这样的：鱼把呼吸道的空气存入鱼鳔里面，如果想下沉就把空气排出；如果想上浮就把空气吸入鱼鳔。潜水艇能上浮和下沉的原理和鱼是一样的，潜水艇的下面有一部分是空心的，专门用来装海水，如果想上浮就把水从里面排出去，如果向下沉就把海水吸入体内。

这次我们了解了这两个有关于潜水艇的小知识后，相信你们一定会对潜水艇有更浓厚的兴趣，那我们一起来动手做一个潜水艇实验吧！

自制“潜水艇”

王承礼

暑假的一天,我在“幸运星”上了一堂生动有趣的科学实验课,受益匪浅!

一来到教室,只见老师给每位同学准备了一袋实验材料,里面有一根可以随意弯曲的塑料管、两颗螺母、一个针筒、两个气球,还有一艘潜水艇的模具。

制作开始了,我首先将一个气球套在塑料管上,再从袋子里取出针筒套在塑料管的另一边,接着把潜水艇模具里专门放螺母的地方,用螺母安装好,然后把套好的气球放了进去,最后把两个模具拼好,就大功告成了!

做好了之后,老师神出鬼没地端来一盆“一望无际的大海”,我一看,立刻兴奋得恨不得让这“潜水艇”插起翅膀飞进这“大海”里。老师微笑着说:“哪一位同学想要率先把自己的潜水艇放下海去?”

我一听,兴奋地举手,可惜不是我最先“下海”,只见另一名同学高高兴兴地走上前,拿起他的“潜水艇”放入“大海”中,别的同学见状也纷纷走到“大海”边,也放入了自己制作的“潜水艇”。只见同学们手中的针筒一拉一推,“潜水艇”也一浮一沉的。当然,也有同学的“潜水艇”实验不成功,不成功的只能“上岸”检查故障,重新调试,不过最后也都试航成功了。当我们的“潜水艇”都能在水中“自主沉浮”时,同学们都兴奋地叫了起来,教室里顿时成了一片欢乐的海洋……

通过对“潜水艇下海”实验的观察,又听了老师的讲解,我想了想,明白了“潜水艇”的工作原理,原来“潜水艇”有专门的气压舱,当水注入气压舱后,“潜水艇”就会沉下去;把水挤出时,“潜水艇”就会浮上来。

通过这次实验课,我还了解到“潜水艇”是仿着鱼类制造的,科学真是无处不在啊!

挑战大气压

唐俊昊

“加油，加油，你倒是用力呀！”一阵欢乐的叫嚷声不断从我们教室里传了出来，你一定很好奇我们到底在干什么吧？告诉你，我们正在上演真人版的“马德堡半球”实验呢！快来跟我一起去看看吧！

马德堡半球是两个黑色的半球体，那外形看上去就像两个盘子一样，它是用橡胶制作的，比较柔软，可以任意挤压变形。在半球的外侧，用螺丝牢固地锁着一个铁制拉环。

开始做实验了，老师先将这两个“马德堡半球”小心翼翼地合起来，然后用力挤出里面的空气，这使两个小半球合二为一，变成了一个小滚轮的模样。

这时，老师望向我们说：“现在，小半球变成了‘超级大力士’，同学们谁敢来跟它比比力气？”

我们都惊讶极了：这么小的一个东西，怎么能称为“大力士”呢？

看着我们一脸疑惑的样子，老师说：“不信你们可以上来试试！”大家纷纷踊跃举手，我也焦急地举起了双手。

最终，老师选了两位“重量级”的选手——小王和小吴同学前来挑战。也许是为了证明他们的实力，一上场，两位选手就紧紧地抓住拉环，摆好了随时将小半球拉爆的架势。随着老师一声令下，只见他们弓着腿、弯着腰，两只手张开，拼命向后拉去。可令他们万万没想到的是，他们使出了九牛二虎之力，小半球还是无动于衷，紧紧吸在一起，丝毫没有要分开的意思。就这样僵持了几分钟后，老师微笑着宣布说：“比赛结束，‘马德堡半球’胜利！”

“老师，我们不服，我们要全体一起挑战它！”我们不服气地高声喊着。

老师说：“那好吧，你们去外面，全体一起拉！”

我们听后，立马一窝蜂地冲出了教室，分好了队，摩拳擦掌、跃跃欲试……“预备，开始！”只听见老师一声令下，我们大家一起拼命向后拉去，但是结果却再次让我们惊讶不已，我们又输了！谁也没有想到，一个小小的东西，力量却这么大！那这是为什么呢？

原来在抽气前,半球的外部压力与内部压力相同,此时打开半球非常简单。但抽气后,半球的外部压力大于内部压力,而且半球内部是真空,这样,两个半球被大气压给压住了,因此,这两个半球要用很大的力才能拉开。还有我们平时用吸管喝水、真空挂钩等都是利用了这个原理。

通过这次实验,不仅证明了大气压的存在,还让我明白了大气压的强大,更让我懂得了科学无处不在,真是太神奇了。

力量大比拼

蒋　萌

你知道"马德堡半球"的力量吗？据说它需要16匹马同时拉才能拉开,那究竟是怎么回事呢？在小记者科普课堂上,我们亲自感受了一把"马德堡半球"的神奇魔力。

上课了,毛老师给我们带来了一个黑乎乎的小东西,说是叫"马德堡半球",只见它用一个白色的盒子装着,是两个一模一样的圆形半球,就像一对双胞胎好兄弟。球体外侧用螺丝牢固地连接着一个铁质拉环,它的材质是橡胶材质,较软,可任意挤压、变形。

老师说:"你们可不要小看这一个黑乎乎的小家伙,别看它这么小,它们合在一起威力可不小,不信,你们上台来试试。"

我心想:这么小的球,它会有什么威力呢？于是,我高高地举起了双手,想挑战一下它。其他同学好像也和我想到一块去了,也纷纷举起了手。只见毛老师小心翼翼地把两个小半球的边缘重合起来,接着用手挤压,直到里面的空气全部挤出来,然后点了小王和小刘两位同学上去,和它进行力量大比拼。

老师一声令下,"战斗"开始了,两位同学左右开弓,分别拉着两个半球外侧的手环,拼命向后用力。你瞧,小刘右手紧紧抓着手环,手臂伸直,手上青筋暴起,还将左手搭在右手上给自己加油、助力。再看小王,他表面平静,看起来什么事也没有发生的样子,但是脚却不听使唤地被拉得在地上向前滑动,眼看屁股都要坐到地上去了……在我们一声声的"加油,加油"中,比赛结束了,老师宣布"马德堡半球"获胜,两位同学败下阵来。我怎么也想不明白,是谁给了"马德堡半球"这么大的力量？让它胜利了。

在我们的再三询问下，毛老师终于告诉我们“马德堡半球”的秘密，原来这个秘密就藏在我们身边无处不在的空气里。由于地球引力的作用，大气被吸向地球，因而产生了压力。两个小半球没有抽出里面的空气前，由于外部压力和内部压力相同，压力互相抵消了，所以可以轻松打开。但挤压出里面的空气后，半球内部形成了真空，这样，外部压力就会大于内部压力，两个半球其实是被外部的大气压给“压”在一起的，因此，这两个半球要用很大的力气才能拉开。

通过这次科学小实验，我知道了生活中处处藏着科学的影子，我以后一定要努力学习，长大后去发现更多有趣的科学现象。

静待花开

代雨馨

常言道：人往高处走，水往低处流。但是在这次的科普课上，老师说可以通过毛细现象让我们看到“水往高处流”的景象，我们都表示不太相信。带着这个疑问，我们上了一堂生动有趣的科学实验课，叫作“魔法结晶树”。

上课前，老师给我们讲了一个自己亲身经历的小故事，说要考验一下我们小小神探的观察能力和思考能力。我们都竖起小耳朵，仔细地听了起来。故事是这样的，有一次老师出门着急，用毛巾擦完脸后，对着远处的洗脸盆来了一个高空“投篮”，想把毛巾直接扔进洗脸盆里，可不曾想技艺不精，毛巾一半搭在了脸盆里，一半搭在了盆沿上，而着急赶时间的老师不以为意地出了门。

就这样到了晚上回家时，老师发现盆里的水都不见了，而盆外面的地板上却蓄积了一大滩水。听到这里，同学们都七嘴八舌地讨论起来：难道是水“活”了？是毛巾会变魔法？还是说家里进小偷打翻了水盆？我们百思不得其解，后来老师跟我们说，其实这是毛细现象，水可以沿着毛巾自动“跑”到外面来。

为了更加深层地了解毛细现象，我们就要来做个小实验了，老师把我们分为几个小组。然后给我们每组发了一个树干模样的小纸板，一个小托盘和三袋反应液。老师说这些材料可以让纸片上长满粉色的花朵。这话不会是在吹牛吧？

我疑惑地看着毛老师，心里一直在想，不会是骗我的吧？我怀着试一试的态度开始了实验:首先把“樱花树的树干”安在了底座上,接着把三包反应液倒在了底盘里。过程非常简单,接下来就是耐心地等待。我们把注意力全部集中在这个光秃秃的纸板上,可是过了好久,都没有发生什么变化。

一个小时过后,我有些不耐烦了。其他组的“树”多多少少都开了一点“花”,可是我们组的“开花树”却迟迟没有动静,我面上不动声色,心里可着急了,心想:该不会是反应液过期了吧?

到了下课时间,我的“树”终于也开了一点“花”,就像是春天里的枝叶冒出了新芽。看着已经“冒头的小树”上长出了粉色的冰晶般的小“雪花”,我的心里满是期待。

回到家后,我还是紧紧地盯着它,急切地盼望着它能快点开出更美妙的“花朵”来。妈妈看见我如此急切,就语重心长地对我说:“心急吃不了热豆腐,要有耐心!”我听了妈妈的话,抑制住内心的激动与好奇,去写作业了。

一转眼,到了下午六点,当我再次来到“樱花树”旁边时,眼前的一幕把我惊呆了。小小的“树”上开满了晶莹剔透的“花儿”,浅粉、深粉、浅红、深红的“花儿”将整个“树干”满满地包围着,就像是一位小仙女穿着华丽的纱裙在翩然起舞,简直太美啦!

老师果然没有骗我,“开花树”之所以会“开花”,是因为当在底盘上浇入水溶液药水,水溶液会借毛细现象在纸树中快速上升,在“树枝”末端蒸发,出现结晶现象,形成美丽的“花开满树”的景象。

这次科学实验,不仅开阔了我的眼界,还使我懂得了科学与生活其实是息息相关的。只要我们留心观察,勇于实践,一定会成为一名知识渊博的学生。

发球机

向佳怡

我怀着期待的心情,踏着欢乐的脚步,来到幸运星科普教室。大家都很开心,迫不及待地问老师:“老师,这次要做什么呀?”老师微笑着回答道:“发球机!”

我们很疑惑,发球机是什么?老师讲解道:“发球机是球类运动中必不可缺少的训练机器,它有多种类型,有机械的、智能控制的、模拟真人的。发球机的原理是利用电机将电能转化为轮子的动能，轮子的摩擦将球快速地从轨道上推出。”

听完老师的讲解，我们恍然大悟，拿到实验器材后就开始制作起来。首先把两块卡板安插在底板上。这一步看似简单，但因木板上的孔有一些小毛刺，按不下去，看着上面的顽固的毛刺，毛刺仿佛在对我说：“哈哈，你连这都按不下去。”听完，我很生气，开始使用暴力去按，按了半天，我终于按下去了。

接着安插后板，这一步，我还是采用了上一步的方法，很快就解决了。然后由螺丝固定铁轴和电机到木板上。这一步可难住我们了，主力成员小张和小朱一只手里拿着螺丝刀，另一只手里拿着螺丝，但因为螺丝太小，很难拧进去。她们眼睛眯着，像老太太穿针似的，小心翼翼地将螺丝穿进去后将电机固定上去。最后在木板上粘上双面胶，把电池盒粘上去，将电池盒的两根电线与电机相连，这样就大功告成了。

我们迫不及待地按下开关，依次排列的5个球有顺序地向前发射，我们成功了！这个实验太有趣了，以后我还要经常做实验。

月相图

汪子泷

星期天的下午，我来到科普班，老师神神秘秘地对我们说：“正值中秋，今天我们做一个关于月亮的科学实验课吧！”

老师先是给我们介绍了月相图，关于月亮有许多的名称，如新月、蛾眉月、上弦月、下弦月、上凸月、下凸月和满月，我才知道原来月亮的“形状”有这么多啊！通过老师的讲解，我才了解，月相是天文学中对于在地球上看到的月球被太阳照明部分的称呼，看来以后我要多多学习才行。

实验开始了，老师给我们发了实验材料：月相图、小底座、透明半球、连接底板、双面胶、地球形片、连动杆、人物图片、半月球和背光罩。接着我们把它组装起来，我和同桌先把背光罩和半月球装起来，再把连动杆装起来，把地球形片和小底座装起来，然后把透明半球装上，再和连接底板用双面胶粘上，最后把人物图片放在上面就组装完成了！

接下来，我们学习用模拟器观察月相，并在观察纸上做好记录。通过观察学习，我的脑海中蹦出了许多文人墨客关于月亮的诗词："人有悲欢离合，月有阴晴圆缺""海上生明月，天涯共此时""举头望明月，低头思故乡""大漠沙如雪，燕山月似钩""可怜九月初三夜，露似真珠月似弓"……原来，月亮就是一位有智慧的长者，默默地看着人间的悲欢离合。

最后，老师出乎意料地给了我们每人一块饼干，但老师让我们吃饼干也是有要求的。她让我们吃出一个月相图来，有人一下子咬破了，有的人却很成功，我看着自己咬出的月相图可开心了！

通过这次的学习，我不仅了解了月相的奥秘，而且收获了快乐，这真是一次有趣的实验呀！

月相的奥秘

董妙颜

我从小就非常热爱科学，爱看那些讲天文地理的书籍。因此，我常观察身边的自然景观，让我印象最深刻的是对月亮的观察。

今天的科普课上，老师给我们讲了一个"天狗食月"的故事。讲的是很久很久以前，人间一到晚上就黑暗无光，人们出行非常不方便。于是，天帝就挂了一个会发光的大饼在天上，当作月亮。但是这块饼实在是太香了，二郎神的哮天犬馋得直流口水。于是，等到二郎神外出时，它就悄悄地每天去大饼上咬一口，渐渐吃掉了天帝挂在天上的月亮。就在大饼将被哮天犬吃完的最后一刻，被二郎神发现了，他及时地挽救了月亮。但这只是个神话传说，月亮变化的原因到底是什么呢？让我们一起来看看吧！

老师准备教我们制作一个月相成因图，制作材料有：连动杆、地球形片、双面胶、人物图片、半月球、背光罩、月相图、连接底板、透明半球、小底座。

我拿到材料后，先把两个半月球和背光罩扣在一起，再把月相图粘上双面胶，接着把连接底板、小底座、地球形片、透明半球拼在一起，然后把做好的月球和连动杆扣在一起，最后把它们全部拼在一起，就做好了！

通过对月相图的观察，我清楚地认识到月亮的变化其实是因为太阳光的照射产生的，月亮在地球前面就看不到月亮，月亮在地球的后面看到的月亮就又大又圆。当它自西向东不断旋转变换着位置,我们从地球的角度去看月亮时,所看到的月亮被太阳光照射的地方位置不同。于是月亮就出现了不同的变化。

后来老师让我们表演了现实版“天狗食月”,老师给我们一人一块饼干,我们咬出了月亮的各种不同形状,教室里一片欢笑。

这次的科学小实验让我学到了很多以前不知道的知识,长大以后我要当一位科学家,去探索宇宙的奥秘。

多变万花筒

熊　乐

同学们,你想拥有一个千变万化、五颜六色的万花筒吗?想!那就亲手做一个吧!可是,这样一个又好玩又美丽的万花筒是怎样制作出来的呢?想知道的话,就让我来给你们介绍一下吧!

首先,将三块平面镜并排放在桌子上,平面镜背面朝上,把它们顺次粘在一起,组成一个三棱柱形的镜筒,让这三块长方形的镜片变得团结起来。接着,用一张五彩斑斓的纸给圆圆的柱形纸筒包裹起来,记得一定要粘得很牢固,这样万花筒的“身子”就初步成形啦!

我们再来做“脚”,把一张颜色较深的纸的中央剪一个直径为五毫米的圆孔,再把这张带孔的纸贴在圆筒的一端,然后把不同形状,红、黄、蓝、紫等不同颜色的彩色宝石放入圆筒里,别看它小,可“麻雀虽小,五脏俱全”哦!最后把塑料盖安装在圆筒上,这样一个万花筒就做好了。

其实做万花筒并不难,而且你可以在制作中增长智慧,在制作中,不仅要运用你的巧手,还要充分发挥你的审美能力、想象力。对着光线,从圆孔里欣赏,里面怎么这么美?看!那一朵花,不正像雪花吗?那一朵花,不正像梅花吗?还有,还有,哟!紫荆花,白莲花……把万花筒放在书桌上,闲暇时看看,它会带给你一份好心情。

万花筒,你让我永远铭记住了色彩缤纷的童年,是我真挚的朋友。同学们,你们也来动手制作吧!

万花筒的秘密

刘艳洁

“你们看这好像有一个病毒”，幸运星科普教室里传出了一阵质疑声！病毒来了？病毒还能用肉眼看见？这是怎么回事呢？原来是同学们在做万花筒呢！透过万花筒向里望，可以窥视到酷似病毒的形状。有这么神奇吗？接下来，就让我们一起去看看万花筒是怎么制作的吧！

制作万花筒的材料并不复杂，有三块镜片、珠花、珠花盒、彩色包装纸、硬纸筒身、目视盖……

制作万花筒的步骤很简单，首先把三块平面镜上的膜撕掉后，把三块镜子组成一个三棱镜；再把彩色包装纸撕掉，贴在硬纸筒上；然后把三棱镜放在硬纸筒的里面；接着把目视盖盖上，最后把珠花倒在珠花盒里，把它盖上，一个万花筒就做好了。

瞧着手中的万花筒，我心里十分困惑，都是些这么简单的材料，为什么会产生这么神奇的效果呢？于是我查阅了一下历史资料，万花筒是苏格兰的一位物理学家——大卫·布鲁斯特发明的，里面多变的图案是利用三棱镜会反射的原理，把底下几个亮片反射出来，变成了几十组六边形，六边形的内部就是丰富的图案。有的像可怕的病毒，有的像美丽的雪花。其实这些对称的图案里面，只有一个图案是真实的，其他图案都是通过三棱镜反射出来的。万花筒还有更神奇的地方，就是眼前这个图案如果消失了，需要转动很久才能再次出现。所以每次成像都显得弥足珍贵。

看到千变万化的万花筒，我觉得我们的生活就像万花筒那么美好，那么五彩缤纷，真是太幸福了！

笼中鸟

尹芊伊

“笼中鸟”，当你们看到这个标题时，肯定会认为是在笼子里的一只鸟，那你们就错了，这其实是一个小实验。

在做这个小实验之前，老师在屏幕上放出来一张图片，在图片最左侧有一个黑白相间的图案，图案的最中间有四个黑色的小点，而图片右侧是空白的。

然后，老师将3位同学叫上了讲台，要他们看这四个黑点15秒后，再看右侧的空白处，接着就让他们说出自己看到了什么。我看这图案15秒后，再看空白处时，我发现图案白色的地方变成了黑色，更为神奇的是我眼前出现了一个满脸胡子的男人。

老师把我们每个人都点上台看了后，对我们说：“同学们，你们看了图片15秒后再看空白处时，是不是出现了一个和原图十分相似的一个人？”“是的！”我们回答道。老师又对我们说：“这其实就是视觉暂留现象，人眼在观察景物时，光信号传入大脑神经，需经过一段短暂的时间，光的作用结束了，但视觉现象不会立刻消失，这种残留的视觉影像称为‘后像’。”

老师说完，把我们分成了四人小组，还发给我们每组一袋小零件，老师把我和其他三位同学分到了一个组里，我们把零件拿出来后，发现袋子里有一张说明书，有电池盒、开关、电机、套电机夹、螺孔板、安插杆、两个电池和一张有着鸟和笼子的图片。

很快我们便开始了组装，小王将电池盒连接在开关和电机上，小张将图片从中间对折，再把支撑杆贴在折好的图片中间，小吴安装电池，而我则将各部件固定到螺孔板上，很快我们变完成了“笼中鸟”的组装。

接下来，我们打开开关，发现图片没有转动，我们又重新安装支撑杆后图片转动了起来，我发现图片转动的时候，鸟竟然“跑”到了笼子里，尽情地享用着笼中的美食。老师对我们说：“同学们，鸟进笼与图片摆放的位置有很大关系，两个画面在同侧转动时快时慢，鸟都不会进笼子里，但是两画面在异侧时，转动的速度快，鸟就会飞进笼子里。”

这次小实验，我懂得了视觉暂留现象，你们也来试一试吧！

你好，空气

韦宇鹏

“奇妙奇妙真奇妙，看不见来摸不着，无孔不入变化多，动物植物都需要。”打一自然物，你知道是什么吗？同学们有的说是水，有的说是雾，有的说是空气。什么？空气？对，就是我们每天都呼吸的“生命气体”——空气。那你们认识它、了解它吗？不知道？那就来我们小牛顿科普中心的“五一”科技秀参观一下吧，保你大开眼界！

早就听说此次活动可谓是“满汉全席”，特别精彩，现在我们就来看一看吧！瞧，活动现场人山人海，座无虚席，热闹极了！此时，老师正带着大家认识空气，我也不自觉伸出手，在空中不断地挥舞，可什么也没抓着，原来空气是没有颜色、没有气味、会流动的气体。

认识完空气，老师又带大家见证了“水往高处走”的神奇现象。看错了吗？No，No，No，你没有看错，相信大家和我存在着一样困惑，不是常言道“人往高处走，水往低处流”吗？耳听为虚，眼见为实，不是亲眼所见，我也是万万不敢相信的。当经开水烫过的空瓶子放入冷水中后，神奇的一幕发生了，只见那红色的水顺着吸管向上冲，直到冲出吸管，形成了一个小小喷泉，让我不得不相信水确实可以往高处走，其实这就是空气的热胀冷缩原理。

知道了空气的小秘密后，就进入了我期待已久的环节——纸托水杯。“先将杯子注满水，用纸片盖住杯口，然后把杯子来一个‘空中转体’倒过来，把手松开，会是怎么样呢？”老师一边说一边用目光扫视台下同学，同学们早已从老师的眼神中猜到，要点人上台演示，大都将手举得老高，生怕老师看不到，有的同学甚至直接站到了凳子上。

最终，老师点了两位看上去比较沉稳的同学上台，可一番操作后，待他们松开手时，水像瀑布一般“飞流直下三千尺”向下倾泻而来，还差点把衣服弄湿了，看得台下的同学急不可待，跃跃欲试。我也不例外，心里不停默念：“点我，点我……”我居然真被选中了，有了前车之鉴，每操作一步我都如履薄冰、格外小心。当我怀着忐忑的心情把水倒转过去时，嗨！神了！薄薄的一张纸，仿佛有一股神奇的力量，坚不可摧,我成功了!

在大家疑惑、诧异的眼神中,老师的声音清晰地传进耳中来:“不要以为这是奇迹哦!真正不让水流出来的是大气压。当杯子里盛满水时,杯外的大气压要大于杯内的大气压,水自然就不会流出来了。这就是大气压的‘魔力’。”之后,我们还进行了有趣的“隔空打物”和好玩的“大型空气炮”等环节。

你好,空气!一场科技盛宴下来,让我对你从陌生到熟悉,原来你身上还有这么多小秘密,不愧是人们呼吸的“生命气体”。请和我一起喊出小牛顿科普中心的口号:“学科学、爱科学,懂科学、用科学!”

参观实践篇

科技馆一日游

周明川

绵绵细雨滋润着嗷嗷待哺的小草，万物尽情吮吸着大自然的乳汁。好一会儿，雨过天晴，风一吹，送来一阵清新。绿荫如盖的大树在蓝天白云下不见一丝凋零。伴随着幸运星小记者团队的脚步，我来到了天门市博物馆流动科技馆。

还没走进去，那巨大的蓝色标牌上“中国流动科技馆湖北巡展——天门站”几个大字就映入我的眼帘。量过体温之后，我们便迫不及待地进入了一楼的科技展厅。

“哇！”我不禁发出赞叹，这里的科技展品多得数都数不清，让人眼花缭乱，目不暇接。跟上同伴的步伐，我开始了探索之旅。

我的目光注视在了一种能放电的设备上。“这是什么啊？”同伴在一旁好奇地问我。“看！”我指了指设备上面的介绍信息。原来，这个“庞然大物”叫“尖端放电”，它由两根铁柱构成，铁柱上还有很多铁针。按一下启动按钮，第一根铁柱会转动起来，当它上面的铁针与第二根铁柱上的铁针形成一定的距离时，电荷分布会比较密集，在两根铁针的尖端便会产生电火花，并且伴随着“嗞——嗞——”的声音，真是太奇妙了！

随着人流，我来到了“声音华尔兹”面前。兴奋的我迅速按下启动按钮，对着话筒说了一句话。万万没想到，这时电磁流的声音居然随着我的声音起伏而发出了不同的变化。我还想再试一次，怎知被同伴抢了过去，我只好继续往前走。

“画五角星？这是什么？”一个正方形盒子吸引了我。再仔细观察，设备里面有一处凹槽，可以把手伸进去。我按下启动按钮，拿起笔，看着对面平面镜上的五角星的影像画相同的形状，还可别说，真难，我反复试了好几次也没成功。“为什么画一个简简单单的五角星会这么难呢？”正当我抓耳挠腮之时，老师走了过来。经过老师讲解，我才知道，这是因为平面镜所倒映的影像是反的，而我们的大脑只是一个“照相机”，并不会分析这图像怎么由反转到正，正因如此，照镜子画五角星就十分困难了，我这才恍然大悟。

展厅里还有“雅各布天梯”“飞翔的小鸟”“空中成像”“跳舞的回形针”……多姿

多彩,神奇而有趣。

这次参观科技展览可谓是受益匪浅,不仅让我好好地动手体验了一番,更重要的是让我明白了其中蕴含的科学道理。“少年强则国强,少年志则国志。”所以,我一定会好好学习,保持一颗崇尚科学、学习科学的心,长大后争取为我国的科技发展贡献自己的一份力量。

倾斜小屋的秘密

倪晨杰

“同学们,有个好消息告诉大家,星期天我们要去天门市科技馆进行参观采访。”邓老师话音刚落,原本安静得像水面的教室立刻沸腾了起来,大家议论纷纷,都在讨论着科技馆里有哪些稀奇古怪的东西。

星期天,晴空万里,我早早地来到了万达广场对面的天门市科技馆,在这里我被一个像放大版布丁的建筑物给吸引了。后来听张老师介绍:这个像布丁一样的建筑物有个好听的名字叫“桂冠”,寓意着“书山之路起桂冠”,体现了天门状元之乡的文化底蕴。等同学们都到齐后,我们穿上了小记者服,排着整齐的队伍,跟随各班老师顺利地进入了科技馆。

科技馆里有很多展厅,每个展厅都有非常多的科技展品。当邓老师带着我们来到“启智乐园”展厅的倾斜小屋时,我发现在小屋里走动头重脚轻、晕头转向、举步难行,只能靠扶着墙壁出了小屋。我问老师为什么会这样?邓老师解释道:“你们之所以会有这种感觉,是因为你们的眼睛用以往的经验告诉你们,小屋的墙壁和地面是垂直的,让你们误以为这是平地。而你们的前庭觉也就是你们身体里感受平衡的器官告诉你们地面是不平稳的,两种器官‘意见’不一样,产生了冲突,好像在你们的身体里打架,所以造成了你们在小屋里走路时有头重脚轻、晕头转向的感觉。”听完后我和同学们恍然大悟,一个倾斜小屋里居然藏着这么大的秘密。

我们又跟着邓老师来到了科技馆的二楼,这里的展厅要小一些,展品也相对少一些。在这里我了解了高空抛物和毒品的危害,还学习了消防知识和急救知识。

参观结束后,我们依依不舍地离开了科技馆。这次参观科技馆的活动不仅让我感到开心,而且让我明白了倾斜小屋的原理,还让我学到了许多课本上没有的科学知识,真是收获颇多呀!

走进科学

罗晨泽

在阳光明媚的一天,张老师带领我们来到天门市科技馆,科技馆有许多奇形怪状的装备,有许多让人震撼的科学仪器,还有许多有趣的小游戏呢!

进入科技馆,首先引起我注意的是惊险的地震模拟小屋。顾名思义,这是用来模拟地震发生时的一间较为简陋的"小屋"。我们走进去,发现屋子里有个地方被围栏围了起来了,这个围起来的地方地板与周围地板颜色不同,我们按照工作人员指导,靠着栏杆站好,双手紧紧抓住栏杆,准备就绪,我们面前的屏幕放映出了一间教室。突然,吊灯开始摇晃,小屋开始倾斜,工作人员按下一个绿色的按钮,我感觉地板向下滑了几厘米。紧接着,屏幕里的教室突然开始左右摇摆起来,与此同时,在场所有人都感到了地板开始两边摆来摆去,我们发出一声声尖叫,有的同学害怕得蹲下去了。好不容易,地震终于停止了,我们长长地舒了一口气。

待我们平静下来,工作人员向我们介绍起地震波:"地震时你们会感受到站立不稳,这是地震波传过来了。什么是地震波呢?地壳在地震时会发出较强的能量波,这种能量波在地震时释放出来,沿地表传播,被称为地震波。"

科技馆里还有"倾斜小屋""与爱因斯坦对话""协同运动"等,我们都体验了一下。

走出科技馆,回望那耸立的建筑,一股自豪感油然而生。这个世界上有许多奥秘等着我们一个个去探索,我们需要更加努力学习知识,这样,人类才会有更美好的未来。

规划馆畅游记

吴逸凡

阳光明媚,碧空如洗,沐浴着温暖的春风,唱着欢快的歌儿,我同"幸运星"的小记者们一起，跟随着老师的脚步，来到了向往已久的天门市规划馆。

下了车，第一眼就看见了“天门市城市规划馆”那金光闪闪的八个大字。远观整个规划馆外形，就像是一只正准备扬帆起航的大帆船。那“船帆”的模样还像是一个长长的滑梯，一直通向规划馆前的喷泉，线条流畅，设计独特，我猜如果从上面滑下来，一定非常刺激。

进入规划馆内部，一位笑容和蔼可亲的讲解员向我们走来，她用甜美的声音向我们讲述着天门市的传统文化和历史遗迹。通过讲解员生动的讲述，我们得知中国已有5000年文明史，石家河遗址的恢弘仿佛再现我们眼前；清代状元蒋立镛妙对嘉庆帝朱笔独点天门……讲解员告诉我们，天门市被称为状元之乡、内陆侨乡、曲艺之乡、民歌之乡和蒸菜之乡。听到这些讲解，身为天门人的我顿时感到无比的自豪。

终于到了我们小朋友最期待的4D电影环节。坐在展厅的安全座椅上，讲解员告诉我们，座位是会动的，请系好安全带。我们听从指示迅速系上安全带，戴好4D眼镜，一切准备就绪。

电影开始了，只见大屏幕上先是浮现了五个大字——梦想的力量。忽然，灯熄了，我们沉浸在黑暗中，一些胆小的女生尖叫起来，我们好像坐着一个可以随意变形的东西，一会儿变成一艘快艇，带着我们在天门河里漂游，水花在我们眼前漾开，河岸两边杨柳依依，几只小鸟唱着歌儿在前方领航。一会儿变成一架飞机，载着我们飞到了体育馆上空，体育馆里可真热闹啊，朝气蓬勃的人们在做着各项运动和比赛，稍一愣神儿，一颗足球就直冲我们飞了过来，一时间，大家都手忙脚乱，慌忙接招。刚应付完足球的“突然袭击”，我们又变成了一条鱼，从瀑布上一跃而下，直入潭中，那叫一个惊险刺激。几秒过后浮出水面，我们看见了古朴典雅的茶经楼，它安然地立于天门西湖边上，循着茶经楼的楼体，我们化作鸟儿飞上了茶经楼的顶端，登高望远，俯视四周，美丽的平原风光一览无余，西塔寺、天门东湖、天门西湖、前壕、后壕尽收眼底……爽，天门的风景，怎一个“美”字了得！

这次参观天门市城市规划馆，让我以生在天门市而骄傲，以身为天门人而自豪，我的内心萌生了一个信念，一定好好学习，将来也为天门市的建设做出贡献，让我的家乡更加美丽、富饶。

天门市城市规划馆掠影

严昊涵

“规划馆里真的有4D电影吗?”“有,真有!”“太好了!”同学们在规划馆前叽叽喳喳,兴奋极了,都盼望着快点进去一探究竟。

来到规划馆,首先映入眼帘的是八个金黄色的大字——“天门市城市规划馆”。规划馆正门的屋顶像一个大大的“滑梯”,一直延伸到池塘的喷泉上,喷泉一开,那晶莹的水珠,真是太漂亮了!

走进规划馆,一股科技的气息扑面而来,规划馆的第一层是“瑰丽天门,古韵天门”。我跟着讲解员阿姨一边听一边往前走,走着走着,总感觉脚下不对劲,往下一看,妈呀,脚下居然踩着玻璃,有同学慌了,“我们会不会掉下去啊?”讲解员阿姨说:“不用怕,这是钢化玻璃,是不会掉下去的。”我往下一看,里面还有一些古董,我问道:“难道古董就埋在这里面?”讲解员阿姨说:“不是,这是石家河遗址的模型,同学们来跟我看看石家河文化的图片介绍……”原来,石家河文化已有4600多年的历史,看那玉玔、陶罐、玉凤,一个个无不彰显古人的智慧。

在一楼了解了天门市辉煌的历史,带着期盼与自豪,我们来到第二层,这里有规划馆最大的亮点。我看到的是一个大屏幕,上面播放的是整个天门市的现状与未来,大屏幕下面有一个“天门市城区大沙盘”,每当大屏幕播放到哪个地方时,下面沙盘上对应的地方就会亮起,站在这个沙盘的上方,我感觉自己像个巨人。

最后来到第三层,也就是我们最期待的一层,因为有4D电影看。同学们迫不及待地进了放映室,系上安全带,戴上4D眼镜,看到了春夏秋冬的天门市,感觉自己沿着电视塔缓缓上升,上升过程中能清晰地听到轨道吱吱的声音,猛地又从上往下俯冲下来,耳边的呼呼风声中时不时还夹杂着同学们的尖叫声。放映结束了,我们还恋恋不舍。

通过这次参观,我们重新认识了历史悠久、美丽灿烂的天门市,我决定努力学习,长大后把家乡建设得更好。

参观天门市城市规划馆

刘心雨

“今天我们要去参观天门市城市规划馆”,当邓老师宣布这个消息的时候,我和同学们的心情变得十分激动。大家到齐后,我们便朝着规划馆出发了。

到达目的地后,我仔细观察了规划馆的外表,它像一艘帆船,船帆像个滑滑梯,一直延伸到门前的水池中央。

走进规划馆,首先看到了一个用钢化玻璃铺设的路面,玻璃的下面有一条流着蓝色河水的小河,小河的尽头是石家河遗址的一角,有石钺、土陶杯和玉玄机。

往前走,呈列的是天门市历史名人画像——茶圣陆羽,竟陵派文学创始人钟惺、谭元春,唐代诗人皮日休,清代状元蒋立镛等。

接着,我们来到了二楼,我看见了北湖公园的微缩模型和天门市总规划大沙盘。

令我印象最深刻的是三楼的4D电影院。走进电影院,我迫不及待地坐在了椅子上,飞快地戴上了4D眼镜。等我们系好安全带、抓好扶手,突然我眼前一片漆黑,在我眨眼的一瞬间,我面前的大屏幕亮了起来。正在这时,许多同学开始尖叫,原来,我们的座椅开始随着画面摇晃起来。不过我和旁边的同学小向并不在乎,我们认真地看着大屏幕上的情景。大屏幕上时而出现一只大鸟带我们飞向天空,时而出现一艘大船带我们遨游大海……

时间过得真快,影片在闪亮的灯光中结束了,我们依依不舍地回到了教室。我心想:规划馆是那么的精致美观,我希望以后可以多参加一些这样的游览活动!

“花仙子”大集合

吴宇欣

小时候在公园里、外婆家，我可是见过蝴蝶的，它们在花丛间飞舞着采蜜，有白色的、黄色的，还有五颜六色的大花蝴蝶，可漂亮啦！后来长大了，就见得少了。听说幸运星小牛顿科普中心要举办一场蝴蝶标本展，我迫不及待想要去看一看，不知道都有些什么样子的蝴蝶标本呢？一路上我猜测着，心里充满了期待。

走进科普中心的二楼，映入眼帘的便是各种各样、五颜六色的蝴蝶标本，看得我眼花缭乱、目不暇接。你瞧瞧这只，它穿着黄色的衣服，外面有着黑蓝相间的条纹；再看看那只，大大的，都快有我的手掌般大小了，样子像极了飘带；还有的翅膀全是白色，只在顶端镶嵌着一些淡淡的橙色……那些蝴蝶标本栩栩如生，看上去特别有生机。这时，我眼前仿佛出现了那一只只小蝴蝶自由地迎风翻飞、嬉戏玩耍的景象。它们多么像美丽的小花仙子欢快地在花丛间飞舞，在花朵上采蜜，是那么快乐，那么幸福！

这样遐想着，突然被一只名字叫作“中华枯叶蝶”的蝴蝶标本吸引住了。“枯叶蝶”与其他五彩缤纷的蝴蝶相比，长得还真是要多难看有多难看。一双小黑豆般的眼睛，两只如枯萎叶子般的翅膀，看上去像穿着一件破破烂烂的破旧衣裳。下腹长着四只小小的、细细的腿，一副弱不禁风的样子。

不过你可别小瞧这样的“枯叶蝶”，它有一种特别的本领，就是伪装。当危险来临时，它会把翅膀收起来，歇到一片树叶上，一动不动，就像一片真正的枯叶，让敌人发现不了自己，等危险过后便逃之夭夭。它可真聪明啊，真是一个伪装大师！

老师介绍说，他的寿命比其他蝴蝶要长，其他蝴蝶可以活 7～15 天，而“枯叶蝶”可以活 2～3 个月呢！对了，“枯叶蝶”曾被科学家做实验投喂过啤酒，神奇的是，喝过啤酒的“枯叶蝶”竟然不会醉，所以它还有一个称号叫“蝴蝶中的酒王子”，“枯叶蝶”可真是一个有趣的小生命。

后来，我们又兴致勃勃地参观了凤蝶、绢蝶、粉蝶、七彩凤蝶、巴西闪蝶……形形色色的标本，还看到了模仿蝴蝶外形制作的一些精致的蝴蝶胸针、蝴蝶头饰。直到参观结束，我和小伙伴们还流连忘返地讨论着、感叹着这大自然物种的神奇。

通过这次参观蝴蝶标本，我不仅欣赏到了蝴蝶的美丽，还学到了许多书本上学不到的小知识，并且知道了动物是人类的好朋友，又是发明家的老师。我们一定要保护环境，让小动物们拥有一个美丽、恬静的家园。

消防大队参观记

刘怡伶

在一个秋高气爽、阳光明媚的日子里，张老师给了我们一个惊喜——去参观消防大队。太好了！终于可以看到消防叔叔的真面目了！我们的心情都格外雀跃。

到达目的地后，消防员叔叔早已列阵等待，严肃而又飒爽的样子让我们肃然起敬。走进消防大队，映入眼帘的就是一台神秘的消防车，它静静地立在那里，仿佛随时待命出发。

首先，叔叔们带着我们参观的是消防科普教育中心，里面有一个小厨房，消防叔叔问我们："厨房里面有什么危险?"大家争先恐后地回答："油放在微波炉上会引发爆炸！"接着往前走，消防员叔叔又问我们："这里有什么危险?"大家齐声说："杀虫剂和煤气罐放在一起会爆炸！"接下来是居家隐患排查，有人说："蚊香不要放在地毯上。"又有人说："电熨斗不要放在床上。"还有人说："电热毯不要长时间放在床上"……消防队长点点头，还讲了一些我们没有发现的隐患。

接着，我们去参观了消防员叔叔的宿舍，了解他们的日常生活是怎样的? 只见每间宿舍有八张床，床上有一条皮带、一床叠得有棱有角的被子和一顶帅气的帽子。床摸上去硬硬的，这么硬，我不知道晚上怎么睡觉。来到了这里我才知道，原来他们的世界并不像超级英雄一样酷极了，他们的生活真的很艰苦。

然后，消防员叔叔亲自为我们表演了如何穿消防服。当队长问消防员叔叔准备好没有，消防员叔叔大声说："报告！准备完毕！"着装开始了，队长叔叔问我们："我们一起给他计时好不好?""好！"我们大声回答。计时时间结束，一共用了16秒，看着消防员叔叔迅速的穿衣过程，我们都惊讶极了，但是队长叔叔还说慢了4秒。随后，消防员叔叔还为我们提供了穿消防服的机会。同学小程幸运地被选了上去，他在消防员叔叔的帮助下穿好了大大的消防服，张老师要他走几步，看他那笨拙的样子，脸上却洋溢着自豪和满足的笑容，我们都笑起来了……

为了让我们进一步了解消防器材的使用方法，消防员叔叔还向我们展示了灭火器灭火的过程，为我们详细讲解了压力表如何识别。这时候，要选人去使用灭火器灭油盆的火了，我荣幸地被选了上去，队长叔叔把我拉到了上风口，我用手快速拉掉了保险栓，然后拿喷管对准火苗的根部喷射，喷出了白色像面粉一样的粉末，火被迅速地扑灭了，身后响起了同学们啧啧的赞叹声！

最后，我们探秘消防车，与消防车零距离接触。

通过这次参观，我们不仅掌握了防火、灭火、火场逃生的自救知识，还感受到了消防员叔叔们的火热生活，牢记了消防安全在日常生活中的重要性。我还要向消防员叔叔学习，即使面对再大的困难，都能勇敢向前！

优力维特电梯公司

李宇轩

现在科技十分发达，这天去天门市高新园区参观优力维特电梯公司，让我直观感受到了科技有多先进。

我们幸运星小记者先乘车来到优力维特电梯公司。还没有进入工厂大门，就闻到一股机械行业特有的油类混合味。

走进工厂，便是公司展厅。展厅内有几台展示电梯、三台门机和一个控制台。张老师告诉我们，门机是控制电梯门开关的机械。她还给我们讲解了电梯使用安全知识：乘坐电梯时不要靠在电梯门上，不要电梯门一开就往外冲等。

沿着展厅继续往前走，我们看见了这家企业的发展过程：优力维特电梯公司创办于1968年，2017年正式入驻湖北省天门市，成立天门市分公司。我们发现一个大铁箱一样的东西，一位工人叔叔告诉我们："这是控制柜，控制柜是电梯的核心，就像人们的心脏一样。"

看完了控制柜，拐个弯，我们看到了许多不同的电梯。有扶梯、货梯、客梯、观光梯等。扶梯像长龙一样，可以清楚地分辨一头一尾。

我们再继续走，看见了一条生产线，它的名字叫作焊接机器人生产线。简单地说就是一个机械手臂将一块铁板用一个大铁箱压弯，做成电梯的门。所以那个机械臂也叫数控折弯机。看着工人们熟练操作着机械设备，一个个零件从他们手中产生,不由得让人哼起那首《咱们工人有力量》!

最后,我们参观了其他车间,见到了更多的机械设备和不知名的零件,之后依依不舍地离开公司。离开时见到发货区正在排队装车发货,公司的销售订单量看来真是不错!

这次参观优力维特电梯公司让我们开阔了眼界,认识和了解了许多机械设备和各种电梯。也认识到,在这日新月异的社会中,我们只有更加刻苦地学习科学文化知识,将来才能为祖国的富强繁荣贡献自己的力量。

茶事一日

肖依然

一到火门山茶场,眼前的景色把我们这些小记者都惊呆了。这里天空湛蓝、空气清新;参天大树上栖息着可爱的小鸟,群山环抱、绿荫如盖,让人心旷神怡。

老师把我们带进品茶室,桌子上摆满了用毛尖泡的绿茶。老师让我们每人端一杯茶细细品尝。喝进嘴的第一口,苦到心里,我放下杯子,又觉得有一股甜味直往心里"跑"。我想,这不正是人生的味道,从苦到甜吗?

品完茶,我们来到采茶的地方准备采茶。张老师告诉我们:"茶树顶端的芽儿是一等品,二等品是一芽半展的茶尖,三等品是一芽一叶的,也叫一枪一旗、雀舌,低端茶是一芽三叶以上的。"

我弯下腰,仔细观察,一片嫩嫩的茶芽出现在我眼前。我伸出手,大拇指放在茶芽下面一点,再用另一根手指放在上面,轻轻一掐,一片嫩嫩的茶芽就采下来了。我接着又找到两片、三片……其他同学都纷纷来找我做示范,我只好给他们表演了一遍。瞬间,他们分布在茶海中各自忙碌着,就像绿林中的彩色蝴蝶。

采完茶,老师带我们来到制茶车间,参观了茶叶的制作过程,先摊青,然后杀青,再揉捻,最后烘干整形。

回家的时间到了,我们拍了一张合影,依依不舍地离开了火门山茶场。

我拿着"战利品",兴奋地回到家中,按照老师教的方法,先用盐水泡茶叶;泡上一段时间,然后用清水清洗干净;再晾干。我拿出两个鸡蛋(按茶叶的总量加蛋),倒一点油,把茶叶炒一炒,加上鸡蛋,再炒一炒,一小盘茶叶炒蛋就完成了。我迫不及待地尝了一口,软绵绵的鸡蛋中带着一丝清香……滋味真奇妙呀!

这次茶园之旅,我们学习了如何分辨茶叶的等级,知道了茶叶有什么作用,还品尝到了茶,作为茶圣陆羽故里的小茶人,这样的活动要多多举办,让我们更好地传承茶文化。

污水的华丽蜕变

胡紫涵

水是生命之源,没有水就没有我们这个美丽的世界,万物也不会生长。今天,我们参观的目的地就是天门市黄金污水处理厂。

天门市黄金污水处理厂始建于2010年,2018年底达到日处理污水约7万吨的能力,水排放达到一级A标。

来到污水处理第一站——粗格栅,一位叔叔给我们讲解了粗格栅的功能,还给我们演示了一遍工作过程:粗格栅如同深井一样,有9~10米深,它的作用是清除较大的漂浮物,如塑料袋、大片菜叶等。我们一边津津有味地听着,一边认真仔细地把讲解员叔叔讲的一五一十记下来,老师也在旁边不停地拍照。接着我们来到了细格栅,细格栅的机器都是长方体的,作用与粗格栅相似,它主要是清除较小的垃圾,如瓜子壳、头发等。

在讲解员叔叔的带领下,我们来到了旋流沉砂池。这儿的机器全部是圆柱体。它的作用与粗格栅、细格栅的作用完全不一样。沉砂池利用旋转的力量,产生旋涡,让泥沙等固体废物沉淀,这道工序处理后,我们见到的水不再那么浑浊了,也没有开始明显的臭味了。在水面上,我们看见了一个又一个的旋涡,有的大,有的小,大家都兴奋极了。

在氧化池,映入眼帘的是一个又一个圆形大水池,里面有许多泡泡,像煮开了一样。叔叔告诉我们:冒泡泡的是氧气,氧气沟主要是利用氧气,通过氧化处理,把污水变成清水,我们似懂非懂地听着。

然后,我们来到了二沉池和高效沉淀池,二沉池分离水和砂,最后达标排放到天门河。其实,我们所闻到的臭味是垃圾的臭味,并不是水的气味,排放出来的水不浑浊,也没有臭味了。

最后来到了中控室，中控室里面有监控，360度无死角管控着整个污水处理厂。

在回家的路上，我思绪万千：为什么会有这么多污水呢？我们都要爱护环境，让我们生活的世界更加美丽！

天门革命历史纪念馆

倪浩然

天门革命历史纪念馆坐落在鸟语花香的植物园里。它坐西朝东，左右松柏成林，前后草长莺飞，无比庄严。

纪念馆的正前方就是纪念碑。纪念碑由基座、碑座、碑身、碑顶四个部分组成。纪念碑前两座高大的雕像屹立在左右两侧，就像纪念碑的守护神。

我们怀着敬畏的心情来到纪念碑周围，碑上写着几个金光闪闪的大字——革命烈士永垂不朽，碑座四面的浮雕分别叙述了四个革命时期的故事。浮雕上的人们拖男挈女，有的回头望着落后的人们，脸上露出焦急的神情；有的小伙子力气大，挑着干粮；有的小姑娘背着孩子，扶着老人匆匆忙忙赶路。人们跌跌撞撞地前进，个个神情紧张，栩栩如生地展现了战争中人们居无定所、颠沛流离的悲惨生活。

整座碑高29.6米，用汉白玉雕成，高耸的纪念碑顶着阳光、迎着风雨屹立。抬头仰望纪念碑，我在心里默默发誓：一定要好好学习，成为国家的栋梁，不能让革命烈士的鲜血白流。

走过高耸入云的纪念碑，就来到天门革命历史纪念馆。纪念馆正门高大雄伟，门为古铜色，门上散布着许多五角星。"轰"的一声，门被打开，一面悬挂的鲜红党旗映入眼帘，党旗下站着近十位无比威严的革命战士。

我们参观了彭家垴夜校，文墩战斗，石家河战斗的场景。那些英雄的气概和事迹，令我敬佩，令我热血沸腾，其中印象最深的是石家河战斗。石家河战斗的画面投射在几个革命战士的雕像后，冲在最前面的战士大声咆哮着，好像在诉说人们被压迫的悲惨命运，又好像在咒骂敌人是多么的无情、残暴。后面两人神情激动，拿着手枪向前冲锋，好像要为天门人民的悲惨命运打抱不平。他们的背后是炮火连天的战场，战场上硝烟四起，无数的军人在炮火中冲锋陷阵，火光四溢。这些场景使我心中久久不能平静。

参观结束了，我站在纪念馆前碧绿的草坪上，拍下了一张珍贵的照片。我头顶着阳光，心中发誓：我要用我的热血谱写春秋，用我的热血将五角星染得更红，让国家更加富强。

探访天门市名人

胡熙妤

翻开天门市的历史，无数名人像璀璨的星星一样照亮了中华大地的夜空，他们中有艰苦奋斗、矢志不渝的经济学家、科学家，也有用热血和生命为新中国诞生建立千秋功业的老将军。星期天，我们幸运星科普小记者来到位于天门市图书馆一楼的天门人馆，穿越时空，对各个时期的天门市名人进行了一次探访。

踏进天门人馆的大门，映入眼帘的是雕刻着古往今来著名人物的浮雕，上面“天门人馆”四个大字遒劲有力，不禁让人热血澎湃……

我们先来到大门旁的古代名人墙，上面有三国时期军事家刘焉，晚唐著名诗人、文学家皮日休，竟陵派文学的创始人钟惺、谭元春，明代六朝名臣、吏部尚书周嘉谟，清代嘉庆十六年状元蒋立镛，清末山西巡抚胡聘之……但令我印象最深的还是陆羽。

只见陆羽头戴纶巾，双眉微皱，两眼平视前方。他是个孤儿，从小对茶叶有着浓厚的兴趣，经过二十六年的艰苦奋斗，终于撰写出世界第一部茶学专著《茶经》，陆羽对世界茶文化发展做出了卓越贡献，被誉为“茶圣”，我们不禁对陆羽的功绩赞叹不已。

我们继续向前走，看到了一位身穿朝服的名人画像。他是令尹子文，春秋时期有名的楚国贤相，三任首辅，孔子誉为“忠”。对楚国的强大和北上争霸做出了杰出贡献，我以后也要做对国家有用的人。

向右转身，我们看见了“开国将军墙”，有王绍南、魏天椂、李人林、李国良……我印象最深的是李人林，只见他头戴一顶深灰色、帽檐上有一颗五角星的军帽，两眼目视前方，眼睛里透露出爱国情怀。开国将军们为中国人民的解放事业和新中国的社会主义建设事业做出了不朽贡献，留下了光辉灿烂的一页。

日历无声，伴随着天门市的河水悄悄流逝。参观结束后，我感叹不已：我的家乡天门市真是一个人杰地灵的好地方，人才辈出，精英荟萃，我为家乡有这么多名人感到自豪，我也要像他们一样，从小树立远大理想，学好本领，长大后为建设家乡做贡献。

参观天门人馆

杜皓轩

时光流逝，一想起上周日我们幸运星的同学一起去天门人馆参观的经历，就感到回味无穷，难以忘怀。

刚进门，映入眼帘的就是闪闪发光的"天门人馆"四个大字。旁边还刻有一些雕塑，这些雕塑栩栩如生，活灵活现。每尊雕像上不同的神态都透露出他们的智慧的光芒和高尚的品格。

听老师说，天门市历史悠久，有4000多年历史的石家河文化，1200多年历史的陆羽茶文化，还有侨乡新文化以及状元文化。而且天门还人才辈出，从古至今，有楚国令尹子文、唐代茶圣陆羽、清代状元蒋立镛、开国将军李人林、现代企业家陈东升等，看着他们的简介和为家国做出的贡献与成就，不由得让人肃然起敬。我心想，作为天门市人，真是自豪啊！

进入馆内，左手边便是我们大名鼎鼎的茶圣陆羽。在中国，被称为"圣"的不多，而陆羽就是其中一位。传说陆羽小时候便被父母抛弃了，龙盖寺的智积禅师在一日清晨散步时发现了被遗弃在芦苇荡中的陆羽。奇怪的是，当时已是深秋，身着单薄衣衫的婴儿陆羽却被三只大雁用自己的羽翼保护着，为他取暖，这才保全了陆羽的一条性命。待到慈悲为怀的智积禅师将陆羽带回寺院时，三只本该南飞的大雁也相随而来，徘徊于寺院上空不肯离去，直到智积禅师对在空中盘旋悲鸣的三只大雁说会收留这孩子并好生照顾时，三只大雁才依依不舍地向南方飞去。

后来，陆羽长大后，通过自己的勤奋和努力，专注茶研究，游历大江南北，花费整整26年，写出了《茶经》三卷，成为世界上第一部茶叶著作，为中国乃至全世界的茶文化发展做出了巨大的贡献。没想到陆羽还有这样传奇的身世，这是身为天门市人的我们必须要知道的。

那么，为什么天门市被称为状元之乡？这是因为蒋立镛，我来到蒋立镛的雕像前，只见他玉树临风，面带微笑，和善的眼神中流露出智慧与学识。相传他参加皇帝的殿前御试时，皇帝出了一个上联，叫“青衿争出玉宫”，众学子都在议论纷纷不知如何作答时，蒋立镛马上回答说“朱笔独点天门”。皇帝听后连连叫好，把蒋立镛直接点了状元。而且据老师讲，蒋立镛不仅自己是状元，其父为翰林，其子为探花，其孙也是翰林。谓之五代进士，三朝翰林，两登鼎甲，这算是科举史上的一大奇迹了。

我的家乡天门市是一个人杰地灵的好地方，作为天门市人，我感到无比的骄傲与自豪，此次参观采访，我激励自己要向这些历史名人好好学习，争取自己将来也成为一名为家乡做出贡献、带来荣誉的人。

爱尔眼科医院之行

马骏熙

你想过未来的职业吗？有的人说想当医生救死扶伤；有的人说想当军人保家卫国。但从事这些职业都需要具备一个条件——视力好。今天就让我们到爱尔眼科医院，去了解一下保护眼睛的重要性吧！

走进医院，我瞬间就被眼前的一幕吸引住了，这里有各式各样的视力检查仪器，灯箱视力表、电脑验光仪、眼电图、视网膜电图……这可把我们小记者的好奇心给“勾”了起来。大家东摸摸西摸摸，仿佛被这些科学仪器拉到了另一个世界。

接着，同学们来到了会议室，参加眼健康知识讲座，给我们讲课的宋主任身穿白色衬衫，见到我们，嘴角露出了一丝微笑。同学们就座后，他的讲课正式开始了，宋主任幽默风趣，特别是对关于近视产生的原因和预防近视的方法讲解，给小记者们留下了深刻印象，时不时还会讲一些笑话来逗我们，这让每一位同学都融入到了授课内容中。讲解后是有奖问答环节，同学们踊跃举手答题，喜获不少礼品。

在讲到关于近视、远视和正常视力的区别时，宋主任点了三名同学，由高到矮的顺序排列好后，进行实验。三个同学分别代表光线、视网膜、眼轴。他指挥代表光线的同学向视网膜移动，如果离视网膜越远看得越模糊，说明视力越差，就是近视了；如果光线刚好到视网膜能看得清，说明视力正常；如果光线到眼轴后面看得清,就说明远视了。

实验结束,宋主任为我们总结了预防眼睛近视的要点:一是所有近距离用眼不要超过40分钟;二是读写姿势要端正,多做眼保健操;三是要少在无光的地方看书……

最后,我们在医生的带领下,参观眼健康科普馆,了解了眼球构造、儿童常见五大致盲眼病、关于近视的谣言、眼镜的进化史、制镜流程等知识;并参与近视远视、莫尔条纹、磁吸式光、时光隧道等实验演示活动;体验眼病VR,收获多多!

通过这次活动,让我们认识到了保护眼睛的重要性,如果没有好的眼睛,前途是一片黑暗的;如果没有好的眼睛,春天也将会变得逊色许多;如果没有好的眼睛,对外界的感知、学习等都会造成很大的影响。因此,我们要学会爱眼护眼,保护眼健康。

一面不一样的国旗

张梓延

你在世界地图上插过国旗吗?你知道各国的国旗是什么形状,有哪些颜色和图案吗?你认识世界上多少个国家的国旗呢?不知道也没关系。来和我们幸运星的小记者一起玩益智地图的游戏吧!它能让我们快速了解世界各国的地理位置和国旗图案。

这个益智游戏的名称叫:认识世界、认识国旗。它需要按照一定的规律将36面国旗插在相对应的国家上。插旗之前,老师给我们科普了一下关于国旗的知识,国旗是国家的一种标志性旗帜,它通过一定的样式、色彩和图案反映一个国家的政治特色和历史文化传统。

我们在国旗上见到的大多数颜色有:红色、蓝色、黄色、白色、绿色。红色表示欢乐,胜利;绿色表示农业、森林、植物或人民的希望和信念;蓝色表示海洋、河流、湖泊、港口和蓝天;黄色表示阳光、黄金、矿产、国家的资源和财富;白色表示和平、纯洁和公正。每一面国旗都有自己的故事,对于国家来说,国旗是神圣不可侵犯的,我们都要爱护自己国家的国旗。

在游戏中,我们通过仔细观察,发现每面旗帜上都有名称、首都、货币、位置和占地面积。按照规律,我们先在地图上找到了七大洲和五大洋,再把手中的国旗按区域进行了分类。这样下来，没一会，我们就插完了。可突然发现地图版块中少了一面中国国旗，这可急坏了我们，桌上、地上，一番寻找都没有找到。于是，老师把一面大的五星红旗帮我们插在了“雄鸡”的领土上。

看着眼前一面面国旗，我觉得最耀眼的还是我们的中国国旗。它红得那么鲜艳那么迷人，黄得那么灿烂那么美丽！是啊，国旗是神圣的，望着这面鲜艳的五星红旗，我的爱国之情油然而生，我为祖国的强大而骄傲，顿时我感到生在华夏何其有幸呀！

通过这次益智游戏，我不仅对国旗的认识有了提升，更让我对祖国燃起了无限的热爱之情。

认识世界认识国旗

文雅昕

“在这儿，不对不对，应该是在这里。”“没时间？快插上去啊！”这是在干什么呢？就让我们走进幸运星小记者班来看一看吧！哦，原来是大家正在世界地图上玩“插国旗”的游戏呢！

这个益智地图是一个可以折叠的半圆形，打开像一个万圣节的南瓜，又像一个春节里家家户户门前挂的红灯笼。它有两个面，一面是世界地图，另一面是36个国家的国旗图案，国旗五颜六色的，每一面都不相同。

老师给我们讲解了国旗的知识后，带我们进行了赛前预热的抢答赛，拿着国旗找国家或指着国家找国旗，十几轮后，老师见我们熟悉得差不多了，便宣布游戏规则：先分两个小组，每组5～6人，每人三面国旗，限时5分钟，规定时间内，国旗插得又多又准的即为获胜。

首先上场的是我所在的第一小组，随着老师一声“计时开始”，我们便蜂拥而至奔向世界地图，拿到熟悉的国家国旗，快速地插到地图上；有的同学拿到名称念着都很绕口的国家国旗，急得像热锅上的蚂蚁，直跺脚。幸好，接下来在我们组员的互相帮助下，共用时2分钟完成。

接着轮到第二小组上台，由于他们围着世界地图你推我挤，各自埋怨，结果他们用了2分33秒才完成。

最后，老师宣布第一小组获胜，我们听到后开心得蹦了起来，胜利来得太不容易了。

今天这堂科普课实在是太有意义了，不仅玩了游戏，还让我认识了七大洲五大洋，了解了世界各国所处的地理位置，知道了每个国家国旗的图案所代表的意思和象征的意义，真是一举多得呀！

爬山记

郭恩俊

阳光明媚的三月里，曾老师说要带我们去爬山赏花，这真是让我们兴奋不已，称赞连连。整好队伍后，我们便满怀期待地坐上大巴，去往目的地——皂市镇长寿山。

来到长寿山脚下的梨园，一下车，我们就被眼前的景象震惊到了。整片梨园就宛如一片白色的海洋，又如大雪过境之后的雪地。啊！不对，这一棵又一棵的梨树，可比白雪有生机呢！因为这一大片白色中还透着浓浓绿意，一片生机勃勃的样子，让我们忍不住要去那里留影拍照。

走进梨树丛中，成片成片洁白的花朵一簇簇，一层层，顿时让人生出一种“不可亵玩焉”的感觉。花儿们伸着长蒂，五六片花瓣向四方舒展开来，管状形的花柱上点缀着粉的、黑的花蕊。它们三个一群、五个一堆挨在一起，像一个个嬉戏打闹的白胖娃娃。梨花有的才展开两三片娇嫩的花瓣，摸上去像丝绸一样，丝滑、柔软；有的早已盛开出它那美丽迷人的“笑脸”；还有的是尚未绽开的花蕾。这副美轮美奂的梨花图，再加上在梨花间拍照、玩耍的同学，这不就是一幅“俏也要争春”梨园图吗？

在梨园拍完照后，我们向长寿林场“进军”了。可当我们到林场时，一场意外发生了，我把脚给扭了。那种疼痛感就像一根针在扎你一样。曾老师让我到山脚下等着他们下来，我嘴上答应了，可心里却很难过，若我不上去，这次的活动对于我来说不能叫爬山赏花了。我可不愿意失去这个亲近自然的机会。于是便忍着痛跟在同学们的后面慢慢地爬上了山。真的是很神奇，一到山顶，我的疼痛感瞬间消失，我站在山顶，呼吸着清新的空气，耳边还时不时传来一阵鸟鸣声，那时的我仿佛化作山间一物，完全沉浸在这难得的清静里。望着山脚下的群山，顿时感慨万千，在这里不仅可以俯瞰大地，还可以感受到大自然的旖旎风光。这纯净无比的空气让人神清气爽，心旷神怡。

可快乐的时光总是短暂的，我被曾老师的一声“我们要下山回去啦”给唤醒，大家一个个依依不舍地向山下走去。

通过这次爬山，我明白了一个道理，那就是，只要坚持，不怕困难，就一定能见到“惊喜”。

我与春天的约会

刘诺彤

空气是那么清新，天空是那么晴朗，春姑娘愉快地亲吻着万物，那么温柔，就像是一位慈爱的母亲抚摸着她的儿女……三月的一个周末，我们幸运星小记者在老师的带领下，来到了长寿林场踏青、赏花、登山。

等我们大部队下车集合后，一个个都迫不及待地向山里跑去。我们先来到了梨园，一眼望去，成千上万的梨花似泛着浪花的白色海洋，洁白如雪，使我不禁想到唐代诗人岑参的诗句：“忽如一夜春风来，千树万树梨花开。”

走进梨园，梨花在稀稀疏疏的绿色嫩叶中泛着白光。花儿们伸长了蒂，五六片花瓣向四面八方伸出了手，像是在与路人招手。花瓣中的花蕊由粉到黑，见证着不同的花期。梨花千姿百态，有的对人们露出了灿烂的微笑，要多可爱有多可爱，要有多美就有多美；有的半开着，像是在等待着某个时期，灿烂开来，惊艳人们；还有的只是一个可爱的花骨朵儿，像极了一个害羞的小姑娘，一只眼睛都不想露出来了。

突然一阵微风拂过，梨花们像一只只小精灵、随风舞动，跳得活灵活现，还有的梨花三五成群地在枝头聊天、嬉戏、玩耍……

同学们呢，有的爬上了梨树，却不小心摔了个狗啃泥；还有调皮的小朋友，用手摇着梨树，下了一场梨花雨；还有玩累的同学，干脆坐在树下，就着梨花吃起了零食。

赏完梨花后，我们马上要登高望远啦！走，我们一起去山中寻找神仙吧！站在山脚向上望，那种“喜看山间多苍翠”的感觉油然而生。在阳光的照耀下，远山就像洗过一样，青翠欲滴，看上去好像离眼前近了许多，也陡峭了许多。我们沿着一条水泥弯路向上而行，同学们如回归自然的鸟儿，有的不知疲倦一路向前冲；有的边走边和伙伴们聊天；还有的累得像皮猴一样，走一步，喘上几口气。不管怎样的走法，我们都在大山的怀抱里，尽情呼吸着清新的空气，感受着劲爽的山风，我们远离红尘喧嚣的宁静，以一身疲累换得了心灵的休整与放松。

在这场与春天的约会里，我们一路前行，虽然路途遥远，但我们并没有感到疲惫。愿碧色常在、鲜花常艳、风景常有！

春行

王启铭

阳春三月，阳光明媚，鸟语花香。在小鸟的欢唱下，在春风的吹拂下，在百花的绽放中，我们来到了美丽的长寿林场。

下了车，我们蹦蹦跳跳地向前跑去。天空是蔚蓝的，空气格外清新，我不由得深吸一口气。鸟儿在树上叽叽喳喳地叫着，它们在欢迎着我们的到来。路旁的花儿争奇斗艳，仿佛在比美呢！瞧！田野里的油菜花开了，开得金灿灿的，风儿吹过，油菜花随风摇摆，像一朵朵金色的浪花。

我们怀着兴奋的心情继续前行，来到了梨园。远远望去，整个梨园像一片白色的海洋，真是美不胜收。一棵棵梨树排列得非常整齐，它的树干不高，只有一米多，向四周生长着弯曲的虬枝，树皮一块一块的，十分粗糙，像老人干裂的双手。成片成片洁白的梨花呈现在眼前，一簇簇，一层层，好似挂满枝头的皑皑白雪。梨花大多都有五瓣，有的花儿含苞待放，像一只展翅欲飞的白鸽；有的只开了一半，像一位害羞的少女；有的完全绽开，像一位洁白的雪花仙子。

这么美的风景，怎么能不留影呢！老师举起相机，同学们摆出各种姿势，或剪刀手，或大拇指，或夸张的笑脸……“咔嚓”，老师按下手机，为我们留下了这难忘的一瞬间。快乐的小蜜蜂在花间嗡嗡地闹着，它也想和梨花合个影呢！

告别了美如仙境的梨园，我们向下一个目的地——长寿山进军。在山脚下，我们抬头望去，山顶遥不可及，但丝毫没有影响我们爬山的斗志。我们向上爬去，再仰起头，将目光放得更远些，就会看见一片排山倒海的绿色，那无数的树冠簇拥在一起，遮住了天空。不一会儿就到了半山腰，我们放慢了脚步，边走边休息，这山路上有好多“宝贝”，有的同学捡起了地上的松果，有的摘了山腰的紫色小花，还有的收集了各种各样的小奇石，有趣极了！休息片刻后，我们继续向上爬去。

这时，通向山顶的路变得越来越陡，越来越窄，前方还有一大片荆棘丛，我们根本看不到路在何方。不少同学唉声叹气，张老师鼓励我们：“别泄气啊！不到长城非好汉，你们都是好样的啊！加油！”听了张老师的话，我们信心大增，手脚并用，将荆棘踢开，男生开道，女生跟上，同学们一个接一个地爬上了山顶。小鸟用歌声欢呼我们的胜利，春风为我们吹去汗珠，大树用树叶沙沙的响声为我们伴奏。站在山顶，我终于领会了“会当凌绝顶，一览众山小”的含义。

这次春行既让人心旷神怡，又让人感叹艰辛，真是值得铭记的美好时刻。

拥抱春天

郑骏行

春天来了，万物复苏，百花齐放，正是春游的好时光。星期天上午，我和幸运星的同学们准备去长寿林场爬山了，别提我们有多高兴。

我们去的第一站就是梨园，站在远处看向梨园，梨园一片洁白，像一片白色的海洋。微风拂过，像翻滚着朵朵浪花。走进梨园，梨花一朵朵、一束束站在枝头，真像一片片可爱的雪花。这时我突然想到一句诗“忽如一夜春风来，千树万树梨花开”，梨花美得让人陶醉！

看着这美丽的梨花，同学们都想和它合影，老师举起了手机，同学们纷纷摆着各种有趣的姿势，梨园里留下了我们快乐的身影，回荡着我们欢快的笑声。

“爬山啦，爬山啦！”随着小伙伴的欢呼声，我们排着整齐的队伍，向龙尾山前进。

你瞧！青山在向我们招手，白云在对我们微笑，小蜜蜂在为我们引路，我们要去爬山啦！一条小路蜿蜒而上，路旁绿树成荫，阳光透过树叶斜照下来，仿佛在和我们捉迷藏。不远处的一块田野里，成群的牛羊悠闲地吃着草，还不时地甩动着尾巴，好像在向我们炫耀着它们的美食。同学们一边和牛羊打着招呼，一边向山上爬去,快乐得像一只只出笼的小鸟。

走到山腰,同学们开始寻宝了,有的人观察着松果,有的人在找寻怪石,有的人在摘野花,那边还有几个“小馋猫”在分享美食,还有的人在玩游戏,同学们开心得放开喉咙唱起歌儿来。

休息片刻后,老师继续带领我们前行。走了一会儿,我感觉非常疲倦,真想坐下来不走了。这时,我看见树林里有许多小鸟在展翅飞翔,我仰头看着它们:它们都不怕累,我为什么怕呢!于是,我鼓起勇气继续前行。同学们互相牵拉着,有的还用树枝做拐杖……走了很久,我们终于到达了山顶。这时,一股清风吹来,我的疲倦立刻就消失了,我想这就是大自然的力量吧!

经过这次爬山,我明白了一个道理,坚持就是胜利,虽然爬山很累,但我仍然很开心,因为我看见了大自然的美丽风景,下次春游我还要去!

有趣的一天

鄢煜洋

秋高气爽,我们幸运星的小记者们来到君佳智慧农场参观啦!

公交车载着我们进入智慧农场大门,一条水泥路沿着旁边的小河伸向远方,路两旁种着火红火红的枫树和金黄金黄的银杏树,它们在秋风中拍着热情的“手掌”,欢迎我们的到来呢!

放眼望去,一排排蔬菜大棚像一条条长龙延伸到农场尽头,有茄子棚、白萝卜棚、火龙果棚、草莓棚……让人目不暇接。露地栽培的蔬菜生机勃勃,一片片菜地整齐划一,这农场规模真宏大呀!

公交车停在了“科技农业体验馆”门前。整个体验馆都是用钢铁支撑,上面覆盖玻璃而建成的,没有用一砖一瓦,像水晶宫一般。透过玻璃往里面看,那红的花绿的叶,郁郁葱葱。

我们迫不及待地走进体验馆,一排排高架映入眼帘。高架就是用钢筋和水管搭建的架子,水管从下向上有五层,共一人多高。水管是长方体的,上面均匀分布着一些小圆孔,每个圆孔里都长着一株水灵灵的蔬菜。我隐约听见有潺潺的水流声,于是好奇地去寻找声源。

咦？是从高架里发出来的声音。我轻轻提起一根菜苗，向小圆孔里看去，发现水管里面竟然没有土壤，而是流动着水。再看看菜苗，菜根上缠着一块海绵，外面套着一个镂空塑料杯，一条条根须从镂空处伸出来，上面还淌着水呢！老师告诉我们，这可不是普通的水，而是精心配制的营养水，这叫无土栽培。

那这些菜是怎么长出来的呢？我更好奇了，难道是将种子放在海绵里发芽？我们来到育苗区，在这里找到了答案。原来在育苗区的育苗床上，摆放着一些育苗盘，盘上有一个个小坑，小坑里装满营养土，种子就在这营养土里发芽生长。等菜苗长到一定程度，再把小苗移到高架上去栽培。

这时，老师叫我们去收菜，我们飞奔着来到收菜区。高架上一株株甜菜长势喜人，一株比一株粗壮，看得我眼花缭乱。我拔起一株甜菜，拿掉根部的小杯子，撕下海绵，这株甜菜我就可以带回家了。我又拔了几株，把这些菜放进书包里背在背上，我觉得书包就像菜篓，我就是个十足的小菜农。

收完菜，我们还去种菜了。我们走进了一个塑料大棚里，棚子里有一排排梯形高架。这里的高架不是无土栽培，而是营养土栽培。架子两边各有四层方形的槽，槽里全是营养土。我领了几株菜和一把铲子，在高架最下层的营养土里挖了一个小坑，然后把根部用土埋起来，再把土按结实，一株菜就种好了。我把几株菜苗每隔约一尺种一株，小菜苗种得整整齐齐，似乎很开心地对我笑呢！

这次的农场参观收获可真不小，让我感受到科学种菜的神奇魅力。这真是有趣的一天！

植物园一日游

吴烨飞

“等闲识得东风面，万紫千红总是春。”这不，幸运星的老师要带我们去春游啦，期待已久的春游梦想终于实现了，快乐的一天就这样开始啦！

我带着去年生日时爸爸送给我的照相机，跟随老师和同学们一起去寻找春天的足迹。一走进植物园，就闻到了一阵清香，循着清香望去，原来是紫荆花。这棵紫荆树有六根树干，而且没有刺，叶子是紫色的。树干大概有胳膊般粗细，上面还挂着一些小水珠呢！这些小水珠像一个个小水晶宝石，把紫荆花树枝打扮得异常美丽。它的花朵有粉红色的,也有深红色的,一个花苞开出一串美丽的小花,这些小花摸上去软软的,很光滑,发出暗淡的清香,使你陶醉在这花香中。它们有的才展开两三片花瓣,有的全展开了,有的还是花骨朵儿。

过了一会儿,张老师叫我们去看桃花,我赶紧为紫荆花拍了一张照片,和同学们一起向桃花园走去。来到桃花园,这里的桃树一棵连着一棵,非常多。桃树与紫荆树不同,它只有一根树干,上面很光滑,没有刺。树干很粗,上面的分枝上开满了密密的桃花,它们挨挨挤挤的,就像一朵粉色的云。我忍不住又为桃花林拍了一张照片,打算带回家给妈妈看看。

在桃花林的旁边,是一片玉花园,它的花朵是大片大片的,白中略带点黄,如同一盏精致小巧的宝莲灯竖立在树干上,如果用手在树干上摇一摇,就下起了白色的花瓣雨,让人流连忘返。

接着,我来到了池塘,几只小鸭子在水里嬉戏。它们一会儿到这边,一会儿到那边,还有的把头扎进水里,"嘎嘎"地叫几声。真是"春江水暖鸭先知"啊! 原来春天还在水塘里。

离开了池塘,我来到小桥上,这里的一排排柳树已经发芽,许许多多的细长的枝条从树上垂下来,在春风里舞蹈,不由得让我想起了"碧玉妆成一树高,万条垂下绿丝绦"。不远处的另一棵桃树上有两只黄鹂在上面,这是"两个黄鹂鸣翠柳,一行白鹭上青天",我一边吟唱,一边继续寻找春天。

我乘着风来到了小花园,这里的花都开了,赏花的人络绎不绝。迎春花黄黄的,杜鹃花红红的,还有各种各样的玉兰花,花香阵阵,沁人心脾。几只蝴蝶在花丛中翩翩起舞,尽情享受美好的春光。

要回家了,临走出园子,我的心中有些恋恋不舍,诗圣的那首赞美春天的诗句突然闪现在我脑海里:"黄四娘家花满蹊,千朵万朵压枝低。留连戏蝶时时舞,自在娇莺恰恰啼。"

再现侏罗纪

廖轩霆

听说要参观恐龙展,我心里充满期待。一路上,同学们议论纷纷,恐龙展里的恐龙真实吗？究竟有多少种恐龙呢？带着疑问，怀着好奇心，我们来到了目的地。

下了车，映入眼帘的是一个巨型拱门，门上有个非常显眼的牌子，上面写着：欢迎来到侏罗纪世界！哈哈，我们要穿越到两亿年前的侏罗纪世界啦！

穿过大门，一只巨大的恐龙出现在我们眼前。只见它双眼平视前方，又粗又长的尾巴有力地摆动着，好像正在瞄准猎物。突然，它张开血盆大口，大声嘶吼，头不停地摆着，好像要向前方的猎物扑去。你们猜这是什么龙呢？它就是恐龙之王——霸王龙，难怪这么厉害呢！

再看我身旁的屏幕上，一只窃蛋龙正在想方设法偷掉慈母龙的蛋。窃蛋龙飞快地向慈母龙的蛋扑过去，而慈母龙也有所戒备，一场大战开始。只见慈母龙一个扫尾，把窃蛋龙扫到了地上。而窃蛋龙也不是吃素的，它快速爬起，一个起跳扑向慈母龙，把慈母龙压在身下撕咬一番后，再次向慈母龙的蛋扑去。眼看就要吃到蛋了，千钧一发之际，护子心切的慈母龙一个反扑，然后一个飞腿，把窃蛋龙踹下了悬崖，慈母龙获胜。这身临其境的演示，让我一下子明白了母爱的伟大！

我们沉浸在神奇的侏罗纪世界里，不知不觉参观时间结束了，同学们依依不舍地跟随老师返程。一路上，我都在想：恐龙曾经是地球上的霸主，为什么会突然消失呢？其中有一种说法是它们赖以生存的环境遭到严重破坏。所以，我们要热爱大自然，用实际行动来维护我们唯一的家园——地球。

一堂特别的急救课

朱语轩

最近，我学习了一篇课文《生命、生命》，让我深深地感受到生命对我们每一个人来说是多么的珍贵啊！而今天的这堂特别的急救课，让我学会了怎样保护我们的生命。

早上，我和小伙伴们一起来到了天门市第一人民医院科普馆，一走进科普馆的大门，一眼就看到我们今天活动的主题——公众急救科普知识演练活动。红色的横幅悬挂在雪白的墙壁上，格外醒目。科普馆里静悄悄的，我们四处张望，只见一个个假人躺在地上，睡在床上。我们一个个吓得不敢出声了，医院真是既神秘又可怕。

急救科普中心的几位阿姨热情地接待了我们。她们带我们学习了儿童成长知识、心肺复苏和海姆立克急救法。阿姨们由浅入深、生动有趣的讲解，让整个场馆热闹了起来。同学们纷纷用笔记下了阿姨们讲解的急救小知识。

听完讲解之后，两位护士阿姨要给我们现场演示，同学们情不自禁地热烈鼓掌。一位同学自告奋勇地扮演“患者”，一位护士阿姨拿着话筒进行讲解，另一位护士阿姨站在“患者”的后面，将双手环绕在“患者”腰部，一手握拳，将握拳的拇指紧抵“患者”腹部(肚脐两指之上)，另一只手包住握拳的手，两手合力向上快速按压“患者”腹部，反复快速按压，直到把异物从气管排出。阿姨边示范边告诉我们，这就是海姆立克急救法。

原来人的肺部就像一个气球，气管就是气球的气嘴，假如气管里有异物，当我们用力挤压气球时，气球受压力往上移，从而将阻塞气嘴的异物冲出，这可真是太神奇了！

后来，我们还学习了心脏复苏法。经过医生的悉心指导和示范，大部分同学掌握了动作要领。同学们运用自己所学知识和技能进行现场演练，亲自感受到了危难当头的迅速反应和及时救助。

时间过得很快，一上午的学习很快就到了尾声，同学们个个意犹未尽。没有参加这次活动前，我根本就不知道什么是心脏复苏法，什么是海姆立克急救法，也从来没有想过要去了解它。通过这一上午的学习，我深有感触。我想，今后若遇到突发情况的病人，我就可以用今天学到的急救知识去“拯救”他们。

小小交通指挥员

张子林

以前，我在新闻上看到有人因闯红灯而失去生命的交通事故，我一边替他们感到惋惜一边在想：如果有机会，我一定要到路口去指挥一次交通，让更多的人明白交通安全的重要性。新闻里报道的这些人，如果当时能遵守交通规则，那就不会失去生命了。

所以，当幸运星举行“交通指挥员”活动时，我毫不犹豫地参加了。我们换好衣服，一路上说说笑笑，不一会儿就到达目的地——天门剧院十字路口。这里人流量非常大，车水马龙。

当红灯亮起来时，有一部分人渐渐停了下来；有少数人表现得有点焦急，一边跺脚一边看手表；还有一些人躲在阴凉的地方，悠闲地等着绿灯；少部分却没有停下来，他们加快了速度，想趁红灯刚停下来的时候冲过去；还有一部分人却停在马路中间。看到这复杂的路况，我不禁捏了一把汗，为即将开始工作的自己默默鼓劲。

在交警叔叔的安排下，我们便开始指挥交通了。过了几分钟，有一位叔叔骑着电动车高速行驶，还没等我回过神来，那位叔叔就已经穿过了马路。我很遗憾，因为我没有及时告诉那位叔叔遵守交通规则，只好默默地为他祈祷平安无恙！大家虽然已经汗流浃背了，但仍然顶着烈日，像警察叔叔一样坚定地站在马路旁。

不一会，有一位阿姨不小心越过了安全线，我大胆地走上前，对阿姨说："阿姨，为了您的自身安全，请您退回安全线。"我的话音刚落，阿姨赶紧将车退回了安全线。阿姨还夸了我呢！这让我更加充满勇气，之后，我和同学们一起阻止了好几辆超线车辆。即使我们很累，但是感受到了快乐和自豪！

通过这次活动，让我知道了，一定要时刻遵守交通规则，以免因一时的疏忽，给自己带来终身的遗憾。所以，为了家人、为了朋友、为了自己，我们应该遵守交通规则，做一个遵规守法的人。

地球往事奇石展

徐俊驰

为什么亿万年前的生物体型都那么大？为什么石头的形状、颜色都有所不同？玛瑙和水晶怎么长出来的？蚂蚁窝与我们人类的建筑有什么关系，给了我们什么样的启示？随着王老师一连串的问题，我们在幸运星科普馆进行了一场关于石头的神奇之旅。

随着王老师的脚步，我们首先来到了第一个展区——化石展区。在这里，我们看到了形态各异的动、植物化石。有螃蟹化石、鱼化石、三叶虫化石、蜗牛化石、恐龙牙齿化石，还有从天而降的陨石。看着看着，我仿佛来到亿万年前的古生物世界里，好像看见了清澈的小河里，一只螃蟹正在捕食小鱼，还有一些鱼儿在水里欢快地游来游去；陆地上，小虫子和蜗牛在地上来回爬，远处一声三角龙的嚎叫声，好像是有更强大的恐龙在追赶它。

突然，一颗颗陨石从天而降，火山喷发、岩浆涌入，把这片大地瞬间淹没，各种生命全部定格……亿万年过去了，这些定格的动、植物被人类发现，变成了价格昂贵的化石。这使我联想到了恐龙灭绝的原因可能是因为陨石撞击、火山喷发、空气中的氧气骤然减少，大型体态的动物不适应过低的含氧量等一系列的自然条件变化而引起的。

看完了化石展区，我们来到观赏石展区。看那智慧的打火石、美丽的国画石、碧绿的玛瑙石、晶莹剔透的水晶石、绿中透明的绿松石、黑中带金的金矿石，还有诱人的猪肉石和生长在黑暗潮湿洞穴中的钟乳石……各种千奇百怪的石头看得我们眼花缭乱、目不暇接。

再看看同学们，他们有的在那里热火朝天地讨论着这些石头的名字，不时发出啧啧的赞叹声；有的围着一块石头上下左右地打量着，就差拿个放大镜去研究了；还有的在美丽的国画石面前欣赏着它的奇妙的图案，好像是上帝在这个地球上指弄着。

而我却站在那仿佛散发着味道的大肉石前面，好奇地猜测着这是一块儿什么肉？恐龙肉，不对，恐龙肉不是这种颜色的。蜗牛肉？依然不是，蜗牛的肉没有这么大。鱼肉？还不是，这块儿肉里也没有刺，所以我断定这块儿肉是猪肉！它这么大一块儿肉，纹理清晰，跟真的简直一模一样。思考良久的我最终还是没忍住，偷偷伸出我那好奇的“爪子”去摸了摸，哈哈，事实证明，它只是一块儿硬邦邦、冰凉凉的石头，并不是一块儿软乎乎油腻腻的猪肉。

最后，我们来到了宝石展区，在这里我目睹了特别多美丽的宝石，还知道了在特定的环境下，石头也是有生命的，它会随时间的推移而进行生长。这使我知道了石头有生命，地球有生命，太阳系也有生命。所以我们要懂得珍惜地球，爱护地球，以后我要成为一名伟大的地质学家，去研究关于地球的奇妙知识。

奇石见闻

刘轩怡

从小我就对各种各样五颜六色的石头非常感兴趣，无论是珍贵的宝石、稀奇的化石，还是那路边不起眼的小石头，对我来说都有着无穷大的吸引力。今天，终于有机会可以进行一场关于石头的视觉盛宴，我怀着无比激动的心情，跟随幸运星科普班的同学们一起，参观了一场让人永生难忘的奇石展。

听老师介绍，奇石展分为三个展区，分别是化石展区、观赏石展区和宝石展区。其中大大小小的展品共有200多件，种类繁多、年代久远。

整好队形，我们跟着老师进入了第一个展区——化石展区。在这里，我看见了活灵活现的螃蟹化石、鱼化石、三叶虫化石、蜗牛化石、恐龙牙齿化石等。看着这些闻所未闻、见所未见的化石，我们惊讶得合不拢嘴，纷纷忍不住激动地惊叫起来："天呐，这也太神奇了，真是让人大开眼界！"随着王老师生动有趣的讲解，我们似乎重回到了几亿年前的白垩纪，我仿佛看见了小鱼在清澈的水中自由自在地游来游去，小螃蟹在悠闲地吃着东西……一幅幅史前生物图出现在我们眼前，王老师在带我们了解地球往事的同时，也引导我们进行了史前生物的猜测和思考，我知道了原来恐龙的灭绝可能与陨石撞击地球、火山爆发、空气含氧量密度突然降低等有关系。

"哇，太美了！"我们接着来到了观赏石展区前，我顿时被眼前各种各样奇形怪状的石头给吸引了。大大小小、花花绿绿的石头各有各的姿态，各有各的色彩。同学们惊呼声一片，有的在看石头上的花纹，有的认真地记着笔记，还有的追着王老师问东问西。其中一块国画石引起了我的注意，在一块墨绿色的椭圆形石头上，一幅早春图呈现在我们眼前。你瞧，远处的河水似乎刚刚融化，近处的树木即将发芽，灌木丛生就像是大自然亲自雕刻上去的，真是太神奇了！

最后我们来到了宝石展区。在这里，王老师跟我们分享了他收集这些石头的过程，并教我们如何区分真正的宝石和赝品，学习做一个生活中的有心人。还以一块普通的石头给我们举例，告诫我们只要经过无数次的打磨和高温、高压的洗礼，就算是一块儿普通的石头、木头、泥巴，也能蜕变成令人惊叹的观赏石，甚至价值超过玉石。

在王老师的讲解中得知，万物皆有灵，懂得了要珍惜地球，爱护地球，用科学去让我们赖以生存的地球变得更加美好。此次石展见闻，真是让我大开眼界，深觉不虚此行！

看奇石　长知识

刘懋恒

星期四下午，烈日炎炎，我们幸运星小记者们去东湖美术馆参观奇石展，一路上我都在想：奇石是不是奇怪的石头？奇特在哪儿呢？

带着好奇心，我们走进了东湖美术馆。听王老师介绍，奇石展分为三个展区，分别是化石展区、观赏石展区和宝石展区。其中大大小小的展品共有200多件，价值从几百元到上万元，各有不等，如天工巧夺，惟妙惟肖。

我们在王老师的带领下进入了第一个展区——化石展区。刚一走去，同学们一个个像发现了新大陆似的，露出惊讶的表情，情不自禁地议论开了。

“哇，这是什么呀？”“快来看，这块石头里居然有一只活灵活现的螃蟹，太神奇了！”待同学们平复激动的心情后，王老师介绍说这个展区除了有鱼化石、三叶虫化石、蚂蚁窝化石、蜗牛化石、恐龙牙齿化石外，还有从天而降的陨石呢！听着听着，我好像穿越到了几亿年前的白垩纪，站在原始森林中，突然远处的火山喷发了，大大小小的动物四处逃窜，瞬间满天火山灰扑来将它们埋入了海底……恐龙灭绝了，霎时，我的心中漂过一种失落感。

“哇，这也太美了！”在同学们的惊呼声中，我们已经来到了观赏石展区，站在展台前，打火石、国画石、玛瑙石、水晶石、绿松石、金矿石、猪肉石、钟乳石……各种石头摆满了整个展台。听完王老师的讲解，同学们就开始了“十万个为什么”的攻击，有的问：“王老师，这么多矿石你都从哪里弄来的？”有的说：“这些矿石真漂亮啊！可以送一块给我吗？”还有的说：“王老师，你有这么多奇石，那你不发财了呀！”这话一出，逗得大家哈哈大笑起来，场面别提有多热闹了。

王老师拿起一块太湖石，教我们从“瘦、皱、透、漏”等多角度去欣赏。“瘦”是指观赏石体态纤瘦，形状怪异，石体挺拔，线条清晰，但也要求瘦中见奇，奇现筋骨，骨有坚贞，坚贞出神，神中凝气。这种石头虽然清瘦嶙峋，却铁骨铮铮或骨气凛然，这样的石头特征体现着“气”。“皱”是指观赏石体态起伏，时隐时现，石体凹凸，线条若明若暗，但也要求皱中见边，变中有态，态现神秘。“透”是指观赏石石体玲珑剔透，表里如一，体态纹理纵横，石质细腻洁净，石色斑斓，光泽夺目。“漏”是指观赏石体态玲珑，溶洞贯通，石体嶙峋，连环透空。

最后，我们来到了宝石展区。在这里，王老师不仅告诉我们，晶莹透亮的是水晶石，不透明的是玉石。

走出展区，王老师的话深深地印在我的心上：“万物都是有生命的，石头也一样，它也会生长。人就像石头，有的人天生就会闪闪发光，有的人天生平淡无奇，我们虽然比不上那些天生就会闪闪发光的人，但是只要我们一直努力，受到高温高压，付出比别人多百倍，甚至千倍的努力，我们也可以从一堆泥巴变成价值连城的宝石。”我不禁感叹道，原来一块小小的石头，还蕴藏着这么大的学问啊！

真是一石一世界，一石一故事。同学们，只要我们做个生活中的有心人，就一定会发现大自然的美妙神韵！

池塘摸鱼欢乐多

唐　勇

我喜欢吃鱼，也尝试过钓鱼，但是从没有摸过鱼。这个周末，老师带着我们科普小记者去百丰生态园摸鱼。

经过半个多小时车程，我们来到百丰生态园。这里蓝天格外高，白云格外亮，空气格外清新，一垄垄金黄的稻子迎接着我们，金秋的丰收气息围绕在百丰生态园周围。

来到小水塘边，水是那样清澈，不时有阵阵波纹，能看见小鱼在水里欢快地游着泳。张老师一声令下：“去摸鱼吧！”我飞快地向池塘扑去。啊！池水真凉快，炎热的感觉一瞬间就变得无影无踪。胆大性急的同学毫不犹豫地跳下水，追着鱼在水中跑，溅起一阵阵浪花。胆小的同学却不敢下水，围着池塘边转圈，那着急的样子比水中捉鱼的人还要紧张。

同学们有的三人一伙、五人一群地捉鱼，也有的独来独往捉鱼。我、小蒋和小魏一起，我们三个形成了一个小型三角形包围圈，我们把由一条又肥又大的鲤鱼带队的鱼群往角落赶。小蒋可真是一个幸运儿，我们赶着赶着，他居然踩着了一条小鱼，他连忙把这条小鱼捉起来放进桶里。可是，在他忙着捉脚下鱼的时候，他这边漏出了空，鱼儿们聪明极了，都趁这个空外跑，这样一来我们赶的这群鱼跑了一大半。

我们没有气馁，我招呼小蒋："快点补上缺口，快点补上缺口！"他及时蹲下腿，弯下腰，张开双臂，五指张开，我们继续把鱼儿们往角落里赶。等到我们围到鱼池东南角只有半米见方的时候，我们并拢双腿，展开双脚，六只手并成一排，形成一个手指与脚丫的网，一只不漏地全歼灭了它们。

我们的战术或许不是最好的，只捉到了7条鱼，但相较一条都没捉到的同学，也是一个不小的收获了。

百丰生态园之旅

刘曦哲

"啊，终于抓到了！""哈哈！""快、快，把水搅浑！"咦，哪里这么热闹？哦，是幸运星科普小记者在百丰生态园"浑水摸鱼"呢！

一路上我们欢声笑语，大约一个小时后到达了目的地——百丰生态园。我们一个个像放飞的小鸟冲下车，顿时被眼前的景色迷住了，近处的农家小院、农田，远处的池塘、树林，四处乱窜的小鸡，以及拴在树上的老黄牛，好一幅美丽的田园风景图啊！我们还没来得及欣赏，就被老师赶鸭子上阵似的先去自助烧烤了。

来到烧烤区，工作人员早已把鸡柳、肉串等放在炉上烤，桌边还放着一些待烤的食材和饮料。烤炉上时不时有肉油滴到木炭上，发出"吱吱吱"的声音，而我早被烤肉的香味馋得直流口水了，都顾不上烫嘴，拿了两串鸡柳就开始狼吞虎咽了，老师则在一旁用手机给我们这些小馋猫留下美好的瞬间。

等大家吃饱喝足了，就进入了我期待已久的环节——浑水摸鱼！池塘是长方形的，水是灰绿色的，隐约可见到水里游来游去的鱼儿，我们一个个摩拳擦掌，跃跃欲试，卷起裤子，脱掉鞋袜。老师一声令下，我们就像鸭子一样下水了，瞪大眼睛在水里找鱼的行踪。突然，一个黑影向我游来，我猛地用手扑过去，居然摸到了，我高兴得蹦了起来。可好景不长，接下来一条大鱼从我手上逃掉了，这让我很失望，再也不敢掉以轻心了。后来我在水里东跑跑，西跑跑，使出九牛二虎之力，终于抓到了那条大鱼，大鱼在我手里垂头丧气的样子，好像在说："真是低估你了。"这让我心里美滋滋的。

这次百丰生态园之旅给我们的童年生活留下了美好的回忆，同时让我学会了做任何事都要坚持，要有耐心。

步步惊心

周璟然

你们体验过游乐项目步步惊心吗？如果没有的话，就和我们幸运星小记者们一起去长寿山原村体验一下吧！

一进入游乐园，我就被眼前热闹的景象惊到了！好多人呀！游乐园里人来人往，小孩玩耍的欢笑声、惊叫声不绝于耳，我的眼睛不由得被那些游乐设施吸引了，这里有空中拓展、网红秋千、无动力飞椅、滚滚向前……让人眼花缭乱。这么多游乐项目我该玩哪个呢？正当我举棋不定时，我看见了排队人最多的空中拓展项目，本着凑热闹的心理，我拉上同学小张便赶了过去。

我从平面抓住绳索爬了上去，刚开始我走得很轻松，甚至不需要扶栏杆，过了一会儿，我开始上坡，本来没什么事的，可我眼睛不由自主地往下一瞄，哇！这么高！我的恐高症开始发作了，旁边的小易大声地哭喊："妈妈呀！我不玩了，让我下去吧！"他一喊，让我变得更害怕了，我抓住小张的衣角跟着他小心翼翼往前走。

经过九九八十一难，我和小张总算下来了，我们看见有好多人都在玩转盘，我们也去那边占了个位置。

我们叫来老师，老师帮我们转。刚开始还不要紧，我跟小张两人泰然自若地聊天，后来越转越快，我变得头晕目眩，周围的一切忽上忽下，我俩都坚持不住，晕晕乎乎走了下来，脚步也有点不稳，胃里像有什么东西在涌动，我们都特别想吐，我心中暗想："这个小转盘居然这么厉害，把坐过海贼船的我居然都要给弄晕弄吐了。"

我坐在草地上歇了会儿，只听老师说："那个不是网红秋千吗？我们过去玩玩吧！"

走近一瞧，原来就是一根"麻花"分成多节吊在绳索上，我右腿一挎借着绳索发力一下就坐了上去。这时小张不怀好意地下了"麻花"说："我来帮你们摇吧！"一下又一下，"麻花"晃动的幅度越来越大，感觉人要飞起来了，我不禁抓紧绳索，心也跟着提起来，呼吸都变得急促起来了。小张看我这害怕的模样，得意地大笑起来，我望着他那幅模样心中又气又恨。

体验了一项又一项游乐设施，我们的心情时而兴奋、时而放松、时而紧张。我们沉浸其中，世界仿佛只剩下我们。

“集合！”忽然老师大声说了句，我们意犹未尽地坐上了返程的车，虽然这些游乐项目步步惊心，但是我希望有机会再来玩！

体验无动力游乐项目

吴以凡

听说星期天幸运星的老师要组织我们去长寿山原村采风，我前一天晚上就把喜爱的零食放到我的小背包里。一大早担心迟到，便催着妈妈和我一路小跑来到幸运星，穿上采访服，跟着老师浩浩荡荡地出发了。

经过了一个小时的车程，终于到达了目的地。我在心里大声呐喊：长寿山原村，我来啦！等车停稳后，我们一个个像放飞的小鸟冲下车，叽叽喳喳地叫个不停，“瞧，那里有好多大棚！”“快看，那有间奶茶店！”“那栋仿古的房子真有意思！”……待老师整队清点人数后，我们迈着轻快的步伐向游乐园的入口走去。

一进园，四面八方传来了欢笑声和呐喊声，我整个人感到特别兴奋，这么多项目，我该先玩哪个呢？正当我举棋不定时，老师讲道：“这个游乐园的所有项目都是无动力的，都要靠大家自己动手操作才能玩的。这些项目设计初衷是让你们从玩耍中找到自信，锻炼中提升自身素质，在以后的道路中，面对任何困难同学们都可以一笑而过，视困难为挑战……”

“网红秋千耶！”“在哪在哪？我要玩这个，这可是当下最流行的网红项目。”还没等老师说完，同学们已迫不及待地冲向自己心仪的项目，我呢？当然也不例外。

“咦，前面那个‘走木桩’很像武打片里练武之人必练的项目，想必一定很好玩。”我心想，便二话没说就拉着铁链准备跑上去，可铁链和木桩就像一个调皮的小娃娃，总是晃来晃去地跟我对着干，我爬上去都觉得难，我有点儿想放弃它去玩别的项目了。

这时，老师好像看出我的心思，鼓励道：“快，加油，看谁能挑战成功！”听了老师的话，我又抬头仔细看了看别的同学是怎样玩的，原来关键是重心要稳，手要平衡地抓住两边的铁链，脚要正好站在木桩的中间。按照这个方法，我一气呵成完成了挑战。顿时感悟到：看来“玩”也要动脑思考，不能光靠蛮力，也许这就是今天老师带我们来的主要目的。

之后，我还和同学们一起玩了网红秋千、滚滚向前、旋转飞椅等游乐项目，还到许愿树下许下了我们美好的愿望："我要考清华""我要考北大"！可美好的时光总是过得飞快，到了要返程的时刻，我依依不舍地离开了长寿山原村，期待下次再来游玩。

揭秘天门气象站

刘天越

这天天气晴朗，阳光灿烂。我们兴高采烈地排好队，在老师们的带领下，浩浩荡荡地向天门气象站出发了。

来到气象站，只见四周围着铁栅栏，中间是一片绿油油的草坪，草坪上摆着各种奇形怪状的仪器，有的似塔，有的像箱子，有的如铁桶……

这时，气象站的工程师帅叔叔把门打开了，我们走了进去，首先看到了一个高高的铁塔，上面有三个像小杯子一样的东西，还有一个像苍蝇拍，好像旁边正好有一只"苍蝇"，"苍蝇拍"左拍拍、右拍拍，可就是打不到"苍蝇"，大风吹来帮了一下它，就在马上要打到的时刻，"苍蝇"飞走了，真可惜呀！我们议论着，却说不准它的名字，帅叔叔告诉我们："那个像杯子一样的东西是风向标，是测风力的。要刮风时，风向标会随着风速的大小转得快或慢，那顶端的箭头是测风向的，风从哪一方吹来，箭头就指向哪一方，我们就知道风向了。"我们听了，顿时恍然大悟。

继续往前参观，"这是什么？"我们指着一个箱子似的东西，满脸疑惑地问道。帅叔叔微笑地说："这是百叶箱，里面有四支计量器，第一支是测空气干度，第二支是测空气湿度的，第三支和第四支是测量最高温度和最低温度的。"

"快看！那是什么？"不知哪位同学大叫一声，帅叔叔急忙走过去耐心给我们介绍起来："这像超大保温杯的东西叫雨量器，是用来测量降水量的。"

这些造型各异的气象仪器真是让我们大开眼界啊！这次参观，我学到了很多课本上没有的气象科学知识，真是受益匪浅啊！

认“脸”

文思尧

我玩过许多游戏,有老鹰捉小鸡,有捉迷藏,还有打弹珠等,其中我最喜欢玩的游戏是认“脸”。

今天,毛老师组织我们一起玩认“脸”的游戏,我非常开心。首先由同学们自己动笔描写自己的面部特点,写完交给老师。接着,老师洗“脸”。最后,同学们认“脸”,认出来的“脸”就回到小主人身边,主人签名,没认出来的,就是没写好的,就不能回到主人身边,主人就“没脸”啦。

游戏开始了,毛老师将纸条发下后,大家就胸有成竹地写了起来。有一位同学自己写着写着,就笑了。接着,老师开始收纸条,有的同学没写完,假哭着说:“毛老师,您再给我几分钟嘛!”毛老师可不吃这套,伸手就将纸条收上,好家伙,还有一个“残脸”,我们一组就有5个“残脸”啊,我心想:还好我不是“残脸”,如果是“残脸”,同学认不出来,那就是“无脸人”了。

接下来,开始洗“脸”,毛老师把它们顺序打乱。

最后到了关键的时候,认“脸”,我们组拿到了二组的纸条,我拿到的纸条上写着:“我的下巴有一道疤,脸有点黑,脸上还有一些小斑。”我一看,微微一笑,走到小吴面前,大声说道:“老吴,写上你的名字。”他不服气地说:“你怎么知道的?”我说:“你的疤这么明显,我当然知道了!”有一位同学见我这么霸气,他也想学我牛一把,于是走到一位同学的面前,豪气云天地将纸条拍在桌上时,可人家那位同学挠了挠头,一脸疑问地说:“这不是我呀!”整得骄傲地昂着头、望着天一脸得意的他瞬间脸红到了脖子根,同学们一阵爆笑。他还是通过努力,找到了真正的小主人,我心想:“想学我可不是瞎猜的,而是有技巧,有根据的!”

时间到了,我发现大多数同学都没有找到那张“脸”。原因就是:大家虽然用了很多形容词来形容自己的脸,但是都没有抓住特点,所以很难被人发现。

猜语游戏

刘思婧

一个下着蒙蒙细雨的星期天下午，老师迈着轻快的步伐走进教室，从袋子里拿出一堆纸条，神秘地对我们说："这节课大家来玩猜成语游戏吧！"老师语音刚落，同学们纷纷议论开来，踊跃举手想要参与游戏。

老师简单讲解了游戏规则：全班分为两组，每组各选一位同学上讲台合作表演，讲台下的同学负责猜，5分钟内猜对成语最多的即为冠军，老师现场奖励冠军队。

游戏开始了，老师选了两位同学来到讲台前，他们抽了一张纸条，商量了一会，便开始表演了。只见穿红色衣服的张同学一下就把眼睛闭上了，另一个穿白色衣服的李同学将双手变成两个六，钩在一起，放在鼻子前面，假装大象长长的鼻子。

讲台下的同学大声地说："这是大象吗？只有大象才有长长的鼻子啊？"紧接着，张同学闭着眼睛假装看不见东西似的摇摇晃晃向前走，伸出手摸向一动不动的李同学，一会儿摸摸他的头，一会儿摸摸他的肩，嘴里还说着："这是什么？这是什么？"惹得讲台下的同学哈哈大笑。我脑海里拼命回想与大象有关的成语，正在这时，我们组有同学大声地说出了答案，是"盲人摸象"。老师笑着点了点头，给猜对的同学奖励了激励卡。

轮到我和小刘上台表演了，我们抽了一张纸条，上面写着"兔死狐悲"。我把双手比成一个"耶"，然后放在头上像兔子一样左跳一下，右跳一下，之后倒在地上一动不动，小刘在一旁假装大声哭泣。我们表演完了，讲台下的同学一脸懵，不过在老师的提示下，还是有同学猜出了成语。这次又是我们组获胜，我的心里别提有多开心了！

这节课过得可真快呀！既锻炼了我们的表演能力，又让我们积累了成语知识，真令人难忘。

水果比美大赛

曾睿琪

一年一届的水果选美大赛即将开始。这一天，参赛选手们都穿着华丽的服装，迈着优雅的步态，个个都格外吸引观众的眼球。那么亲爱的朋友们，你们知道这次选美大赛中，究竟谁是最受欢迎的水果吗？随我一起去比赛现场看看吧！

锣鼓喧天，鞭炮齐鸣，在观众们热烈的掌声中，橙子兄弟第一个出场了，只见他大摇大摆地走上了舞台，清了清嗓子，说道："大家好，我是圆滚滚的橙子兄弟，我的形状是椭圆形，就像一个橄榄球一样，我的皮肤和橘子小弟一样，都是橙色的，大家千万不要把我和他弄混了，在我们家族中，体积大的像爸爸的拳头，体积小的只有鸡蛋那么小，不过无论是哪个品种，都含有丰富的营养成分，比如维生素C、钙、膳食纤维等。如果你渴了，只需要吃一个橙子，就可以瞬间活力满满，说了这么多关于我的自我介绍，大家一定认可我吧！记得投我一票哦！"说完，橙子兄弟向舞台下的观众深深地鞠了一躬，台下顿时响起了一片热烈的掌声，橙子兄弟高兴地走下了舞台。

接下来就该苹果小姐上场了，苹果小姐自信地和大家打着招呼："大家好，我是大名鼎鼎的苹果小姐，你们千万别觉得我个头不大，比不上西瓜，但是我的营养价值可比西瓜高得多，我身体里有维生素、蛋白质、矿物质、碳水化合物等，这可都是无价之宝。大家可别小看我，我不仅营养丰富，口感也不差。咬我的第一口，酸甜可口的味道立马进入你的全身。咬我的第二口，幸福的味道立马进入你的心房，咬我的第三口，你会感觉全世界都是美好的，而且我还寓意着平安健康哦，平安夜的时候，大家都要买我呢，大家快点投我一票吧！"刚说完，舞台下一位粉丝就冲上去给苹果小姐送上了一束鲜花，苹果小姐接过鲜花，踩着高跟鞋，迈着优雅的步伐在掌声中走下了舞台。

接着是香蕉大叔的光辉时刻了，他快乐地呐喊道："我是一个又香又嫩的香蕉，我的形状像极了天上弯弯的月亮。我有一件黄灿灿的外衣，我的果肉又香又甜，加上酸奶榨成汁可是一种绝世美味……"

比赛在激烈地进行着，众多选手纷纷上了场，他们的表现都很好，场上气氛热烈，高潮一浪高过一浪，大家都沉浸在欢乐之中。

最终，在一片祥和的气氛中，比赛结束了。榴梿裁判宣布，这次比赛是橙子兄弟和苹果小姐获胜，别的“水果”也没有气馁，而是大方地为他们送上了祝福，大家都期待着下一次水果选美大赛的到来。

吹气球比赛

曾一行

你们一定听过跳远比赛、跳高比赛吧？可你们是否听说过吹气球比赛呢？今天就让我带你们开开眼界！

比赛开始前，老师让我们自己选择一个心仪的气球，在我们选择气球的同时，老师宣布了游戏规则：游戏分为预赛和决赛，30秒内气球吹得最大的前三名同学可以进入决赛。进入决赛的同学再进行一次比赛，30秒内谁吹的气球最大，谁就是冠军。

我们先进行了试吹，只见我的同桌拿着气球不费吹灰之力，几下就将气球吹成西瓜大小了。我看了可羡慕了，心想：我能吹得比他大吗？他又吹了几下，只听见“砰”的一声，气球爆炸了，我被吓了一跳，到处是同学们的笑声。

5分钟过后，比赛正式开始了，同学们有的高兴，有的紧张，我有点忐忑不安，手心微微冒出了汗，既担心气球吹不大，又害怕像同桌那样把气球吹爆炸了。老师说道：“我们班的男生先出来比赛！”话音刚落，我们五位男生大步流星地走上讲台，一个个跃跃欲试，看着老师和同学们期盼的眼神，我备受鼓舞，紧张和不安瞬间烟消云散了。

一切准备就绪，“准备，开始！”老师一声令下，我们拼命地吹了起来，一个个脸涨得通红，讲台下的同学纷纷为我们加油喝彩……结果，我、“小王子”、小李脱颖而出，进入决赛。

只听一声“开始！”我们不管三七二十一，使出九牛二虎之力把所有气吹到气球里面，只见原本颜色鲜艳的气球慢慢变成半透明，从鸡蛋大小最后变成篮球大小。可惜的是小李的气球炸了，被淘汰了，他垂头丧气地回到了自己的座位上……

最后我胜利了，在老师和同学们热烈的掌声中，我再次走上讲台，拿到了奖品，心里别提有多开心了，真想再来一次吹气球比赛！

“成语接龙”比赛

张一鸣

“今天我们来玩个游戏,大家猜猜是什么?”一听到老师说要玩游戏,教室里沸腾了,同学们个个两眼放光、摩拳擦掌,围成一团讨论起来。最后,老师微笑着公布说:“是成语接龙。”听了老师说的话,我顿时心中一阵忐忑:“哎,成语接龙可不是我的强项呀!”

比赛规则是:我们被分成四个小组,每组派一个人来抽成语,抽中成语后,由组里的第一个人接成语的最后的一个字,以此类推,哪个组用时最短即为获胜,一个组有两次提醒的机会,超过两次则算犯规。

我们是一组,小陆代表我们组去抽成语。小陆走上前去,面对众多的纸条犹豫不决,想了一会儿,抽起一张纸条,就递给老师。“这么简单呀!”老师看了后一脸坏笑地说,这使我们组每个人都提心吊胆,紧紧地盯着老师手中的纸条。老师说道:“一心一意。”最前面一个人毫不犹豫地接上了:“异想天开。”这可把第二个人难倒了,他皱着眉头,想来想去,说:“开门见山。”第三个轮到我接了,山？山什么呢？我的大脑高速运转,终于脱口而出:“山清水秀”。就这样,成语像开火车一样来到了最后一个同学那里,眼看就要成功了,可是他想来想去,想得都要撞墙了就是想不出来,脸涨得通红。看着他抓耳挠腮的着急模样,我忽然想到我们还有求助机会可以用,于是,我连忙替同学回答说:“袖手旁观。”这下,我“救”了小陆,也救了我们这一组。老师说我们组共用了1分17秒的好成绩完成接龙。我们全组欢呼起来,原来我的成语接龙本领还是很不错的嘛！我不由得心中暗暗高兴。

后面的两个组有的作弊,有的时间超过了,都成了我们的手下败将。但是,最后一组却反超了我们组,他们是欢呼雀跃了,我们组却伤心极了,因为第一名能有锅巴吃。

马上到了决赛,决赛采用的是“男生女生向前冲”模式,由男生组和女生组各派出两名代表,三局两胜。

第一场,老师派了两名得力的“成语将军”,还派了两个很得力的“女汉子”。老师说:“万水千山。”女生组率先发难:“山穷水尽。”我们男生也不甘示弱,立马接上:

“尽善尽美。”女生反应的速度极快，男生话音还没落，女生马上接：“美不胜收。”但女生说的成语的最后一个“收”字很难，男生们绞尽脑汁也没有想出来能接上的成语。最后倒计时10秒后，男生组输了。“哈哈哈”，女生们高兴得一蹦三尺高。而两位“大将军”呢？那是惨败而退啊！

后面几场就更是惨不忍睹，都是女生组赢。“哎”，我们男生都叹息道，而一旁的女生用轻蔑的眼光看着我们。男生们都很生气，但老师说：“输的一组也不要灰心，虽然输了，但也有吃的。”瞬间，我们又高兴起来。

虽然这次比赛我们输了，但是，我们也积累了许多成语，也理解了游戏的意义，真希望下次还有一些这样的活动，我们一定要“战”胜女生组！

制作三明治

吴雪钰

星期五的上午，阳光明媚，我一走进教室就看见一张长方形的桌子摆在我的面前，桌子上有几个大碗，碗里有切好的青菜、西红柿、黄瓜和火腿肠，桌子上还有几瓶番茄酱和几瓶沙拉酱。

开始制作三明治了，我先洗了洗手，老师给我们每人发了三片面包。我先把三片面包平铺着放成一排，接着老师给我们每人发了三片火腿肠，我把三片火腿肠各放在一片面包上，每片火腿肠上我都加了一点番茄酱；紧接着我拿了六片黄瓜，两片放在火腿肠的下面，给火腿肠做了一双“黄瓜翅膀”。我在黄瓜上面加了一点沙拉酱，我本以为做好了，但我看见别的同学把三片面包叠在了一起，我心想：我要不要叠在一起呢？最终我还是叠在了一起。就这样，一个色、香、味俱全的三明治就做好啦。

我想把三明治送给表姐，所以又在三明治的最上面用番茄酱涂了一个爱心，因为我表姐喜欢爱心。但这个三明治实在太香了，让我直流口水，我觉得尝一尝应该没事吧，所以吃了一口，真是太好吃了，我一下子没忍住居然吃完了。还好我之前没和表姐说会给她带三明治，不然我们就要吵架了。

我觉得这次活动很有趣，自己亲手做的三明治果然更好吃呢！

我为祖国庆生日

叶天承

国庆节，我有幸参加了幸运星举办的“我为祖国庆生日做蛋糕”的活动，过了一把当烘焙师的瘾。

刚走进教室，一阵浓郁的蛋糕香就扑鼻而来，我仿佛进入了19世纪的面包工坊。原来是“约你蛋糕”的师傅们正在为我们分发刚出炉的蛋糕胚呢！在我们的操作台上，整齐地摆放着一个个粉色的转台和一把把亮光闪闪的刮刀，蛋糕师有序地把蛋糕胚放在了我们每一位同学面前，金黄色的蛋糕胚散发着诱人的香味，惹得我直咽口水。

终于可以“装饰”蛋糕了。师傅们给了我们一人一大碗奶油和水果，要不是在做蛋糕，这些美味肯定早就被号称“馋猫”的我们“风卷残云”了。终于等到我大显身手的时刻了，我一手拿着刮刀，一手拿着奶油袋往上涂抹。可奶油和刮刀这时在我手中怎么都不听使唤，它们一会儿是亲密无间的好兄弟，怎么都分不开；一会又变成了互生厌烦的仇家，各奔东西。看着它们这不配合的模样，我心里开始着急了，这可是我为祖国庆生的蛋糕呀，可不能出错！于是我静下心来，仔细回忆着刚才烘焙师给我们讲的制作技巧，终于找到了正确的方法。

过了好一会，我终于做出了一个穿着白色奶油衣服的小蛋糕，你瞧它那可爱的模样，像极了一个雪白的小胖子。接下来，我把剩下的奶油加了些食用色素调了个色，想要给它装饰一下。可能是太着急了，一不小心食用色素加多了点儿，颜色与我想象的似乎不太一样。不过没办法，大家都已经快完成了，我也只好硬着头皮将调好色的奶油淋在了蛋糕上。最后，又加了些水果进行点缀，一个“四不像”的蛋糕终于出世了。

第一次做蛋糕，虽然不算太成功，可它却是我自己亲手做出来的，是为庆祝祖国生日而做，它可比大师级烘焙师做出来的还让我珍惜。我真庆幸自己生于华夏，才能有今天这样幸福的生活，我为自己生于中国而自豪！

第一次做蛋糕

朱雨涵

星期六的上午，幸运星的邓老师对我们说道："告诉同学们一个好消息，明天我们要自己动手做一个小蛋糕。"老师话音刚落，原本平静得像海面的教室霎时变得波涛汹涌，同学们议论纷纷，都期待着明天做蛋糕的活动。

第二天，我和同学们都早早地来到了幸运星，邓老师让我们穿上小记者服，排好队，准备去做蛋糕。我们来到一间很大很大的教室。教室的中间摆着一张又大又长的桌子，我看到桌子上摆着一碗碗雪白的奶油，粉色的转盘上放着蛋糕胚，旁边放着刮刀。如果是平时，我早该上去将它们一扫而空了，但是现在是在做蛋糕，我可不能把做蛋糕的材料给吃了。

终于开始做蛋糕了，我先戴上一次性手套，再用刮刀把奶油抹在蛋糕胚上，抹好后的蛋糕像白色的城堡。然后我找邓老师要了点儿水果，我小心翼翼地把水果放在蛋糕上，最后再挤上一层像花瓣一样的粉色奶油，一个色、香、味俱全的蛋糕就做好了。

今天我可真是太开心了，这可是我第一次做蛋糕，邓老师还夸我蛋糕做得好呢，我打算把蛋糕带回家和爸爸妈妈一起分享。

第一次做核酸

王飞涵

"快起床，小区开始做核酸了。"听着妈妈熟悉的声音，我"噌"的一下子从床上蹦起来，我既兴奋又紧张，因为今天是我人生中第一次做核酸，心中藏着许多疑问，忐忑极了。

楼下可真"热闹"啊！一眼望去，只见门口早已排起队伍，像一条长长的龙似的，左右两边站着的志愿者正大声喊道："不要挤，不要扎堆，人和人之间的间距保持一米!”队伍前面有医生扫过码后,递给我们一根约长十五厘米的棉签,我就像带着小问号的小鸟,叽叽喳喳地缠住妈妈不停地问:“这是干什么用的呀?”“会不会很疼呀?”“会不会很苦呀?”……妈妈并没有回答我的问题,而是故意卖关子笑着说道:“一会儿你就知道了。”

时间不知不觉在我的唠叨声中过去了,终于要轮到我做核酸了,我心里像揣了一只小兔子一样扑通扑通跳着,手心里直冒冷汗。医生看到我紧张的样子,亲切地对我说:“不用害怕,小朋友。”只见她熟练地拆开棉签,在我的嘴巴里轻轻转了几下,短短几秒,我就完成了做核酸。这时,透过面罩,我看到医护人员挂着满头大汗的脸;耳边听到了志愿者们因维持秩序而沙哑的声音,我心里不由得生出一股敬佩之情。

在这场疫情中,医护人员和志愿者为了我们的安全和健康,日夜辛苦,奋战第一线,我想对他们说:“感谢你们,你们辛苦了!”我相信在这场战疫中,我们会胜利的!我们一定会胜利的!

核酸检测记

帅向阳

11月9日,静默在家的我看到物业在群里发通知:请各位业主下午去小区内做核酸。

到了下午,我怀着忐忑不安的心情来到了小区里。密密麻麻的人群排成了两条长龙,有几位保安拿着一个大喇叭,大声喊着,还有几名警察在维持秩序。当我看见一个个医护人员拿着一根根棉签在别人喉咙里转动,心中想着棉签即将也要伸进我的嘴里时,顿时不寒而栗,与其说是做核酸,不如说是经历一次痛苦。我的腿像是蜜蜂的翅膀一样抖个不停,头上一颗颗豆大的汗珠顺着脸颊顺流而下。越是接近,心越是紧张。因为童年时代,我经常得感冒,“白衣天使”常给我打针,心中留下了阴影。

终于还是轮到我了,我心中止不住地害怕。再看医护人员,还是一如既往的“白”,护士是一位姐姐,一头乌黑的头发,从护目镜中可以看出她那温柔的目光,脸庞是那么红润,笑容是那么温暖。她挤了一点消毒液在手上抹匀,撕开袋子,拿出棉签朝我伸了过来，我不情愿地张开了嘴吧，棉签头似乎在冲我狂笑。在她伸出的一瞬间，一股说不出的气场仿佛要把我压倒，我不禁抖了一下。护士姐姐看我这个样子，对冷汗不止的我说："小朋友，别害怕，不疼！"一句话使我的心平静了下来，那根棉签棒在我口中左三圈、右三圈地转动起来，我感觉痒痒的，像一只小蚂蚁在爬，有时还有一丝轻微的痛感。

最后那根"口水棒"完成了自己的使命，从我口中退了出来，随着"咔嚓"一声，它被护士姐姐干脆地折断，落入了一个装有红色液体的瓶里。本来只有白驹过隙的短短几秒钟，对我来说像是过了一个世纪，好在终于完成了。虽然有些不适应，但护士姐姐那张温和的脸却给我留下了深刻的印象。

核酸检测结束了，虽然白衣天使们走了，但给我们留下了安全感。我希望疫情早日散去，天门加油！湖北加油！中国加油！

做核酸

欧阳纤蕊

这几天疫情反反复复，口罩成了我们生活中的必需品，核酸检测成了我们每天必做的事情，现在想起第一次做核酸检测的情景，还感到紧张。

星期一下午三点多，在妈妈再三催促下，我全副武装出门，去社区做核酸。做核酸检测的队伍像一条长龙，大家井然有序地排着队，我们也融入人山人海的队伍里。

前面一位白衣天使喊道："不要挤，不要推，大家有秩序排队，保持一米距离！"另一位白衣天使坐在一张椅子上给大家扫健康码，如果是小朋友，就和蔼地嘱咐："小朋友，把口罩摘下来吧！"

终于轮到我们了，我拿着身份证给工作人员登录信息，妈妈拿出健康码让医护人员扫码。我忐忑不安地想：做核酸检测痛不痛？需要打麻药吗？一位男医生微笑地看着我，我打量着他，他顶着炎炎烈日，身上穿着密不透风的防护服，透过护目镜，我看到他的脸上满是汗水。

他感觉到我很紧张，便安慰我："检测不可怕，就是有点痒痒。"他让我张大嘴巴，只见他拿着一根又细又长的棉签在我喉咙里转了一圈，我并没有感觉怎么难受，稍微有点梗，就像感冒时鼻腔堵塞那种感觉。他把那根棉签取出来，把多余的部分折掉，放进一个贴着标签的小瓶子里，再盖好盖子。不到两分钟时间，我们全家就做完了。

原来，做核酸检测也没那么可怕啊！我相信，只要我们齐心协力，众志成城，就一定能战胜疫情。

科普常识篇

甘蔗

杨语彤

星期天，妈妈去菜场买菜，回来的时候带回几根甘蔗。我见了最喜欢吃的甘蔗，连忙随手拿出一节甘蔗咬了起来，可吃了几口，一点甜味都没有。

我问道："妈妈，怎么这次你买的甘蔗没有味道，不甜呀？"妈妈回答道："是你运气不好，刚好拿到了一节不甜的。"妈妈一边说，一边挑选了一节颜色深的甘蔗给我，让我尝尝这节。我半信半疑地咬了一口，的确，这节甘蔗比我之前吃的那节甜得多。那甜津津的味道让我根本停不下来，就这样一直吃，越吃越甜。

我很好奇妈妈是如何挑选甘蔗的？于是，连忙跑去问妈妈，妈妈笑着说："这是吃得多了，掌握了挑选经验。"妈妈这应付的态度，满足不了我的好奇心。我只好去找满腹经纶的爸爸，爸爸拿出百科全书，找到甘蔗的介绍，让我终于明白了甘蔗甜与不甜的原因。

原来，当甘蔗还是幼苗的时候，生命活动的主要部分是根和叶。这种幼苗时期的甘蔗，如果取来尝尝，会发现上下两部分都没有什么甜味。但随着甘蔗的生长，它们的内部活动就逐渐旺盛起来。这时，人们要给甘蔗剥几次叶子，剥叶子的作用，除了加速甘蔗向上生长以外，主要是使甘蔗的茎接受阳光的照射，制造出更多的养料。一般来讲，植物制造的养料除了自身消耗以外，多余部分就藏在根部，由于甘蔗茎制造的养料绝大部分是糖，所以根部就积贮了很多糖分。又由于根部日照时间长，所以颜色也更深些。因此靠近根部的地方越来越甜了，也就有了妈妈挑选的经验，颜色越深的越甜。

看来，生活中蕴藏着许多科学道理，只要细心观察就会有所发现。因为科技犹如睿智的导师，给予初出茅庐的孺子以谆谆教诲，授以其人生之理。人类畅游在这片知识的海洋里，并不断吸纳新的知识，科技所给予人类的知识永远是无限的。

向日葵的秘密

陈奕帆

一个偶然的时机,我在公园里看到了一片向日葵的花海。

许许多多的向日葵,一朵挨着一朵开放着,花瓣是金黄色的,花心是黑色的,有的向日葵懒洋洋地晒着太阳,有的上面有几只蜜蜂正在努力地采蜜。

那时是早晨,向日葵的金色脑袋正朝着东面的太阳,像在对路过的人们说"早上好"呢!可是当我傍晚再次经过花园时,却发现向日葵齐刷刷地扭头朝西边了。

为了一探究竟,第二天我又来到公园里,对向日葵及周边的植物进行了认真观察:情况和昨天一样,向日葵还是随着太阳早上向东,晚上向西边,而周边的其他植物却不像它一样调皮好动。

向日葵因长得酷似太阳,又叫太阳花,难道它和太阳是亲戚,所以才朝着太阳的方向转?为了弄清这一心向光明的小调皮的生长规律,我便去请教"电脑"专家,几分钟后,答案出来了!

原来这是植物生长素在起作用。植物生长素十分有趣,阳光照到哪里,它就从哪里溜掉,仿佛在和太阳玩捉迷藏。早晨,向日葵的花盘朝东,生长素就从向阳的一面溜到背阳的一面,使那里的组织加快生长。结果花盘的茎部背阳的部分长得快,拉长了;向阳的一面长得慢,于是植物就弯曲起来,像个耷拉着脑袋的孩子。而到傍晚时分,正好与早晨恰恰相反。傍晚,向日葵的花盘朝西,生长素就"逃"到东面,使那儿的组织生长加快,另外一面就长得慢了,因此,植株就弯下了身子,向日葵的花盘就这样朝着太阳打转的。

没想到小小的向日葵里还有一番大知识,大道理!看来科学不仅存在我们的生活中,还存在植物世界里。

迎春花

彭宇希

迎春花,又名金腰带,木樨科素馨属,落叶灌木。它既不像玫瑰花那么娇艳,也不像桂花那么馥郁芬芳,但它那小巧玲珑的模样展现出来的素雅、生机勃勃以及勇敢顽强,惹人喜爱。

春天,迎春花露出了美丽的笑脸,远远地看去,一朵朵花像一个个小喇叭。近点儿看,每朵花由六个花瓣组成,金黄金黄的,像一个个小喇叭播报着:“姐妹们,快出来吧! 春姑娘来了!”花的中间有细细的花蕊。它的颜色是嫩黄色的。一阵风吹来,有一股淡淡的清香扑鼻而来。迎春花的枝条也很特别,不是圆形的,而是方形的,跟其他植物的枝条不一样。

夏天,迎春花开始慢慢发黄,但嫩绿的树叶才刚从树枝里探出头来,为迎春花增添了一番别样的景象,远远看去,就像一个个黄色的士兵守卫着他们那绿色而又美丽的家园。

秋天,树枝开始发黑了,花朵也已经快全部枯萎了,一阵秋风吹过,掉落的叶子和花朵便在空中飞舞,展现它的舞姿。

冬天,枝条上留下了一层层的雪,就像一座洁白的雕塑。而迎春花不惧寒风吹打,从雕塑里探出头来,露出那黄澄澄的花苞。

迎春花的开放,使人们对新的一年充满希望。喜欢它,不仅仅是因为它的美丽,更是因为它不畏春寒开放的勇气。

含羞草

杨诗桐

这天天气晴朗,我和奶奶在公园里散步,忽然眼前一亮,发现了一株含羞草。只见它那纤长的绿叶井然有序地排在一起,在那清晨的露珠底下,露着它那顽皮的笑脸。

我兴奋地拉着奶奶的衣角和她一起去看，我用手摸了摸，这株害羞的草像怕生似的小姑娘一样轻轻地低下了头，还用手挡住了它的脸。奶奶也看得入了神，认为这太不可思议了，十分有趣。过了一两分钟，这位“小姑娘”慢慢地抬起了头，我又抚摸了一下，只见它快速地把叶片合在了一起，像是受了很大的惊吓似的。一两分钟后，它都没抬起头来。又是几分钟过去了，依然如此，我有点害怕它永远也张不开叶片了，吓得我用手机在百度上查了一下，原来想让含羞草展开的方法有两种：一种是等待；第二种是放一首歌给它听。

我心生疑惑：放歌有用吗？我听说过人听歌可以放松，可是给含羞草放歌，含羞草也能放松？我打开歌单，放了首轻快的歌，结果含羞草真的开了，我开心极了！

可这是为什么呢？通过百度资料，原来含羞草之所以一碰叶子会合拢，是因为含羞草有一处叫叶柄的器官，这个器官在受到外界的刺激后，细胞内的汁液就会流到其他的地方，叶片中的水分减少之后，就会出现闭合的情况。受到的刺激越大，它闭合的速度也就越快，一般在几秒之内就能完成闭合，一段时间之后又会张开。

这让我想到了自己和含羞草有些许相似之处呢。在学习和生活中也如它一样，遇到挫折就选择逃避。通过这次与含羞草的亲密接触，我一定会勇敢地面对学习生活，绝不再逃避。

其实，在我们的日常生活中，只要我们用心观察，就会发现很多有趣的事情，如果付诸行动，还能获取更多的知识，岂不是一举两得。

广州为什么叫花城？

罗易欣

小时候，我经常听大人说，昆明是春城，广州叫花城。去年暑假，爸爸的朋友邀请我们一家去广州玩，我想：我要趁此机会研究一下广州为什么叫花城。

一到广州，我的眼睛就像被什么东西吸住一样，到处鲜花绽放，花团锦簇，艳丽的花蕊，好似古代美女王昭君的容颜，花瓣像她那柔嫩的皮肤，果真是花城啊！

来到主人家，客厅、走廊到处披绿戴彩，床头、餐桌还有精心拼摆的插花。我说：伯伯，您家里就是花店啊！伯伯说：在广州，几乎家家户户都是这样的。

主人先安排我们逛街。大人们主要是购物，我则重点观察城市的街景。大街小巷都摆满了鲜花，宾馆、酒店、商家都用花卉装点门庭。走进去，有的摆着青枝绿叶的发财树，有的摆着名花拼成的福星花。伯伯介绍说：这些寓意发财致富，祝客人好运连连。

逛了几天后，我们两家人一起去芳村看花卉展。一朵朵花儿争奇斗艳，都尽自己最大的实力来展示曼妙的身姿，有些花儿只是含苞欲放，似乎在说："你们快展现你们的美丽，等到时我们这些花开出来了，可别让你们抬不起头来！我们才是这里的主角，主角都是最后出场的。"这次花展大约有三千种花。芳村，名字就散发着花香，真不愧是"中国第一花乡"。

每天逛街，我发现了一个现象，以花卉命名的街道到处都是：浣花路、剑兰街、春兰街、杏花大街……吹着小喇叭的花、涨红了脸的花、争奇斗艳的花，都赶集似的聚拢在街道两边。粉的粉、白的白、紫的紫，好像仙境一般，这里就是花的海洋，这就是广州。

在广州的几个星期，我身临其境，置身于花的海洋。快要回家了，我问伯伯，广州为什么这么多花？伯伯说：广州地处沿海，是亚热带季风气候，常年温暖多雨，光照充足，非常适宜花卉生长，所以一年四季鲜花绽放。

广州就是这样一座城市，一座名副其实的花城。这次旅游，让我领略了花城的魅力！

橘子

周子然

我喜欢的水果很多，有西瓜、苹果、香蕉、橘子等，可以说每种水果我都喜欢，但我最喜欢的水果还是橘子。

周六上午，幸运星教室里传出了一阵欢笑声，他们在做什么呢？原来是老师在给大家分橘子呢！

我拿到橘子时，感觉这个穿了一件金黄色的外套、挺着个圆圆的小肚子的小橘子可爱极了！我迫不及待地把这个小可爱翻来覆去地看，总感觉今天的橘子不一样，它的外皮摸上去麻麻的，还有一个个小孔，好像是用来给橘子呼吸的。我把橘子放在耳边,轻轻地剥开橘子皮,果汁伴随着"滋滋"的声音溅到了我的眼睛里,我的眼睛里顿时感到一阵阵酸痛,过了好一会儿才缓过来。

还没等我把它放在鼻子下面,霎时,一股香甜的味道扑鼻而来,我仿佛置身于秋天的果园里,置身于秋天的怀抱里。

我又仔细地瞧了瞧、摸了摸,只见橘子小弟们一瓣一瓣地围成一团,像几个兄弟背靠着背坐在一起,外面覆盖着白色的经络,像披着一件雪白的纱衣。冰冰凉凉的果肉,掰开一瓣,柔软又有弹性。

阵阵香味已经让我馋涎欲滴了,拿起一瓣,放入口中,慢慢咀嚼,味道一层一层地向我袭来。先是一丝丝酸,后是一丝丝甜,这味道触动了我的味蕾,弥漫在我的嘴里,流进我的胃里,更流进了我的心里,我吃了一瓣,还想吃,真是让人意犹未尽啊!

老师告诉我们,橘子不仅好吃,而且还有许多作用,橘子里含有丰富的维生素C、葡萄糖等营养物质;橘子皮是一味中药,可以做陈皮糖,还可以做橘皮粥等好吃的食物。

这就是我喜欢的橘子,它浑身都是宝,不仅好吃有营养,更有大大的益处,真是一个"有用"的好水果呀!我要向它学习,争做一个对社会有用的人!

美味的橘子

张陈岑

我喜欢的水果有很多,例如西瓜、苹果、梨、火龙果……但是我最喜欢的水果还得是橘子。

远远看去,橘子就像一个拳头般大小的小灯笼挂在树梢上,俏皮可爱。再近些,只见成熟的橘子都穿着橙红色的衣裳,挺着个又大又圆的肚皮,胖乎乎的,诱人极了。我伸手摸了一下,感觉橘子皮非常粗糙,像老人脸上的皱纹一样,而且散发着一种冰冰凉凉的感觉。

我将它轻轻放在鼻子下面,顿时一股淡淡的清香扑鼻而来,馋得我口水都要流下来了,同时让我感受到了秋妈妈怀抱的温暖。

我忍不住轻轻地剥开橘子皮,橘子皮伴随着"滋滋"的声音裂开了。一股浓郁的香甜味包裹了我整个身体，我体内的每个小细胞都活跃了起来。只见一瓣瓣小橘片围坐在一起，身上还披着一件雪白的纱衣，像几个小姐妹在一起说着悄悄话。

我连忙掰下一瓣，塞进嘴里，一口咬下去，果汁四溢滋润了喉咙，甜透了心窝。我吃了一瓣又一瓣，还想吃，真是意犹未尽啊！

我慢慢地陶醉在了橘子中，感觉我也变成了一个橘子，静静地长在橘树上，被秋妈妈给予着温暖，吸收着大地的精华，时刻准备着为人类贡献自己的美味。

橘子还有很多的品质，它浑身都是宝，不仅果肉可以食用，它的皮、经络、核都可作为中药。我也要向橘子学习，争做一个对社会有用的人。

蜜蜂蜇了人为什么会死？

周子王

亲爱的同学们，你们有过被蜜蜂蜇到的经历吗？但你们知道吗？蜜蜂蜇了人后，它是会死的！这是为什么呢？让我们一起来解开这个谜底吧！

前天是周末，妈妈带我回乡下老家玩。我看见一只漂亮的红蜻蜓停在路边的花朵上，于是，我蹑手蹑脚准备去“偷袭”它，正当我伸手去捉时，“嗡嗡……”一只蜜蜂突然从草丛中飞了出来，蜜蜂误以为我想偷走它辛辛苦苦采摘的花蜜，使出杀手锏把我的右胳膊狠狠蜇了一下。

霎时，一阵撕心裂肺的疼痛传遍了我的右臂，眼泪也不自觉地夺眶而出。我大叫：“妈妈！妈妈！痛！我被蜜蜂蜇了！”妈妈听到喊声，立刻跑到我身边，赶紧挤压被蜇处，用纸巾把我胳膊上一团肉乎乎的东西擦掉，随后给我抹了清凉油，我才感觉疼痛缓解了许多。

被蜜蜂蜇的地方已经红肿，妈妈擦掉的那团肉乎乎的东西居然是一段肠子，那只蜜蜂躺在离我不远处的地上，死了！我百思不得其解，愣在原地。这是为什么呢？带着疑惑，我和妈妈一起在手机百度上找答案。原来蜜蜂蜇人后会死去，主要是因为它自身的身体构造，它的刺针是由一根背刺针和两根腹刺针组成的，刺针末端会跟体内的大小素腺还有内脏器官连在一起，而刺针尖端处带有倒钩，蜜蜂蜇人之后，会刺在人的身体里面，挂在皮肤上，当蜜蜂蜇完人用力飞走时，会把内脏拉坏甚至拉出，导致蜜蜂死亡。原来是这样呀！我恍然大悟。

通过搜索，我还知道了蜜蜂不喜欢大葱味、酒味，不喜欢黑色等颜色，大自然的生物真是奇妙啊！

蜗牛

吕子妍

一个夏天的雨后，我在草丛里看见了一只蜗牛，想到科学课上老师给我们普及过蜗牛的相关知识，便把它带回了家，喂养在透明的玻璃缸里。每天只要一有空，我就会去看看它，在我的精心照顾下，小蜗牛长得又大又胖，可爱极了。

小蜗牛的背上驮着一个沉重的像海螺似的硬壳，这个壳是它温暖的家，要是爬累了或是遇到危险，它就会立刻躲进小家里去。小蜗牛的头上长着两对触角，一对很长，一对很短，长的那对是它的眼睛，短的那对是它的小鼻子。它的身体是灰白色的，呈半透明状，由于没有骨骼，轻轻用手触摸，感觉非常柔软。蜗牛爬行时依靠它扁平的像吸盘一样的足，而且爬行的速度非常慢，因此我们经常用“像蜗牛爬一样”来形容人们做事做得非常慢。

小蜗牛非常喜欢吃嫩叶，这说明它并非益虫，它吃东西时就像一个小小设计师，在我喂它的菜叶上，有时吃出一个小花形，有时吃出一个小爱心形，还有时吃出一个正方形……

我的小蜗牛还是个“越狱”小能手呢！有一次晚上，我在房间里准备关灯睡觉，突然心血来潮想到一个问题：小蜗牛关在玻璃缸里会不会被闷死？于是又起身将玻璃缸的盖子打开了点缝隙。

第二天早晨，按照惯例去和它打招呼，结果发现玻璃缸盖子倒在一边，小蜗牛不见了。我在房间里外找了个遍，都没发现它的踪影，最后一回头，发现它正趴在镜子上悠闲地睡大觉呢！别看它个头小，没想到劲还挺大，吸盘一样的足紧紧贴着镜子，一点缝隙都没有，我费了好大劲才将它送回玻璃缸里。看来，以前是我太小瞧它了，蜗牛小小的身体里，蕴含着大大的能量。

我爱我的好朋友——小蜗牛。虽然它在大自然里会破坏植物，但我依然很爱它。

牙齿最多的动物——蜗牛

唐文墨

滴答滴答，窗外下起了小雨，过了一会儿，雨停了，我闲得没事儿做，就在公园里找蜗牛。

我在公园的一棵小树下找到了一只蜗牛，它的壳像海螺一样，只不过扁了一点，上面还有许多条花纹。它的头上有两对触角，那对长触角的顶端有两个黑色的小圆点。它的身体软软的，呈灰白色，半透明的，我发现蜗牛爬过的地方会留下一层透明的黏液。

听说蜗牛是牙齿最多的动物，而且它的牙齿是长在舌头上的，叫作“齿牙”，呈锯齿状，最多的有135排牙齿，每排有105颗，那就有一万多颗牙齿呢。它吃食物的时候是先用唾沫软化食物，再用齿舌把食物碾碎、消化。

有人说蜗牛是害虫，我不信，我准备做个实验。我在公园里找来了一只小虫放在它的面前，过了一会儿，它没有吃；我又找来了一片植物的嫩叶，过了一会儿，那片嫩叶被它吃得精光了，而那只小虫分毫未损地待在原地。看来蜗牛真的是害虫。

虽然蜗牛是害虫，会破坏农民伯伯种的庄稼，但是我还是很喜欢它，因为它给我的课余生活增添了快乐。

下雨时青蛙为什么叫得欢？

王欣可

暑假期间，我去奶奶家玩，趁奶奶还在做饭，我连忙叫上了我的好朋友一起去玩耍。我们走到小池边的时候，忽然下起了雨，我俩赶紧狂奔回家，一边跑一边听见池塘里传来青蛙欢快的叫声。这让我感到很好奇，我想平常天气好的时候，青蛙也没叫得这么欢过呀。我问朋友青蛙是不是在下雨的时候才叫得欢？但朋友也不清楚。

于是，我决定做一个小实验，看看青蛙是不是在下雨的时候才叫得欢。第二天又下起了雨，我心想这雨来得正合我意，我不管奶奶的劝阻，连忙拿着雨伞向小池塘出发，还没走到池塘边，我就听到了青蛙“呱呱”的叫声，青蛙果然又叫了起来。我兴奋地回家告诉了奶奶，但奶奶也说不清下雨时为什么青蛙叫得欢。

我带着这个疑问翻阅了许多科普书籍，原来青蛙不仅和我们人一样可以用肺部呼吸，它还可以用皮肤呼吸。下雨天，空气里面的水分充足，方便它通过皮肤呼吸。最关键的是，雨天时很多昆虫会破壳而出，青蛙有了食物，所以叫得欢。

我赶紧把这个道理告诉了奶奶，奶奶夸我比她还厉害呢！通过我的实验观察和查阅资料，我明白了青蛙下雨时为什么叫得欢的原因，同时也让我体会到了实验和探究的乐趣！

变色龙为什么能变色？

吴铂圳

在动物世界里，有许多奇怪的现象，如兔子眼睛为什么是红色的？鱼睡觉为什么是睁着眼睛的？但我最想知道的还是变色龙为什么能变出各种各样的颜色？

出于我的好奇心，我在百度百科和科普书籍上查询后得知，变色龙大部分身长15～25厘米，它的舌头是身长的2倍，它依靠比它自己身体还长的舌头来捕捉猎物，并且速度如闪电，只需1/25秒便能完成。有些猎物都不知道自己怎么死的，就被变色龙一口吞了下去。

这些猎物为什么没看见变色龙呢？是因为变色龙的皮肤能变幻出各种不同的颜色，伪装在大自然中，再悄悄地进行捕猎。它能变色是因为它体内有许多的色素细胞，有黑色色素细胞、红色色素细胞、金色色素细胞，这些色素细胞受神经和激素的控制。当环境中的光线、温度、湿度等发生变化或是受到惊吓时，神经系统立即会做出反应，引起各种色素的收缩或舒张的变化，产生不同的色素组合，像我们绘画时用的“三原色”，可以调出许多种不同的颜色一样，变色龙的身体就呈现出不同的颜色变化。

通过寻找变色龙会变色的原因，我懂得了在日常生活中我还有很多不懂的科学道理，我平时应该多看科学书，学会探索和研究，使自己的知识面更加广阔。

爱待在浑水里的龙虾

贾俊贤

去年暑假，我被爸爸妈妈送到乡下老家，老家有很多小池塘，我经常和小伙伴去池塘里钓龙虾。

一天，我独自一人带着鱼竿和鱼饵去钓龙虾。一开始我在清澈的池水里钓龙虾，但是钓了半天，一只龙虾也没有钓到，后来我转移了地盘，来到了一个浑浊的小池边钓龙虾，没过多久我就钓到了十多只又肥又大的龙虾。

正当我兴高采烈打算带着我的“战利品”回家时，我突然想到：龙虾是不是喜欢生活在浑水里？于是我拿起龙虾赶紧往家跑，我打算在家里做一个实验。

回到家后，我迅速找来了两个小桶，分别在两个桶里加入浑水和清水，挑了十只龙虾，五只放在清水桶里，另外五只放在浑水桶里。每过一天我都会去看看它们，我发现第一天和第二天的时候两个桶里的龙虾变化不大，到了第三天，清水里的龙虾不太精神了，第四天的时候呢，浑水里的龙虾依旧生龙活虎，跳来跳去的，但清水里的龙虾已经奄奄一息了。

这是为什么呢？浑水里的龙虾为什么活得时间长？我感到很好奇，于是我赶紧上网查了一下，原来是浑水里有很多肉眼看不见的微生物，这些微生物是龙虾最爱吃的。我这才明白，原来龙虾不是喜欢浑水，而是喜欢浑水里的微生物。

通过这一次的实验，使我知道了浑水里有很多的“食物”，而清水里没有，所以龙虾爱待在浑水里生活。

冰雹

史伊凡

我以前在书上看到一种天气气象，叫作冰雹，我便一直在想冰雹是什么？冰雹长什么样？冰雹是怎么形成的？

当我第一次看到冰雹这个词时,我便觉得冰雹一定是下在冬天的。直到有一天,我在一本有色彩图片的《十万个为什么》上看到说冰雹是下在夏天时,我感到十分震惊。在图片上,我观察到冰雹近似于球形,在落下来时,绿色的树叶也纷纷扬扬地跟着冰雹被砸落下来。出行的人们都戴着工地上工人戴的帽子护住头部。不仅如此,那些人还用手在帽子前护住自己的脸,一个个双眉紧锁,显出十分忧虑和痛苦的神情。他们好像很害怕冰雹砸到自己。

书上介绍说,冰雹的个头有大有小,大多数是小石子般大小,还有的能达到鸡蛋般大小,甚至有些特大号冰雹比柚子还大,会致人死亡。更别提会毁坏大片农田和树木,摧毁建筑物和车辆了,它具有强大的杀伤力和破坏力,也是中国最严重的自然灾害之一。

当我从《十万个为什么》上看见冰雹常出现在冷暖交汇的春季时,我感到很吃惊。因为我上过科学课,知道降雨和降雪是因为地上的水蒸气经过阳光照射上升到大气层中,在遇到冷空气后,凝结成小冰晶和小水滴,这些小冰晶和小水滴聚在一起形成云,当云中的小水滴和小冰晶越积越多,而气温降到一定程度时,云中的小水滴和小冰晶便会下降,在下降过程中,小冰晶融化成小水滴或小水滴凝结成小冰晶,这样就会形成降雨或降雪。至于为什么冰雹在下降的过程中,不会像雨雪那样融化,书中没有写,但我知道冰雹的形成是一个复杂的过程,于是我带着好奇请教了科学老师。原来冰雹的形成初期和雨雪一样,但后面必须满足两个主要条件,第一是大气层必须要有不稳定层结,不稳定层结的存在可以形成上下气流的对冲,所以下冰雹时往往会有雷暴天气与之相伴。第二是云层中的水汽要充足。而我个人猜测,可能是云层中的小冰晶全部聚在一起时,这些小冰晶在降落的过程中,因为堆积太大,就像滚雪球一样无法融化,形成冰雹。

冰雹真是一种有趣的自然现象,但是在此我要提醒大家,如果突遇冰雹袭击,一定要迅速进入室内或到坚固的遮挡物下躲避,千万不可掉以轻心。

奇妙的雨

刘　闯

雨是怎样形成的呢?为什么同样是电闪雷鸣,有时候倾盆大雨,有时候下的是小阵雨？在日常生活中，我一直觉得下雨是一种很常见的自然现象，所以没有仔细去思考研究过，可就在这几天，连续几场雨，让我觉得很奇怪。

星期六的中午，阳光明媚，到处是一片生机勃勃的景象。我迈着悠闲的步子在大街上闲逛，忽然天空一阵阵闷雷“轰轰轰、轰轰轰……”雷公公像是憋了好久的脾气，终于忍不住了，但又尽量地克制着，雷声在云层中滚动。

“呼呼呼……”一阵风刮过，天上的白云不知什么时候也变脸了，顿时乌云密布。我害怕雨下大了淋成“落汤鸡”，赶紧拼命朝着家的方向奔跑。跑了一会，累了，便放慢脚步喘了会儿气。可是老天不等人，大雨开始“噼里啪啦”下了起来，我只能一只手挡着头，拼命地跑回了家。

回到家，我感觉很奇怪，刚才好好的天气怎么突然下雨了呢？我问妈妈：“天空为什么会下雨？”妈妈回答道：“雨是天空的眼泪，当然是想哭就哭呀！”我心想：天空怎会流泪呢？我赶紧找来了《十万个为什么》才知道：原来空气中含有水蒸气，地表的水蒸发也会形成水蒸气，水蒸气在高空中遇冷气便凝结成小水滴，小水滴在云层中不断地吸收周围的水气使自己凝结和凝化，相互碰撞并越来越大，当空气对它们的浮力大于它所受的重力时，水滴就从云层中降落下来了。

到了第二天，我和妹妹正在院子里学骑自行车，一阵大风来得气势汹汹，把树枝都吹断了。突然又响起了一阵轰隆隆的雷声，雷公公大发雷霆，那声音就像是从我们的头顶狠狠劈下来的。我害怕像昨天那样淋成“落汤鸡”，因为这势头比昨天更强劲！我和妹妹赶紧推着自行车跑回了家，收好阳台上的衣物，关上窗户，等待又一场暴雨的来临。可没想到只下了点小雨，没过一会雨就停了。

我心中又产生了疑惑，为什么昨天雷声小，雨下得那么大，而今天雷声这么大，雨下得小呢？我和妹妹都不能理解这是怎么回事，我们决定用百度查找相关资料，果然我们发现了一些气象谚语，如：久晴大雾阴，久雨大雾晴，雷公先唱歌，有雨也不多。响雷雨不凶，闷雷下满坑……

原来下雨还有这么多的科学道理！古人早已通过观察天气现象，给我们总结出了这么多智慧的结晶，大自然真是太奇妙了！

是冰还是雨

李文睿

你听过冻雨吗？你了解冻雨吗？你见过冻雨吗？没错，就在前不久，我见到了真正的冻雨。

在这个冬天的早晨，日出不久，我发现了一个十分罕见的奇观，那就是冻雨。冻雨，美其名曰落地冰。叫它落地冰也是有原因的，因为它在空中时还是一颗颗晶莹剔透的小雨珠，可到了地上又瞬间变成了一片片由冰晶组成的小冰片，它们一层一层堆叠起来，为大地铺上了一层银白色的冰地毯，美得无与伦比，所以人们给它起了一个好听又形象的名字——落地冰。

我穿着防滑鞋，在刚刚下了冻雨的小路上悠闲地用鞋尖敲着冰块儿，边敲边想：这雨，为什么会这样？会不会是水落到地上才到了冰点？我马上就否定了这个猜想，因为正常情况下，地表的温度无论如何都会比云层中要高一些，如果是落到地上马上就结冰，说明地表温度低于零度，那么在这种条件下，云层中的温度应该更低，那怎么可能以水滴的形态降落下来呢？应该结成冰雹了啊，这不合常理！所以我觉得这一种猜想是不对的，可除了这种可能，我也想不到其他可能了。

于是，我就带着我这颗疑惑的心，找到了我的万能神器——《百科全书》。据《百科全书》中说，这种情况下的雨叫作冻雨，是一种比较特殊的气象，它是水珠在零度以下时出现的一种极不稳定的状态而产生的。在两千米以上的高空，水汽被“速冻”，以雪花或冰晶的状态存在。但在一千米至两千米的较低海拔地区，受暖湿气流的控制，温度达到冰点以上，而此时近地面温度在冰点以下，低于高空温度，形成逆温层。冰晶或雪花穿越逆温层，融化成水滴，到达近地面时又再次被迅速冷却成过冷水滴，到达物体表面，如电线杆、植物、树木等，由于周围环境低于冰点，就会形成一层冰壳，气象上称为冻雨。这个原理在生活中也有引用，比如，如果你想做一个小冰山，就可以用这个原理先把盘子放在冰箱中充分冷冻，当放置一段时间后取出，接一杯清水满满地倒在冰冻的盘子上，你会发现泼在盘子里的水居然神奇地变成了冰。偷偷告诉你，其实炒冰沙也是用的这个原理哟！

在研究过程中我发现，科学始于观察。在生活中，我们只有不断地观察、思考，才能发现科学的奥秘,看到科学的神奇。

早起浮云走

王熙淼

在日常生活中,有许多有趣的自然现象,这些现象经过人们长时间的观察总结,编成了顺口溜,慢慢演变成了现在的谚语。例如“早雾晴、晚雾阴”“朝霞不出门,晚霞行千里”等。可我总觉得,天气变化莫测,怎么能由人们的顺口溜说了算?然而,在一次验证中,我才知道这些谚语说的是千真万确。

那是一天早上,我准备去上课,出门前我看了看天,太阳快消失了,天空中阴云密布,怕待会儿会下雨,我就拿了一件较厚的衣服。可是还没走到门口,妈妈就追出来,一把夺过我手中的衣服,告诉我说:“今天天很热,穿薄一点儿的衣服就行了。”说完还叮嘱我换一双凉快一点的鞋子。我立马反驳道:“为什么会热啊?明天都快要下雨了。”为了让妈妈相信马上要变天了,我拉着妈妈来到门外,指着天上的乌云让妈妈看。妈妈笑了笑,向我解释说:“那个不叫乌云,它没有乌云厚重,并且是在流动着的,我们可以称它为‘浮云’,自古流传下的有这样一句谚语,叫作‘天上浮云走,中午晒死狗’,等会儿天气会很热的。”真的是这样吗?我对妈妈的话有些半信半疑,但还是拿了一件薄衣服出了门。

走在去上课的路上时,我回忆起妈妈说的话,不由得好奇地观察了一下天空,天上的云还真的在不停地移动着。上完课后,天气果然如妈妈所说,浮云消失了,太阳发出了万丈光芒,温度也骤然上升,晒得人无处可藏,就连小狗都伸出舌头来,趴在地上吐着气散热。

回家后,我跑去问妈妈这是什么原理,妈妈摸了摸我的头说道:“自己去看书,答案在《十万个为什么》里。”我翻来翻去,终于找到了原因。原来智慧的古人在平时生活和劳作中了解到深秋季节里,如果早上有碎层云,也就是我们说的浮云,而且消散了,那么中午就会很热。原理是因为,早上太阳升起,地面温度上升,导致近地空气温度逐渐上升,会把地面上的水、雾气以及湿气蒸发,这些水汽上升后进而形成碎层云,这种碎层云由于高度低,所以看起来移动的速度快,会形成“浮云走”的情况。这种碎层云因为形成的原因和温度有关,随着太阳光线的照射,空气温度升高,形成的碎层云会不断消失,最后就会形成碧蓝如洗的天空景象,无云层的折射,太阳光线会很强烈,因此在中午的时候会很热,热得连狗都会伸出舌头来散热。

好奇妙的天气现象啊,合上书本,我陷入了沉思,一边佩服古人的智慧,一边感叹着大自然的奥秘真是太多太多了。

意外的发现

左天佑

一个夏天的午后,天气非常炎热,我和妈妈走在回家的路上,天空突然乌云密布,看来是要下雨了,我们急急忙忙赶回家了,刚踏进门,一场暴雨接着就来了。这场雨来得快,去得也快,没多久就结束了。

雨停了,我走出家门,空气中浸润着雨后泥土的芬芳,整个天地变得澄明清新。小草经过雨水的洗涤,愈发神采飞扬了,散发着活力的绿色。小花仿佛在开心地笑,叶瓣上还留着细小的水珠,在叶子的尖尖上蠢蠢欲动,似乎下一秒就要落下去。我走在干净的石板路上,享受着雨后的片刻凉爽,欣赏着这美妙的雨后夏景图,真是感到无比的惬意舒爽。突然,一滴调皮的小雨滴从树叶上跳到了我的脸上,一抬头,我在一棵茂盛的大树上发现了一条彩虹色的长尾巴。我朝着长尾巴的方向看去,寻到源头,哇,原来是一道彩虹!

在此之前我一直都有个疑问,每每在书本和电视上看到彩虹时,我都会想:彩虹是真的吗?那我为什么从来没有见过?我今天终于看到彩虹的真面目啦,我怀着激动的心情,兴奋地观察着彩虹的模样。彩虹真美啊!只见它发着红、橙、黄、绿、蓝、靛、紫七个颜色的光芒,就像一座七彩的桥,横架在半空中,一边连着云朵,一边连着树梢,就像是仙女编织的彩带,挂在蓝莹莹的天空中,仿佛把人引进了童话的世界,真是美得让人惊叹,美得让人舍不得挪开眼。

在欣赏彩虹美丽的身姿的同时,我也陷入了思考,天空中为什么会有彩虹?它是怎样形成的?我带着这个问题向家冲去,我一进门就大叫:"妈,妈——快告诉我,彩虹是怎么形成的?"可妈妈却笑了笑,温和地对我说:"自己去看《十万个为什么》,答案都在书本里哟!"妈妈不帮忙,没办法,我只好来到书房,找到《十万个为什么》,自己去查!

通过查找，我知道了，原来彩虹是漂浮在空中的小水滴反射太阳光形成的。一场暴雨过后，空气中飘浮着无数的小水滴，它们就像一个个三棱镜，太阳光通过它们时，就会被分解成红、橙、黄、绿、蓝、靛、紫七色光带，然后再反射回来，这样就形成了彩虹。

多么有趣的大自然，多么奇妙的彩虹，我合上书本，再次来到院子里，可是那道彩虹已经隐约不见了，我想那些三棱镜般的小水滴是在减少或是消散。我望着曾经出现彩虹的那片天空，期待着下一次彩虹的到来。

吃西瓜的科学故事

彭熠熠

夏天是吃西瓜的好时节，家人都喜欢吃，我也不例外。可小时候吃西瓜，总有一些心理负担。那是因为每次吃西瓜时，大人们总是对我说不能把西瓜籽吞进肚子，不然的话西瓜籽会在肚子里结出一个小西瓜。

有一天，放学回家，我又渴又饿，刚好奶奶端来了一大盘西瓜，于是我丢下书包就开始风卷残云，狼吞虎咽般地啃了起来。正当一阵满足感油然而生时，我发现我不小心吞了几颗西瓜籽，我差点吓死，猛地哭了起来，一边哭，一边大声地喊："西瓜籽真的会在我的肚子里长出小西瓜来吗？我的血就会慢慢被西瓜藤吸干，我就会死去……"妈妈看到我伤心的样子，笑着对我说："西瓜籽是不会在你肚子里生根发芽的，也不会把你血吸干。"我又半信半疑地去问奶奶，奶奶抚摸着我的头对我说："你妈妈说得对，你的肚子里不会长西瓜的，放心吃吧！"

几天过去了，我的身体没有出现任何异常。但我仍相信他们说的西瓜籽会在肚子里发芽。后来，我为了验证种子真的不会在肚子里发芽，我做了一个大冒险实验。又偷偷吃了几颗成熟的西瓜籽到肚子里了，顺便还喝了一大口水，想让它在肚子里待一个月，然后看看它们有没有长出小西瓜。

忐忑不安地过了一个月，我的肚子里根本没有结出小西瓜。这次事件过后，我还是不放心，又去请教了我家的权威专家——网络。终于弄明白了，种子发芽的条件，需要土壤、水分、阳光。即使你有水分了，但没有阳光的照射，也不能发芽。更何况种子发芽还需要3～5天的时间，而吃进去的种子，第二天就会排出体外。所以,种子不可能在人体内发芽。

吃西瓜也能吃出科学道理,看来生活中的科学知识真不少!只要你有一颗钻研探索的心,随时都可以发现很多奇妙的事情。

炒花生的秘密

马伊诺

每当我们谈起“科学”这个话题,大家往往都会联想到一些重大事件,比如火箭升空,比如太空探索,再比如未知的深海,却没有注意到,其实生活中也存在着很多有趣的小科学。

今年过年时去外婆家,妈妈、我、外婆决定一起炒花生。妈妈说:“炒花生要用沙子炒。”我却不这么认为:“我觉得炒花生直接炒更快,用沙子炒太慢了,又沉,锅铲都翻不动。”可是妈妈仍然坚持她的意见,于是我决定和妈妈比一比,看看谁炒的花生又快又好。

我信心满满地走到锅前,端起花生倒进了锅里开始翻炒了起来。为了防止花生糊,我使出了九牛二虎之力,一刻也不停地用锅铲在花生上来回翻动,左手累了换右手,右手累了换左手,在奋战了十几分钟后,我的手已经酸得抬不起来了。稍做休息了几秒钟后,我看见锅里开始隐约有了一些白烟,我意识到会不会是快要糊了,于是赶紧加快速度,手忙脚乱地翻炒起来。

“外婆,您快来看看,是不是糊了啊?可以盛起来了吗?”外婆说:“还早着,要多炒一会儿才能熟。”我表示有些怀疑,于是用筷子夹出一颗花生,剥开看看,没想到里面的花生仁还是生的,只是有点热热的而已。没办法,我只好耐着性子继续炒着,大约过了一个小时,外婆说可以了,我才盛起来,拿了几粒花生尝了尝,不是外面焦焦的,就是里面的没熟,再就是整个黑色的,全糊了。我顿时像泄了气的皮球,败下阵来。

轮到妈妈炒时,只见妈妈先是不慌不忙地把大碗沙子倒进了锅里翻炒,炒了几分钟后,再倒入一碗花生,继续翻炒起来。妈妈炒花生的过程很轻松,她一边跟外婆闲聊着天,一边从容地掌控着手中的锅铲,大约过了半小时,妈妈把花生盛起来,过滤掉沙子,我迫不及待地拿起一颗花生,它的皮略有点微黄,剥开皮,里面的花生仁也泛着晶莹的黄色，我用手指轻轻一搓，花生皮脱落了，露出了白白净净的果仁，丢进嘴巴里尝了尝，又香又脆又美味。

我坐在小凳子上，一边吃着花生，一边思考着炒花生的过程。妈妈一眼便看出了我的心思，微笑着走过来，摸了摸我的头说："是不是想知道妈妈炒花生为什么要用沙呀？你观察一下花生的形状。"我看着手中的花生若有所思地说："花生的形状是中间凸起，两边是陷进去的……哦，我知道了，直接炒会受热不均匀，从而导致像我这样，炒得有的生有的糊，加了沙子后，因为沙子受热快，并且传热均匀，所以花生既是熟的又不会糊。"妈妈和外婆看见我恍然大悟的模样，开心地笑了。

通过炒花生这件事，我明白了科学知识其实就藏在我们的生活中，它无处不在，只要我们善于观察、善于提问、勤于动手，就一定能明白更多的为什么？作为爱探索的我们一定要朝着这个目标不断努力，加油！

油锅起火为什么不能用水灭？

汪妍熙

最近，老师给我们布置了一个奇怪的作业，叫"发现生活里的科学"，这可把我给愁坏了，我哪知道生活里有什么科学啊？本来科学成绩就不好，这不是给我使绊子吗？可就在今天妈妈做饭时，让我发现了一个有趣的科学现象。

今天放学刚进家门，我就闻到一股香喷喷的饭菜味，原来是妈妈正在炒菜。我"侦查"了一番，有我最爱吃的青椒肉丝，可是妈妈正在忙碌时，放在客厅里的手机突然响了起来，于是，她急急忙忙地去拿手机，接完电话后，妈妈告诉我，她下楼拿个快递，很快就会回来，让我先帮她把剩下的菜炒一炒。我二话没说就拍着胸脯答应了，因为我以前也有炒菜的经历，对我这个五年级的小学生来说已经是轻车熟路了，所以妈妈并没有担心。

妈妈出门后，我学着她的样子，把围裙系在身上，拿起了锅铲像模像样地炒起了菜，就在我正准备"大干一场"，好好秀一秀我的厨艺时，忽然，一团火毫无征兆地从刚倒入油的锅里冒了出来，几乎有一尺高。我吓了一跳，愣了一会儿，然后回过神来，一边喊着："着火啦，着火啦……"一边手忙脚乱地去拿水灭火，但是不可思议的是，我一盆水倒下去，不但火没有熄灭，火苗反而冲得更高了，差点烧着了我的眉毛。

就在这时,妈妈正好回来了,一开门就看见了厨房里的火,她二话不说,三步并成两步快速冲上去,一手把火关了,一手拿起旁边的锅盖往锅上猛然一盖。过了一会儿,再揭锅盖的时候,火竟然熄灭了。好神奇!可灭火不是用水吗?我好奇地缠着妈妈问为什么?妈妈说:“先吃饭,等一下做个实验你就知道了。”吃饭的时候我心不在焉,两口就扒完了,满脑子都在想刚才突然冒出火来的样子。

吃完饭了,妈妈把我叫到书桌前,她拿来了一个空杯、一杯水和一瓶油。我很疑惑,她要干什么?只见妈妈先把水倒在杯子里,再把油倒在里面,这时我看见油和水没有相融,水在下面,油在上面,两种液体中间就像是隔了一面墙一样,上下分离。可这和油锅着火不能用水灭火有什么关系?妈妈告诉我:“因为水的密度比油大,所以油锅着火放水在里面,水会迅速沉下去,油会浮上来,这样油接触空气的面积会更大,那么这个时候,火势必然会更猛。”“那盖锅盖是怎么回事呢?”我继续追问。“火在燃烧时必须需要空气,当我们用锅盖盖住以后,锅内的空气燃烧完,火自然就熄灭了。”妈妈耐心地为我解释道。原来是这样,我终于明白了。

通过油锅着火事件,我明白了:在我们生活中,科学无处不在,只要善于观察、勤于动手,一定能明白更多的科学道理。

做面包为什么要放酵母?

高永灏

日常生活中,我们做面包都少不了放酵母,可为什么要放酵母呢?酵母又有什么作用呢?

我怀着好奇心做了一次实验。我称了500克面粉,先是和面揉面。面粉上放入适量的水,用筷子搅拌,变成了许多小疙瘩,再使劲揉,这面可不好和,又湿又沾,手上、盆里到处都是。妈妈说,面揉不好就不好吃,要揉到面光盆光手光。我就不停地揉,终于揉成了两个250克的面团。一个面团放入酵母,做成圆形,一个面团不放酵母,做成方形,两个面团分别放入两个相同的碗中,盖上有孔的保鲜膜,静置约一个小时,看看会有什么不同的现象。

一个小时后,我揭开保鲜膜仔细观察:放了酵母的圆形面团变大了许多,而且很松软;没放酵母的方形面团什么变化都没有。

我分别把两个面团切成面包形状,放入烤箱中,用平时做面包的温度,各烤制一个小时。夹出来放入盘子对比,差别非常明显:放了酵母的面包蓬松,焦黄,内外都熟透了;没放酵母的面包没有拳头大。妈妈说,这就叫“死面坨子”,掰开一看,里面还是生的。我尝了尝,放了酵母的面包,明显比没放的好吃。

我在想这是为什么呢?我打开我的微生物图画书寻找答案,原来,酵母在放入面团后会苏醒,产生二氧化碳和酒精,二氧化碳是一种气体,它会使面团变大,让它变得松软且劲道,而酒精会杀灭让面团变质的微生物,让面包更香、更好吃!

面包里放酵母,一个生活小常识,原来有这么大的学问啊!我记住了,以后做面包一定要放酵母。作为一名新时代的小学生,我要好好学习知识,练就本领,去发现更多科学奥秘。

牛奶大变身

许子煜

我这个人不怎么喜欢喝纯牛奶,可妈妈却又偏偏爱买纯牛奶给我喝,总是美其名曰“牛奶里营养最丰富”。看着那一杯杯纯牛奶,我脑子里突然闪过一道光:不如把纯牛奶加工成酸奶,这样不仅营养更丰富,而且口感还会更好呢!

说干就干,我快速翻阅了有关书籍,按照制作方法拿出了四杯纯牛奶,还有家里仅剩的一杯酸奶、一个杯子、一小袋白糖和一个勺子。

为了不浪费材料,我决定先取一小部分牛奶来做实验。按着书上的步骤,我先把纯牛奶加热烧开,再冷却到温热,然后倒入空杯中,接着往里面加入1/4的酸奶,盖上杯盖,在外放置八小时,大功告成!在那漫长的八小时后,我迫不及待地打开了杯盖,可还没等我掀开盖子,就隐隐地闻到了一股臭味,怎么回事?该不会是失败了吧?我怀着忐忑的心情揭开了杯盖,顿时,一股馊味扑鼻而来,我差点没被熏晕过去,太难闻了!我定睛一看,只见一杯白中带黄的“酸奶”出现在我眼前,仔细对照书,我才发现我做错了多个步骤。没办法,失败就是失败,我只好捏着鼻子将它扔进了垃圾桶。

于是,我鼓起了勇气从头再来。由于吸取了上一次的教训,我相信自己不会再做错了，这次我信心满满地把三瓶纯牛奶全部倒入了锅里煮，不一会儿牛奶便沸腾起来，我小心翼翼地把它们倒入杯中，等到纯牛奶差不多温热了，我把剩余的那3/4的酸牛奶全部倒入了纯牛奶中，使劲搅拌，使乳酸菌和纯牛奶混合均匀，然后把杯子盖好放入温水中保温一到两小时。终于，再一次揭晓答案的时候到了，我打开盖子尝了一口，哇，真像商店里卖的酸奶一样，真好喝！可是那么多，我一时肯定喝不完，可以放入冰箱保存一至两个星期哦！

这次制作酸奶训练了我的动手能力，也让我体验了什么叫成就感，小朋友们也赶快行动起来吧！

当铅笔遇到水

蔡晨曦

一次，我在画画的时候，铅笔不小心掉在地上被弄脏了。于是，我便将铅笔放在水杯里清洗，洗着洗着，我发现：咦，怎么在铅笔水下的部分和水上的部分不呈一条直线，好像断了一样？我顺手从水里拿出铅笔，可铅笔却是好好的，这是怎么回事呢？

我惊奇而又急切地大叫："妈妈，妈妈，快过来看，为什么我的铅笔一放到水里，看上去像断了？"妈妈一脸淡定地说："有什么好大惊小怪的，这是折射现象，等你学了物理就知道了。"

急性子的我可等不了那么久，我满屋子找姐姐，冲到姐姐面前时，已是上气不接下气了，姐姐听了我的发现，调侃道："哎呀！我们家野丫头居然爱思考了！""说嘛，说嘛，你快说嘛！"我撒娇地推摇着姐姐，眼见拗不过了，姐姐轻拍了一下我头说："听好啦！光线可以在空气、水、玻璃等各种介质中传播，当光线从一种介质斜射入另一种介质时，传播方向会发生偏折，这种现象叫作光的折射。""那为什么会产生这种现象呢？"我迫不及待地问道。"这就要靠你自己去找答案了，建议你问一下你们科学老师或上网去搜索一下！"姐姐丢下这句话便离开了，留下一脸茫然的我。

带着疑问我立马跑到电脑前，上网仔细查询了答案，原本光是直线传播的，但是光从一个介质传到另一个介质时传播方向会发生变化。铅笔在水里好像断了一样是因为光从空气进入水里,由于水比空气的密度大得多,因此在水和空气相交处发生了折射,不再沿着原来的方向传播,我们见到的水下那部分铅笔,是已经发生了折射后的光线里的铅笔。这股光线当然不会与水面的光线成一条直线,所以铅笔虽然没有断,而看起来却像是断了一样。

其实生活中也有很多这样的现象,比如:在岸上看到水中的鱼比鱼的实际位置高;清澈见底看起来不过齐腰深的池水实际深度没过胸部等。这些都是光的折射现象造成的。

看完之后我满满的收获感,其实科学就在我们的日常生活中,只要我们有一双善于观察的眼睛和一颗勇于探索的心,生活会给你意想不到的惊喜!

涂改液的奥秘

吴雨沫

这天做作业时,涂改液用完了,我拿着它随手摇了摇,发现里面依旧发出“咚咚”的响声,我很好奇,里面是什么东西呢?于是,我把涂改液打开,发现里面竟然是一个铁块。

瞬间,我的好奇心往上涨了十万八千米。于是,我跑到科学老师面前问道:“老师,为什么涂改液里装着一个小铁块啊?”老师说:“这个和涂改液的使用有关,具体是什么原因,需要你自己去探索和发现。”听完老师的话,我决定回去问一下哥哥,一定要解开这个谜。

回家之后,我问哥哥:“为什么涂改液里面要放一个小铁块呢?”哥哥回答道:“因为涂改液很容易凝固,在里面放一个小铁块才能充分地搅拌,便于使用。”

我半信半疑,决定自己去做一下这个实验,我先在一个塑料杯里挤了一点涂改液,然后把之前的铁块放进去,最后我把它放在一个不容易被人撞倒的地方。过了几天,我来看它,发现它已经凝固了,只有一点儿还没有凝固。我拿起塑料杯摇了摇,它居然像“复活”了一样,又变成黏稠的液体,原来哥哥说的是真的。

其实在我们生活中也有很多这样的现象,比如说:防晒喷雾本来喷不出来,但是摇一下就喷出来了。还有发胶,本来也是喷不出来,但是摇一下也可以喷出来了。

科学真奇妙！这次，我又学到了一个新知识。

擦皮鞋的秘密

郑梓琪

周末天气晴朗，勤劳的妈妈在家里擦鞋。我走到她旁边说："就让我来帮帮您吧！"妈妈停下手中的活，用疑惑的眼神看了看我，回答道："好啊！"

我先用鞋刷沾了一点水，把皮鞋上的泥巴刷掉，再用毛巾抹去皮鞋表面的灰尘，涂上鞋油，等了一会用两把大的刷子来回不停地刷，最后用一块软软的布在皮鞋表面来回一拉，这时的皮鞋，虽然没有新鞋那么光亮，但成色也不错。

我找来了一双新的皮鞋和用皮鞋油擦过的皮鞋来对比，用手摸了摸两只皮鞋表面，发现旧皮鞋表面虽被擦得干净如新却怎么也不及新鞋的光滑，皮鞋的光泽是不是与表面光滑程度有关呢？

我只好去请教我的好帮手——电脑，查阅了许多资料，发现鞋油之所以可以把鞋子擦得油光发亮，那是因为光线照在任何物体上都会产生反射，如果这个平面是高低不平的，光线就会四面八方散射掉，如果是光滑的就可以在一定的方向上看到发射线。皮鞋的表面原来不是那么光滑，更何况是旧皮鞋呢，那就更加不平整了，所以它就不能使光线在一定的方向产生反射，看上去就没什么光泽。

同时也了解到了皮鞋油由蜡、汽油、松节油等溶剂及染料组成。而蜡是构成皮鞋油成分的主体，具有护革、防水等作用。擦皮鞋实际上就是在皮鞋的表面涂上一层均匀的蜡膜。由于固体蜡在皮鞋上不易涂均匀，需将固体蜡熔化在具有挥发性的溶剂内，制成膏体，涂擦到皮鞋表面后，溶剂便挥发逸散，遗留一层薄蜡膜。经软布摩擦，就能产生光泽。这种蜡膜不仅能使皮鞋表面更加光亮，还能保护皮革表层少受磨损，防止水分侵入，从而延长皮鞋使用寿命。

通过这次实验，我终于知道了皮鞋越擦越亮的原因。科学无处不在，它与我们的生活息息相关，是科学让我们的生活变得更加丰富多彩。

夏夜的星空

李浩宇

夏夜的星空是美丽的,夏夜的星空是神秘的,夏夜的星空是充满趣味的……每当我抬头仰望夜空,看见那满天闪烁的繁星点点,就会想起那个夏夜。

那是一个美丽的夏夜,由于那时的老家没安装空调,我们乡下人都是搬把凉椅在外面乘凉。这一天,我和以往一样,正坐在外面的凉椅上享受着夏夜的宁静,可是和以前不一样的是我在数星星的时候,看到了天上有一条像小河一样的东西,我连忙对妈妈说:“妈妈,那个像河一样的是什么?”妈妈走了过来,温柔地对我说:“孩子,那是宇宙中的银河。”听了妈妈的话。我又问道:“妈妈,宇宙也有像我们地球一样的河吗?”妈妈回答道:“宇宙的银河是由无数的星星构成的,和我们地球的河不一样,我们地球的河是由小水滴构成的。”

听了妈妈的话,我完全明白了。我的眼睛再次望向银河。啊!银河真美呀!天上的银河不仅有光亮,还有一些美丽的颜色,如梦如幻。渐渐地,我沉迷于那银河的遐想之中了,因为在那一刹那间,银河突然放出一条如同翡翠一样颜色的绿丝带,接着,我将目光投向织女星和牛郎星。传说七月七日这天,牛郎和织女就会在鹊桥相见。可妈妈说,那只是个传说而已,实际并不是这样的,经过科学家的探测与计算,牛郎星和织女星之间有着16.4光年的距离。你想想,一光年,就是用光的速度行驶一年的时间。16.4光年那是多么遥不可及的距离啊!可想而知,宇宙真是太浩瀚了……

我听着妈妈的讲述,对夜空充满了好奇与遐想,看着看着,我仿佛就变成了一颗星星在天空中自由地飞翔着……

地球仪

曾智媛

在我的房间里，有许多玩具。比如：可爱的Hellokitty、小巧玲珑的手办、精致美丽的盲盒……这些玩具对我现在而言已经没用了，但是唯独有一个玩具，它仍然像将士一样屹立在我的桌上，那就是“地球仪大哥”。

地球仪可精致了，它那黑色发亮的托盘，就像倒扣在桌上的盘子，你俯视它的时候，会发现那托盘上泛着闪闪的光泽，显出一派柔和之气。它的支架是银灰色的，时不时还会透露出一丝神秘的感觉，你远看时，会感觉这支架也没啥好看的，但当你近看时，它就像一轮明月挂在空中，你闭上眼睛感受它时，会有一种神秘感涌上心头。悄悄告诉你们：这个地球仪中有一根又细又长的地轴，你不细看，还真的看不见，可谓是一位名不虚传的隐藏高手呀！

接下来就是我们的主角登场啦，那就是“球体大哥”，上面有五颜六色的图案，这些图案其实代表的是各个国家。这些颜色也是有分类的：淡黄色代表山脉、土黄色代表沙漠、深蓝色代表深海、浅蓝色代表浅海、绿色代表草原和森林。这上面有的国家长得像威风凛凛的雄鸡，有的长得像展翅翱翔的老鹰，还有的长得像沙漠之舟——骆驼，真让人看得眼花缭乱。

每次当我转动地球仪时，就像在环游世界一样。当我转到美国时，就会想到高大雄伟的自由女神像和天使之城——洛杉矶。当我转到南极和北极时，会想到一只只可爱的企鹅在向我招手，北极熊在向我展示它的捕食技术。当我转到自己的祖国时，我会想到那世界第一长的长城，世界第一高的珠穆朗玛峰，拥有最多茶文化的茶经楼。

记得有一次，我去朋友家玩时，她要考我不同国家的首都，我爽快地答应了。“英国的首都？”她迅速地问，“伦敦”我回答道。“日本？”“东京。”“美国？”“华盛顿。”……我对答如流，她佩服得五体投地。

我爱这个地球仪，它给我的童年增添了许多知识，让我的生活精彩纷呈。

神奇的牙齿

刘若涵

换牙，是每个人一生中都会经历的事情。回想起第一次换牙的经历，那简直可以说是痛不欲生！

“啊！”一个周末的早上，正在吃苹果的我突然感到牙齿一阵酸痛，我狼狈地捂着嘴跑向妈妈：“妈妈，我的牙齿好痛啊！”妈妈扒开我的嘴，看了看笑着说：“没事，快换牙了。”

“嗯？为什么要换牙呢？”

“这是每个人成长过程中都会经历的事情。”说完，妈妈便去做家务，我一个人在客厅思索：成长的经历是什么啊？我拿起吃剩的苹果咬了一小口。“哎哟！”我又大叫一声，真没想到换牙这么痛！

我干脆不吃苹果，去找小伙伴们玩，我兴致勃勃地告诉小伙伴们我换牙了：“嘿，伙伴们，你们一定还没换牙吧！我换牙了，这是成长一定要经历的。所以我还是老大，以后做游戏要听我的。”没想到朋友们听说之后，立马害怕地跑开了，我一脸茫然地站在原地，一个朋友说：“我妈妈说了，你换牙肯定是因为你的牙被虫子吃了，说话还漏风，哈哈！”话音刚落，几个伙伴都开始笑我。

我失望地回到家，将这件事告诉了妈妈，她说：“这有什么？这可是每个人都会经历的，就算没有被虫子蛀也会换哦，过几天就好了！”

我耐着性子等了好几天，家长们都叫我不要吃零食，尤其是糖。

有一天，我实在忍不住，就偷摸着吃了一颗奶糖。突然，我咬到一个硬硬的东西，拿出来一看，原来是牙齿啊！我捧腹大笑，奶糖居然这么厉害，还能拔牙！

我把牙齿交给妈妈，她将牙齿扔在床下，我疑惑地看向她，她告诉我：“上面的牙齿扔床下，下面的牙齿扔房顶，这样长得快！”从那以后，每次换牙我都会这样做。换牙期间最痛苦的是什么硬的都不能吃，不然一磕到牙，那叫一个钻心的痛啊。

我经常上网查找换牙的知识，人一生只换一次牙，第二次长的牙掉了，可就麻烦了！所以我们一定要好好保护自己的牙齿。

科学的梦想

熊梓琪

一天，焦耳在回家路上，雷雨交加，他觉得很奇怪，为什么总是先看到闪电，再听到雷声？于是，这位科学家对此进行了研究，他用秒表计时，通过统计后得出光速比声速快800多倍。雷电是常见的自然现象，焦耳醉心科学，既善于观察又善于研究，用科学梦想武装头脑，最终成为了一名出色的科学家。

居里夫人曾说过一句话，“我要把人生变成科学的梦，然后再把梦变成现实。”这句话说得好，人生要抱有对科学的梦想，更要有实现梦想的行动，热爱科学是前提，多动手、多研究是基础。居里夫人是著名的女科学家，她发现了放射性元素镭，曾两度获得诺贝尔奖。像她这种带有科学梦想的人，是我们的好榜样，我们要向他们学习，培养强烈的科学情感。

科学之路并不平坦。居里夫人冒着被放射性元素污染的风险，长年致力于放射性元素研究。还有我国的“两弹元勋”邓稼先，在一次原子弹试验事故处理中，命令所有人退后，自己抢上前去，亲身涉险，去接受致命的核污染。他说：“如果做好了我国的核事业，我这辈子就活得很值得，就是为它死也值得。”因为他们对科学怀有梦想，才能不畏风险，不惧死亡。

没有梦想，怎么能有成功？所以我越来越热爱科学，在我们幸运星科普课堂，我们经常挖掘生活中的科学奥秘：果蔬为什么能发电？鸡蛋为什么能浮起来？马德堡半球为什么贴合得那么紧？霍金热爱宇宙，提出了宇宙大爆炸理论；爱迪生热爱发明，成为一名孜孜不倦的发明大王。用科学梦想武装头脑，我们才能像他们一样成为科学家。

热爱科学，走近科学，科学的梦，就是我们成功的梦。我想成为科学家，让未来的我们生活更美好！

科学幻想篇

流浪太空

王子瀚

“沙沙……沙沙……”随着阵阵声响，我的床边出现了一个时光隧道，我带着好奇心走进隧道。刹那间，天旋地转，当我清醒过来时，发现自己居然穿越到了一百年以后的一个男生的身体里，这里的人称这位男生叫“蓝轩宇”。

这里的环境，好似一座地下城市，到处都是星际移民计划的广告，特别是行星发动机的广告着实显眼。突然，一位军人出现在我面前，指了指我，让我和他去寻找“火石”用来点燃行星发动机，然后去寻找适合人类生存的星球。他告诉我这个任务非常艰巨，可能需要很多年才能完成。

乘着电梯来到一楼，我惊奇地发现外面是极寒天气，绿色的大树看不见了，鲜艳的花也看不见了，可以看见的只是灰蒙蒙的天空和一望无际的冰面，冰面开裂处飘散着带着绿色荧光的有毒气体，而冰面上散落着比鸡蛋还大的雪粒，更让人吃惊的是雪粒居然是蓝色的。我顿时恍然大悟，原来这里受到了严重污染，已经不适合人类居住了，必须寻找另外一个星球。

我们找到了载有“火石”的运输车，车上有一个巨型“火石”，它整体呈黑色，上面有着血红色的花纹，散发着热量，不过热量散发出来，马上就变成了水蒸气。偌大的运输车里只有一个“火石”和我们两个人，到了“行星发动机”那里，我们用机器人把“火石”搬到里面。

从此，我们开始了太空之旅，这个计划被命名为“流浪太空”计划。过了几年，我们终于找到了一个星球，没想到这里已经被其他人捷足先登了。星球上面住着一种叫“阿凡达”的人形生物。我们用先进的技术在这个地方设置了基地，希望可以与它们和平共处，但是一些士兵一言不合，就用机枪对它们进行屠杀，打破了人类与它们和平共处的条约。其他人组建的军队在这个星球上，对这里的生物随意捕杀、围堵，残害了许多生物，无休止的污染更是令星球暗无天日，阴郁笼罩着人们与星球。慢慢地，这里也受到了破坏、污染，不再适合人类生活……

我们只好再次前行，走着走着，就到了一个叫“斗罗大陆”的地方。于是，我们停好飞船，打算先去考察一翻。据说这里正在大规模研发一种药剂，这种药剂需要在植物里面提取，注射了以后可以得到“武魂”，强健体魄。但正因为如此，这里的植被也受到了严重破坏，生物链断裂。没想到刚一落地，我就不幸被军队拉去当成了“小白鼠”，我被打了一针，当药剂进入身体里时，我感到一阵阵寒意，不一会就晕了过去……

突然，我醒了过来，发现周围还是原样，原来是一场梦啊！看着窗外的蓝天白云，呼吸着新鲜的空气，幸好梦中的事没有发生在我们地球，我暗下决心：以后一定要爱护环境，保护好自己的家园。

神奇的探险之旅

聂紫淇

清晨，我把妹妹从美梦中叫醒，兴奋地对她说：“快起来，叔叔今天带我们去热带雨林探险。”妹妹高兴坏了，一溜烟从床上爬起来。叔叔拿起一个背包，在里面放上了指南针、帐篷、信号枪、食物、水……

经过长途跋涉，终于来到了热带雨林。雨林里植被茂密，地上也很潮湿，地面长着很多弯着腰的狗尾巴草。没有路，我们只能边砍伐矮树边前行。

突然，妹妹叫了一声：“啊，蛇！”叔叔马上对我们做了一个止步的手势，低声嘱咐我们：“屏住呼吸，不要发出声音。”我们连忙点头，蛇发出“嘶嘶”的声音，从我们身旁滑过。眼看就要滑过去了，它却像发现了什么似的，突然又停了下来，头高高地翘起，往上瞧，往左瞧，往我们这瞧！我们止住呼吸，与它对视，我们怒目着，看谁有定力。僵持了一会，我们看到那条蛇离开了，绷紧的心渐渐平静下来了。叔叔边走边告诉我和妹妹，这种蛇毒性特别强，一定要远离。

我们仨继续往前走。森林里有风险，当然也有乐趣：大树下的小树，仿佛是挨着爸爸妈妈的孩子；老树上的藤条，仿佛是围着老师的学生；唱歌的小鸟、采松果的小松鼠、“笃笃笃”叫着的啄木鸟，让人心情愉悦，神清气爽。

妹妹听到了水声：“前面有条小河。”我看看包里所剩无几的水，拿起空瓶子，正要跑到前面去打水。叔叔警觉地拦住我：“不要靠近，有鳄鱼！”我急忙扔下瓶子，跑到叔叔身旁。

果然，小河边已经露出了一颗鳄鱼头，接着露出了它强壮的左前爪，然后露出了它恐怖的右前爪。它做着慢动作,一步步向我们扑来。啊,我惊恐起来。叔叔紧握信号枪,调到极强模式,眼看鳄鱼就要扑上来。突然,警报的声音响起来,神秘的光束亮起来,鳄鱼惊住了。妹妹从背包里拿起一块肉扔到河里,鳄鱼也许在想:好吓人,于是就回到河里吃肉去了。我们也顾不上打水,赶紧往前跑。

我们还想继续向前,叔叔拿起指南针观察一会,说:“进入森林已经很深了,越深越危险。”叔叔带着我们开始返回,又经过千辛万苦,终于看到了宽阔的大道。

我们顺利地回了家,那天晚上我怎么也睡不着,一闭上眼睛,眼前就浮现出那一幕幕惊险的场景。

寻找鹤葵

黄尔骐

2035年,国家探险队队员,也就是我的叔叔,竟然要带我和弟弟去非洲热带雨林寻找鹤葵。

我们备好物资,欢欢喜喜出发了。快到目的地,透过车窗我看到不远处就是茂密的森林,森林四周有着一碧千里的草原,草原上有高大的长颈鹿、奇特的斑马,还有强壮的野牛。除了动物,我还看到了多汁的非洲草,柴蓝色的长茎叶,而我们的目标是寻找一种粉色的鹤葵花。

下车走了不远,就看到正前方有一只非洲虎,这只虎有强壮的身躯,闲淡的面容。弟弟吓了一跳,惊慌失色,慌忙拿起钢叉。叔叔冷静地放下背包,拿出一把猎枪,瞄准老虎的上方。我冷静地观察了四周,发现森林里生态系统良好,动、植物资源比较丰富,老虎是不愁吃喝的,而不愁吃喝的老虎一般不会攻击它们一向畏惧的人类。我安慰弟弟,不是老虎都吃人的。叔叔也微笑着说:“别怕,你看它闲淡的样子,吃饱了,散步呢!”我们和老虎相互对峙良久,老虎终于朝远方走去。

我们继续前进。忽然,弟弟大叫:“有……鹤葵!”看样子激动坏了。我仔细观察,它有圆形的叶,叶片边缘粗糙;有圆形的茎,茎高达五六米,从外形看的确像鹤葵。弟弟正要跑去摘,叔叔突然失色大叫:“别去,那不是我们要找的花,那花有毒!”弟弟听了,一下子停住了。叔叔说:“非洲的神秘就在于,你想在这里寻找什么,这里就会有什么,但是,不仔细辨认就会被相似的东西蒙蔽。”“啊?”我们的希望破灭了，好在弟弟没事，我们也就安心了。

走着走着，我们听到“嘶嘶”的声音，叔叔小心地指了指前方，低声喃喃道：“那条睡觉的蛇很毒，我们要小心。”忽然我发现蛇的旁边有一朵粉色的花，我不敢相信，使劲地睁大了眼睛，那是真正的鹤葵，黄色舌状花，单生于茎顶，这是鹤葵的典型标志，果然是鹤立鸡群啊！可是，旁边有蛇，值得冒这么大的风险吗……我陷入了沉思。

我转头看了看叔叔，他也皱着眉头，似乎也在思考。叔叔身体“震”了一下，好像有了答案，他缓缓地举起猎枪，“这是要打吗？打不中怎么办？”我不禁慌了，伸手想拦住叔叔。叔叔深呼了一口气，这时，刮来一阵大风，大树、小草、蛇都被吹得摇晃起来。突然，蛇伸出了头，发现了我们，我们都知道已别无选择。子弹飞出去的一瞬间，时间都停止了。只听“砰”的一声，蛇没了反应，我们悬着的心终于落地了。

我们找到了鹤葵，开心地回家了。这次探险打开了我勇敢、冷静、从容不迫的一面。我坚信，在不久的将来，我会成为一名合格的探险队队员。

遨游太空

游育骁

早上，我被机器人大白叫醒，大白对我说：“主人，别忘了今天我们要去太空旅行。”我一下子从床上跳起来。

走进实验室，我取出一艘自制的迷你宇宙飞船，你千万别小瞧了它，它的功能很强大，这是一个伸缩自如的飞行器，可以让你在太空自由飞翔。我给它命名为“A—001”号，我说了一声：“变大！”迷你飞船瞬间就变大了，我高兴地和大白坐了上去，“嗖”的一下，往太空飞去。你可能会疑惑，迷你飞船哪有地方装燃料呢，没有燃料不会掉下来吗？不用担心，飞船是靠太阳光作能源飞行的。

我们第一站要去火星。火星俨然已经变成了一个人类的居所，这里的市长是个喜欢和平的人，所以，这里没有战争、没有坏人、没有谎言，也没有恶意，只有和平、好人、真诚和善意。抵达火星时还要经过一系列检查，只要你是干过坏事、有过恶意的人，统统都会被拒之门外，因为在这里一切都是美好的。

我们要去的下一站是月球。我们看到了平时遥不可及的星星，璀璨的星星现在全部聚集在一起，不知道在探讨什么。由于我们赶时间去目的地，不小心撞上了这群星星，他们瞬间被我们撞得支离破碎，我们吓得惊魂未定，很快又涌上了一群星星，就像石子投到了水波里一样。还没有等我和大白反应过来，领头的星星直接把我们从飞船里揪出来，严厉地声讨："你们破坏了星际的平衡，将处罚你们永远不能在宇宙里面驾驶飞船，立刻回到你们地球上去！""嗖"的一下，我们就被遣送回来了，我和大白都很懊恼，如果不是因为赶时间撞上星星，破坏星际平衡，我们也不会被驱逐回来！

"叮叮叮"闹钟响了，我一惊，伸手摸了一下，旁边没有机器人大白，也没有伸缩自如的飞行器，哦！原来是一场梦。但我相信，在未来的某一天，我的梦想一定会成真。科技能改变我们的生活，人类可以自由出入火星和月球。

来到2536年

谢博凡

一天，我在路上悠闲地散步。走着走着，我看见路边有一个造型奇特的小店，我慢慢地走了过去，"免费体验时光穿梭一次"这几个大字醒目地刻在小店的门上。我十分好奇，并不由自主地推开了门，走进店里，一个庞大的机器出现在了我的眼前，这就是时空穿梭机，我小心翼翼地按下2—5—3—6这四个数字键，只见屋子里顿时出现了一片耀眼的白光，我渐渐地漂浮起来，然后"咻"的一声，我就穿越到了2536年。

我满怀希望地想着未来的世界肯定是高楼林立，一片欣欣向荣的景象。可是，我看到的景象却恰恰相反！人们个个都戴着口罩，身体瘦弱得像根竹子，皮肤黄得像秋天里飘落的枯树叶。地面干旱太久以致皲裂开了逢，大地已经满目疮痍，我打开智能机器查了查世界的人口数量，只有600万人！看到此情此景，我的心情十分沉重。

我继续往前走，突然我的智能机器人立即给我带上防毒面具和氧气袋，并且语音提示"前方空气质量很差！"在我面前早已不见高楼大厦的踪影，取而代之的是一片荒芜的沙漠，我立刻向身边的一位年轻人询问原因，他摇摇头说："别提了，就是因为大气污染，一场大型沙尘暴不仅夺走了许多人的生命，而且还把房屋淹没了，现在我们只能住在沙土堆砌的土房子里。”接着他又说：“我们的生活变成现在这个样子，都是因为21世纪的人们，肆意排放核废水，制造核辐射，严重地污染了空气，导致我们的大海不再蔚蓝，天空不再开阔。”我听了他的话，若有所思起来，“嘀、嘀、嘀……”我的智能机器人开始发出警报提示我该回去了，一道刺眼的白光闪过，“咻”的一声，我便回到了小店的大门前。

我站在门前，心里久久不能平静！我要呼吁大家保护环境，大力宣扬生态环境对我们人类生活的重要性，为未来的人们留下一片碧水蓝天！

南极冰川之旅

段游龙

2300年，表哥、黄叔和胆大好奇的我去南极探险。黄叔是一位十分有经验的向导，他提前准备了水、食物、指南针、地图等装备，我们登上轮船出发了。

经过十五天旅程，我们终于到达了目的地——南极。这里冰天雪地，天空澄澈无比，令人心旷神怡。走下轮船，我们见到了南极企鹅，它们的肚皮又白又大，背上和头上是黑色的，一张长而尖的嘴巴，一摇一摆地走动着，可爱极了！

告别了可爱的企鹅，我们向南极深处进发。突然，天上下起了鹅毛大雪，雪山也震动起来，黄叔紧张地说：“糟了，遇上雪崩了，大家快挖一个洞躲起来！”见表哥还在那里好奇着。黄叔立马把他推进洞里，我和黄叔也迅速地进了洞。黄叔说：“你们不要害怕，我们已经安全了。”我们这才放下心来。

等到洞外风平浪静了，我们继续前行。这时，离我们几十米的前方出现了一个白点，“哇！是北极熊！”表哥惊喜地叫道，北极熊转过了头，直视着我们。黄叔小声说：“听我的，向后退，千万不要看它！”我们一步一步慢慢向后挪动，退了几十米后，“快跑！”黄叔叔低声下令。我们“嗖”地一起往回跑，生怕耽搁一秒钟。我们这么大动静，当然被北极熊看到了，它开始疯狂地朝我们追赶，眼睛恶狠狠地盯着我们，似乎不想让这些新鲜的食物跑了。

途中黄叔丢下了不少食物，还在与我们垂直的方向喷了不少人类气味剂。我们跑着跑着找到了一块大石头，赶紧躲了起来，大气都不敢喘一下，生怕被那个大怪兽给听到。北极熊在距我们十多米的地方停下来，在那仔细闻着气味，我的心提到了嗓子眼儿。它张望了一下,见四周没人,只闻得着气味,就一脸生气地跑开了。

“现在安全了,天也快要黑了,我们就在这里安心地睡一觉吧。”黄叔讲着这里离奇的故事,我们逐渐进入了甜美的梦乡。

第二天早上,黄叔说:“我们的食物只有一块面包了。”那怎么办呢？我和表哥都紧张起来。黄叔却神秘地拿出了一个放钓鱼钩子的小盒子,说:“幸好我早有准备,我们用面包钓鱼吧!”黄叔打破冰面,开始钓鱼。好半天黄叔都没能钓上一条鱼起来,我正准备让黄叔放弃,突然听到一声大叫:“快来,鱼上钩啦!”我和表哥一起过去帮忙,把大鱼拉了上来。我们升起火堆,烤起了鱼。那个香啊,真是人间美味!

这次南极冰川行可真刺激呀!

海底的“宝藏”

李可馨

2035年,中国已是高科技发展的大国,而我也已成为了一位赫赫有名的探险家!这次不是去幽静的峡谷,不是去茂密的大森林,也不是去广阔的太空,而是去想去而又没有去过的海底。

夏日的阳光照射在满盈盈的海面,海水荡漾着,闪着一片片金光;海浪像顽皮的孩子似的,如音符般跳跃不停。这正是我们下海的大好时机。

“小爱,小爱,给我一艘潜水艇”,我发出了指令。“嗖”的一声,一只潜水艇浮出了水面,载着我和我的同事开始了这次的海底之行!刚开始,随着潜水艇的下沉,我还心有余悸,根本不知道海底会有什么,会出现什么,同时也期待能遇到什么神奇的生物!

忽然间,一群五彩斑斓的海鱼围着我们,夹道欢迎呢!一旁五光十色的珊瑚,有的像鹿角,有的像扇面,有的像菊花,有的像雪松千姿百态。一只小丑鱼游了过来,好像在对我们说:“你们好呀!欢迎来到海底世界。”刚说完就急忙游走了,突然一只金枪鱼敲了敲我们的门窗,我往后一看,一只鲨鱼以飞快的速度冲向金枪鱼,我轻按电钮,让金枪鱼躲在我们的收藏间,鲨鱼看见即将到手的猎物没了,生气极了,紧紧追着我们不放,终因赶不上我们,垂头丧气地跑了!

“哇!”随着同事的一声尖叫,我看见了一个金灿灿发光的东西,五颜六色,我们好像进入了摇滚歌厅，如同到了一个梦幻般的童话世界！这不是传说中的海底城堡吗？看来今天运气不错，终于如愿以偿了！此行虽然看到了很多宝藏，但我们没有动它分毫，也明白金钱不是万能的，只有与大自然互相依存，与生物和睦相处，那才是得到了真正的宝藏！

后室历险记

王子轩

在2054年的一个晚上，我穿上防化服，戴上防毒面具，戴上手表，打开虫洞，把地点调到了后室，缓缓走了进去，眼前一阵模糊，我来到了后室。

我在后室里走了一会儿。黄色的墙纸、吱吱作响的日光灯、潮湿的地毯，这些是后室的标志性特征。就在我逛了半个小时还没有收获的时候，一个身体由铁丝组成的怪人出现在了我的面前，这是一个实体，名为钝人，它朝我扑过来，我十分兴奋，遇到对手了。于是，我立刻把手表转换为火箭筒，只见手表变成一堆碎片，重组成了火箭筒。我手持火箭筒一炮轰过去，把钝人炸成了一堆灰。我走过去，从灰中找出了一根完整的铁丝，放进我手表的储物空间里，打算带回去研究，看看钝人到底是什么。

就在我为有收获而开心时，我突然感到头晕目眩，急需杏仁水，我突然看到了墙角放着一瓶杏仁水，似乎在向我招手，虽然知道是派对客的陷阱，但大脑已经发出警告，急需补充杏仁水。我不得不以身犯险，前去取水。就在这时，一群派对客把我围住，虽然是意料之中，可这来得也太多了吧！他们说："现在是派对时间！"我直接用火箭筒轰它们，尽管没轰死多少，也有冲出去的路了，我冲了出去，还没忘带走一颗派对客的牙齿放进储物空间。结果我还是被从后面抓住了双手，糟糕的是火箭筒没炮弹了。

我被抓去做成蛋糕的路上，突然发现炮弹补齐了。于是，我立马把火箭筒从远处一个派对客手上召唤了过来，趁他不注意一炮轰过去，一队都轰得四散而开，我趁机跑了。心里想，好险呀！差点就成了"盘中餐"啦！我拍拍胸口让自己镇定下来，继续前进。

我越战越勇，开始在后室里跳舞，就在这时，我看见了一扇门若隐若现地出现在我面前。我打开门走了进去，来到一个四周全是田野的地方，有一个实体在面前吃麦秆，嘴里还分泌出杏仁水，我用小刀刮下了它的一点点皮，它好像并没有察觉，我趁机补充了满满的杏仁水，我的战斗值瞬间拉满。

“站住，你是谁？为什么到这里来？”我的头顶飘来一阵低沉的声音，我循声抬头望去。哎呀，是一个巨型的幽灵，它身着黑灰长袍，头上顶着一个奇怪的帽子，帽子遮住了它的脸，它伸出又细又长的手，掐住了我的脖子，我呼吸不了，感觉自己要窒息了……

“快起床了，要迟到了。”身边响起老妈的声音，我从梦中醒来。哎！原来是一场奇特的梦呀！

蚂蚁帝国

胡晨悦

100年后的地球上，垃圾遍地都是，水源被严重污染，可爱的小蚂蚁喝了污水，变得巨大无比，还有的长出了翅膀。

瞧！不远处一只巨大的蚂蚁，它足足有两层楼房那么高，看着真吓人。它正津津有味地吃着大树，蚂蚁帝国的国王看见了这只巨大的蚂蚁，觉得这只蚂蚁那么大，一定非常厉害，就让这只蚂蚁做了部队的将军。这只蚂蚁带着数不清的蚂蚁攻打红蚂蚁帝国，蚂蚁帝国由于有巨型蚂蚁的帮助，很快就把红蚂蚁帝国攻打下来。举国欢庆，真是热闹非凡。

蚂蚁帝国的蚂蚁们因为战胜过红蚂蚁帝国，变得自信起来，他们想保护自己的家园不被污染，于是开始谋划怎样攻打人类。之前他们一直想攻打人类，但就是攻不下来，现在有了巨型蚂蚁的帮助，他们相信一定可以攻打下来的。在巨型蚂蚁的指挥下，全部的蚂蚁都上了战场。人类的炮火根本打不死蚂蚁们，很快人类被蚂蚁帝国统治了。

蚂蚁国王在战胜日大会上呼吁大家：不乱丢垃圾，一定要保护环境，珍爱我们的家园，保护美好的环境。

快乐水果城

邓紫岚

国庆小长假,我和朋友一起乘太空电梯去食物星球旅行。因为我们喜欢吃水果,所以毫不犹豫地选择去了水果城。

刚出舱门,一股果香扑鼻而来。我们走到一个椅子边坐下来,发现椅子是杧果做的。忽然,一张蜜桃做的纸飘下来,我们一看,上面写着:欢迎来到水果城,请收下我们发的专属银行卡,足以让你们在这里好吃好喝玩个够。看完内容,我们来到银行,银行里的所有设施居然全是用硕大硕大的苹果做的,让人垂涎欲滴,有一种想咬一口的冲动,简直太诱人了。

我们取了钱,找了一个宾馆住了下来,服务员给的房卡竟然是我最喜欢吃的车厘子做的,真是太开心了。我们把门打开一看,房间里的摆设差点让人惊掉下巴,窗户是红红的苹果、床是弯弯的香蕉、桌子是香甜的草莓、墙壁是黄灿灿的橙子、地板是碧绿的西瓜,太梦幻了。这时,工作人员走进来对我们说:"你们可以吃宾馆里的任何东西,我们会随时派人来补上。"听完,我心想这个城市也太友好了。

之后,我放下行李准备去洗澡时,发现浴缸的水原来是橙子汁;我刷牙时打开水龙头,流出来的居然是蜜桃水;晚上睡觉时,我感觉肚子好饿,突然想到,这是在水果城,任何东西都可以吃。于是,我开始吃我的床,不知过了多久,"咣"的一声,我落到地上——床被我吃完了,我就在地板上睡了一晚。

第二天,我就和朋友一起去散步,无意间看见路边一个店铺,上面写着"水果汉堡店"。在好奇心的驱使下,我和朋友走进了这家店,展示柜里摆放着各式各样的水果汉堡,有凤梨双腿堡、草莓布丁堡、香蕉杧果堡……看得我们口水直流三千尺,不假思索地各来了一个,狼吞虎咽地饱餐了一顿。

就这样,我们在水果城玩了好几天,回去的时候,我称了一下体重,竟然和来之前一样,果真吃水果不容易长胖,看来我的选择是对的,下次我还要来水果城玩。

月球之旅

周雨涵

现在是2100年,人们已经完成了一项非常伟大的工程,那就是在月球上建立了月球村。

有些人就开始疑问了,不是说月球上没有空气、没有食物、没有水,不满足人类生存的基本条件吗?怎么现在就建立了月球村呢?是的,我也很疑惑,于是我乘坐宇宙飞船到月球参观,通过实地探访来解开这些疑问。

一到月球我就发现,月球上的一切难题都被科学家给破解了,现在的月球已经像地球一样了:茂密的花丛,碧绿的小草,新鲜的空气,你仔细闻一下,还可以闻到一股淡淡的清香,这里就是世外桃源。月球村里人来人往,人们在室外自由自在地活动。

我在这里结交到了一位好朋友,她带我去参观了月球最大的蔬菜基地。进入基地,我发现那里的白菜又大又绿,而且还是无添加剂的,摘下一片菜叶可以不用清洗,直接吃,健康又美味。想不到吧,蔬菜基地里还有大树,这些大树十分粗壮,上面结满了果子,一棵树上可以同时长出樱桃、草莓、葡萄、梨子,居然还可以长出西瓜。树上的果子个个圆润晶亮,美味极了!现在我终于知道了空气中那股淡淡的清香从哪来的了,原来就是从这些果树上飘来的。

了解到了月球上的空气和食物是怎么来的,我还是比较好奇月球上的小孩是怎么上学的?于是,朋友带我去参观月球上的顶尖学府。进入学校,我发现操场上空无一人,难道月球上的小孩都不上体育课吗?直到我踏进一间教室后才知道,原来他们都在电脑里的虚拟场景里上课呢!

参观完学校,一天已经快过去了,不过今天我真的好开心,参观了月球上的那么多东西,还结交到了一位新朋友。不说了,我要赶快回去让我妈妈搬家了,拜拜!

月球上的一亩地

陈宇淼

“姐姐，姐姐，如果你在月球上有一亩地，你会种什么呀？”妹妹突然跑过来问我。

如果我在月球上有一亩地，我会种什么？我想了想说：“你先出去玩会儿，姐姐想好了告诉你。”于是，妹妹欢快地跑出了我的房间。想着想着，我慢慢地睡着了。

我再睁开眼睛的时候，我已经在一艘飞往月球的飞船上了。飞船的电脑上有一行字：你将带着地球上的各种蔬菜、水果等种子去月球上生活一个月。我向四周看了看，发现旁边有一个大袋子，我把袋子打开一看，里面有一本日历、一支笔和许多装着种子的小袋子，袋子上都写着种子的名称。

不一会飞船到了月球，我走下飞船一看，月球上有一座房子，我走进房子，里面生活用品样样都有，我还发现了铲子和锄头，于是，我开始种地。

我把地分成三块，我先来到第一块地，我在那里种下的稻谷，每天给它们浇水、施肥。不到三天，稻谷就长到了二米多高，长出来的大米和黄豆差不多大小，一株上面有三百多粒。最关键的是这种大米吃了之后六七个小时不会饿，很适合减肥人士。而且我种的这种稻谷也完成了袁隆平爷爷和宋应星爷爷的“禾下乘凉梦”，不知道他们会不会感谢我呢？

我在第二块地上种了西红柿，也像稻谷一样，西红柿不到三天也成熟了。不过这个西红柿和地球上的西红柿可不同，这个西红柿比地球上的西红柿大一倍多，而且长得漂亮均匀，水分充足，口感极佳。如果你经常吃这样的西红柿，你就会发现，你肚子上的“游泳圈”没有了，脸上的痘痘消失了。这也是这种西红柿的神奇之处，它可以分解身体里的脂肪，消除身体的毒素，所以你变瘦了，痘痘也没了。

接下来是第三块地，也是最后一块地，我在上面种上了核桃，这次核桃可比其他植物长得慢多了，它用了一周的时间才长好。这个核桃和普通的核桃外形没什么两样，但用途就多了，对于学生来说它可以加强记忆力，对于老人来说它可以防老年痴呆。最主要是它非常的香甜，口感超级好，相信没有人能拒绝它的诱惑。

“姐姐，姐姐，快醒醒，你想好了吗？”原来我做了一个梦，不过我真的希望这个梦是真实的。

克隆地球

彭凌卓

时光飞逝，转眼到了22世纪，我成了鼎鼎有名的科学家。

随着二氧化碳的增多，全球气候逐渐变暖，冰川也开始融化。我在南极探险的时候，差点被淹。后来在一个岛屿买了房子，却因为海拔升高房屋的一楼已经被淹了。人们抢夺居住地，引发连绵不断的战争，战争使更多人丧生，无家可归。再这样下去，地球可能就要被毁灭。

于是，我和其他科学家一起展开了惊天动地的“地球计划”。我将慎重考虑，反复推测敲定的计划一五一十地阐述出来：克隆一个适合全人类居住的“地球之子”。王刚博士听后大惊失色，立马反对，并一脸严肃地说：“不行，这件事绝不能轻率，如果失败了，地球将会毁灭。”我觉得是有这个可能性的，但是遇到困难怎么能坐以待毙呢？王刚博士争辩不过我，最终同意来到一线工作。我们还请来了世界上最顶尖的科技团队。

我们使用1000万元一克的钨金做了一个生物培育基因箱。它比在地球常温培育可以快7.3倍。我们接着去提取了土、煤、水、动物、植物等地球上各种必要成分的基因。将它们捏在一起，“地球之子”的胚胎就做好了。

然后将它放在无菌实验室的箱子里开始培育。我们每天都心急如焚，因为冰川急剧融化，海平面又上升了10米。我们几乎每小时都会看一看。终于经过36天的培育后，“地球之子”达到了标准，箱子也装不下了。

我们每个人都既紧张又激动，连大气都不敢喘，心怦怦直跳，快跳出嗓子眼了。我们小心翼翼地对它进行最后的检查，五大洲，七大洋，与地球并无二致。火箭准备就绪，我们将“地球之子”装在火箭上，“3、2、1，点火发射”，等到达指定区域时，直接用电脑控制火箭自我分解。

我们不停地用火箭运输养料给“地球之子”，仅仅不到两天，就有了地球一半大，我们欢呼雀跃。三天后已经陆续有人搬到新家了。这里没有污染，没有战争，没有疾病，物产丰富，人们安居乐业。我们大获成功，拯救了全人类。

大家听了我这个克隆地球的计划，是不是很期待向往这个“理想国度”？不过这个想法还没有横空出世呢！因此，也给我们提了个醒，还是要爱护我们的地球母亲，还它一方净土。

侏罗纪历险记

刘婉蓉

“啊……救命啊!”我大叫道，原来我穿越到侏罗纪时代了，正遇到了一只似鸡龙追赶我。

每跑一段路，我就会转过头来看看它追上来没有，它穷追不舍，我只好拼命地跑。突然，它竟然停下来惊慌失措地跑开了，我呼了两口气挑衅地对它叫道：“哼，你再追我呀!”挑衅完似鸡龙我刚想走，转过身却撞到了一根很粗的柱子，“哎呀！这是什么呀?”我叫道，摸了摸额头仰头一看，竟然是霸王龙，我就差点吓得晕过去，现在才明白似鸡龙为什么不追我了。我脑子一片空白，似乎忘记了要跑，我发现天上有一颗亮闪闪的东西，我想如果是流星的话，我就可以回家了。霸王龙一声怒吼，我便不顾一切向前跑，恐龙紧追不舍，我健步如飞，我怀疑自己有了超能力，竟然比恐龙跑得还要快。

眼看拉开了距离，我又神气起来：“龙哥，龙哥，您看我这么瘦，还不够您塞牙缝的呢！您就别追了，您要是饿了，我就把早上的包子给您吧。”说完我便使出全身力气把两个包子往上一扔，我回头一看这回闯祸玩大了，我竟然一个没扔准，扔到霸王龙的鼻孔里了，这更把霸王龙激怒了，拼了命地追我，我却发挥不出神力了，眼见它越来越近，这下我心慌了。

危急时刻，竟然看见不远处的山腰间有几个人影，我立刻向他们呼救，他们听到后，荡起树藤滑了下来，拿起一支箭精准无误地射进了恐龙的眼睛里，再用爪钩爬到恐龙的背上，取出剑直接将它的脑袋砍成了两半。我气喘吁吁上去感谢，他们竟然会说话，还告诉我了侏罗纪的生存密码，我和他们成为了好朋友。

“你看看现在几点了，快点起床去上学，不然就要迟到了。”“什么嘛?”我睁开眼一看，啊！原来刚才的一切都是梦啊！

方方和圆圆

孔奕凝

圆圆是主人的粘胶，方方是主人的橡皮。

一天晚上，圆圆与方方在比谁的兄弟更多，圆圆说："我的兄弟可多了，有西瓜、冬瓜、哈密瓜……都是我的好兄弟。"方方说："我的兄弟才多呢！有冰箱、手机、书本……都是我的兄弟。"吵了一会儿，他们吵累了，声音慢慢地越来越小，最后居然吵得睡着了。

圆圆做了一个梦，梦见自己来到学校，他走进主人的教室一看，就生气了，他看见了方的黑板、方的桌子、方的讲台，就连教室都是方的，圆圆用手指指着方形的东西，嘴里念道："变、变、变！"黑板、讲台、书本、教室都变成了圆的。圆圆高兴极了，可是桌子、椅子、书本全部都在地上滚了起来，老师马上就要上课了，圆圆见势不妙，赶紧说："变、变、变！"教室变回了原来的样子，老师走进教室，正常地给同学们上课。

此时此刻，方方也梦见了自己正在足球场上看比赛，他看见全场的人都盯着比赛场上的足球，运动员们在球场上为了进球努力拼搏，方方看足球是圆的，生气极了，便使劲说道："变、变、变！"于是，足球变成了方的，正激烈进行冠军争夺赛的运动员们拼尽全力地踢，球怎么也不能滚动，裁判大惊失色："谁在捣乱啊！"方方眼看足球比赛要瘫痪了，后果很严重，急忙说道："变变变！"球变回了圆的，球迷们疯狂地欢呼起来，球赛获得了圆满的成功。

睡梦中的方方嘴里一直说着"变变变！"，把圆圆吵醒了，圆圆叫醒方方，给他讲了自己把教室变圆的梦，方方也给圆圆讲了自己差点毁掉足球赛的梦。他们都知道了自己的长处和短处，再也不吵架了，成了最好的朋友。

神秘的陌生人

田正熙

月黑风高的晚上，我正准备下楼上厕所，不知从哪儿冒出了一个黑影，在我面前闪了一下，只一瞬间就不见了。霎时间，我心里莫名地划过一丝不安。

准备返回时，窗外再次吹起了凉风，门框随着风的摇曳“嗒嗒”作响，给人一种毛骨悚然的感觉。我一边安慰着自己，一边快速向房间跑去。就在我刚打开房门时，我床上出现了一个可怕的人头，隐约中似乎还面带着微笑，我顿时吓得头皮发麻。不过谁叫我是男子汉呢？我硬着头皮、鼓起勇气，拿出手电筒，用光来照那个可怕的人头。还好，还好！原来这是我的衣服通过折叠形成的。就在我刚松了一口气时，真正可怕的事情又再次发生了……

我发现房间里出现了几只黑色的乌鸦，那几只乌鸦挑衅似的在我的房间里飞来飞去，盘旋着不肯飞出窗口，我心里时不时出现一个可怕的魔鬼，面目狰狞地朝我诡异地笑着。于是，我连忙躲进了被窝里，但是蒙着被子的我依然瑟瑟发抖，心想：不如，我跑到爸爸妈妈的房间里睡吧！权衡几秒钟后，我不管三七二十一，慌忙地跑向爸妈的房间。

正在我要到达他们的房间时，我身后有一阵凉风再次袭来，我害怕地回头一看，“啊！”我一声惨叫，原来我背后出现了一个神秘的“怪物”。为什么说它是怪物呢？因为它虽然有着人类的大致外形，却看着十分别扭，不高的身体来回扭动着，两只胳膊就像是两条无骨的触角，如绳索般向我袭来，并且它还发出阴森森的声音：“哈哈哈！今天，你要完蛋了！”危急时刻，我握紧了拳头，虚张声势地反击道：“你是谁呀！我可不怕你！我跆拳道可是黑带！”趁它一愣神时，我马上向父母的房间跑去。正当我来到爸妈的床前，想要叫醒他们时，那个神秘的怪物一把抓住了我的脚，把我使劲地往后拉。我垂死挣扎，悲哀地叫道：“爸爸妈妈，救命啊！救命啊！”可是，爸爸妈妈都听不见我的呼喊，睡得正香。

于是，那个陌生人直接把我带上了宇宙飞船，将我牢牢地捆在了一个固定台上，一群怪物围着我，说要研究我的大脑。刚刚那个陌生人也直接现出了原形，原来他们是外星人，都长着一对触角，一双蓝色的眼睛悠悠地散着探究的光芒，身上全是白色的小眼睛,每一只小眼睛里都有着两排着黑森森的尖牙齿。我害怕极了,紧紧地闭上眼睛,不敢想象下一步。

就在我绝望之时,一个温柔又熟悉的声音在耳边响起:“小懒虫,起床了,太阳晒屁股啦!”我缓缓睁开了眼睛,妈妈慈祥的笑脸出现在我眼前,我这才发现这是一场梦啊,好险!

起床后的我想想还是十分后怕,仿佛刚才的梦都是真实存在的,我勇敢地告诉自己:以后我一定要发明更先进的武器来保护自己,让祖国的科技更发达!既然那个神秘的陌生人能从外星球来到地球,说明还有可能存在比我们还要先进的文明,所以我一定要学会科学,并用会科学来保护自己!

机器人朋友

蔡程熙

时光飞逝,到了2060年,我已经是一位著名的科学家了。在实验室闲来无事时,我造了一个女机器人,给她取名叫美雅。

从此以后,美雅就像我的知心朋友一样,陪我一起开心,一起悲伤。美雅长得非常可爱,全身上下都是人造皮肤,头发长长的,眼睛大大的,嘴巴小小的,像一颗小樱桃,且具有锁定功能。你别看她样子娇滴滴的,她可是力大无穷哦!

阳光明媚的一天,我和美雅开着我的迷你小跑车一起去郊游,走着走着,突然前方一座大山挡住了我们的去路,无法通行。于是,我让美雅下车,她启动激光远程射击,顿时,美雅的眼睛里闪出一道蓝光,“嗖”的一声,山被劈开了一个大隧道,我们很快穿过了那座大山,来到了一个小湖边,瞧着四周风景十分秀丽,就打算在这里露营。

我朝美雅看了一眼,她很快明白了我的意思,伸长她的手臂,三下五除二就搭好了一个帐篷。这时,我突然感觉肚子有点饿了,心想:“要是能在湖里抓几条鱼烤着吃就好了!”美雅好像能看穿我心事,眼睛迅速在湖面扫射锁定后,就放射出一道蓝光,鱼一下从水中跳出来,美雅快速伸长她的手臂抓住了那条鱼,然后放进她的肚子里,启动烧烤按钮,很快外焦里嫩的烤鱼就出炉了,馋得我口水直流,顾不上淑女的形象,狼吞虎咽地吃了个精光,真是人间美味呀!

看,我的机器人朋友不错吧!有她的陪伴每天都是幸福快乐的一天!

假如我是一位小仙女

李诗一

如果给你一次变身的机会，你会想变成什么呢？是一只自由自在可爱的小鸟？是会七十二变的孙悟空？还是可以为我们治病的白衣天使呢？而我最想变成一位可爱还会魔法的小仙女。

假如我是一位小仙女，我要让侵害人们的病毒全部消失，让人们不被各种各样的疾病所感染，因病痛而难受；也让人们不会因疾病而死亡，不再忍受失去亲人的痛苦和悲伤。

假如我是一位小仙女，我要为留守儿童和孤儿们建一所学校，给他们换上干净漂亮的衣服，给他们发崭新的课本和书包，让他们也可以像我们一样开心快乐地上学。

假如我是一位小仙女，我要让沙漠变成绿油油的大草地，在草地上建造房子，变出许许多多的小动物，这样人们就可以到沙漠里来居住了，这样沙漠以后可能会长出许多美丽的鲜花、一棵棵大树，充满着欢声笑语，有了人间烟火气息，不再那么沉寂。

假如我是一位小仙女，我要让世界永远和平、永远没有战争，这样我们的祖国就会越来越强大、越来越和谐了。

我相信总有一天，我的这些美好的愿望都能实现。

我是一片树叶

胡海晨

大家好，我是一片树叶，于万千树叶中普通的一片，想知道我的生活是什么样的吗？我们一起去看看吧！

我的妈妈是一棵枫树,这是一年春天,她把我送到了这个世界上。当我睁开了蒙眬的眼睛,看见我的哥哥姐姐惊喜地望着我喊道:“妹妹出生了,我们有妹妹啦!”全家人都欢呼雀跃,非常高兴。他们环绕在我周围,一起哄着我,陪着我玩。可是,我只想去看看外面的世界。于是一有空,我就会站在妈妈的肩膀上欣赏着这个美丽的世界。看一群群鱼儿在水中跳起来,再跃入水中,泛起一圈圈波光粼粼的水圈。看原野上的小草芽冒出头来,小野花在风中自在地跳着舞。看可爱的小孩子们在草地上三五成群地玩游戏,你追我赶,欢声笑语。有时候,我还会听风姑娘在我耳边轻轻讲述她一路走来的见闻,告诉我一些远方的消息。我觉得生活无比的美好!

夏天,太阳火辣辣地炙烤着大地上的一切事物,鸟儿不飞了,躲在鸟窝里乘凉。小狗吐着舌头,时不时“汪汪”地叫两声,似乎也抱怨着:这个炽热的天气带来的“灾难”什么时候能结束呀!可是我一点都不怕,因为我的妈妈把根扎进了很深的土壤里,给我们输送了足够的水和养分,于是我长得更健壮了,绿油油的,充满了活力。好多大人、小孩都躲在我们家庭下面乘凉,他们聚集在一起,一边摇着扇子,一边聊着天。可是聒噪的知了大哥此时也从土里钻出来了,这个天生的歌唱家一直在我的头上“知了,知了”地叫着,吵得我连午休都睡不好。

秋天,我和哥哥姐姐们全都换上了新装,变得金黄金黄的,和妈妈一样。这个季节很美好,秋风习习,天高云淡,果实累累。一阵秋风吹来,我在树上摇摇摆摆的,这阵风带着一丝丝凉意,让人觉得神清气爽。看看别的果树妈妈身上结着许多摇摇欲坠的果子,那些果子鲜亮饱满,格外诱人,让我忍不住想尝一个。再看看人们,每个人都裹着厚厚的外套,穿着一层层的裤子,生怕自己冻着了。

冬天,我变成了深棕色。我的身上又干又枯,上面落满了雪花,这些雪花虽然不多,可对于弱小的我来说,仿佛有千斤般的重量,积在我身上的雪花在那一丝微弱的阳光下闪闪发光,但是我快撑不住了,最终,我完成了呼吸的苦役,到了生命的尽头,我从妈妈身上落下来,躺在妈妈的脚边,慢慢地腐烂了,成了妈妈的养分。

又到了一年的春天,妈妈又生了很多孩子,不知道有多少弟弟妹妹跟我一样的命运。这就是我,一片树叶的一生。

假如我有七十二变

方浩轩

我很喜欢看《西游记》,特别喜欢本领非凡的孙悟空,我很羡慕他会七十二变。

假如我有七十二变,我想变出一座房子,让无家可归的人有温暖的房子住,这座房子面朝大海,春暖花开;让所有人都有温暖的家,这个家会为他们遮风挡雨;我还会为他们变出各种家具:洗衣机、电视机、沙发……

假如我有七十二变,我想变成一只小鸟,和蜻蜓弟弟一起捉迷藏,和白云姐姐一起赛跑,和老鹰哥哥比赛捉虫子。我会飞翔在天空,在天空歌唱,为人们带来嘹亮的歌声。

假如我有七十二变,我想变成一滴水珠,为干旱的地方带来水源,让沙漠变成绿洲,让花朵变得更美丽,让青草变得更绿。

假如我有七十二变,我想变成大树、花朵,装扮我们美丽的城市,让我们呼吸的空气更新鲜。

假如我有七十二变,我想变成一只公鸡,每天按时为大家报时,让大家都能按时起床。

假如我有七十二变,我想变成一支钢笔,安静地躺在小朋友的书包里,在他们想写字的时候,让他们写出工整好看的字;在他们考试的时候,为他们写出最正确的答案。

我真希望我有孙悟空的七十二变呀!

一张纸币的旅行

王钦正

我是一张红彤彤的,印有毛主席头像的100元纸币。我出生在神秘的印刷厂,这里既是我人生的起点,也是我旅行的源头。

我和我的兄弟姐妹先是被捆腰带牢牢锁住,我花费了九牛二虎之力,也无法挣脱它的束缚,只能静静地躺平接受命运的安排。很快我们坐上押运车到了宽敞明亮的银行。一位大腹便便的叔叔来到银行的取款窗口,幸运的我被命运选中。我被叔叔捏头捏尾后就被粗鲁地塞进了他的口袋。第二段旅行开启了。我躺在叔叔的口袋里,听着马路上的喧嚣,心里开心极了,也情不自禁地哼起小曲……过了一会儿,叔叔停住了脚步,我似乎闻到了一股酒香。原来叔叔来到了一家小酒馆。他毫无留恋地把我交给了收银员,自己则开始畅饮起来!我的第三段旅行也随之展开。

话说,柜台里面简直是钱的天堂。这里不但有成千上万的硬币在狂欢,还有许多纸币在跳舞,我和它们玩得不亦乐乎。有小伙伴们陪伴的时光真幸福!不过,我还没有玩多久,第四段旅行就被迫开始了。收银员把柜台里所有的钱都上交给了老板。可能是因为我太珍贵了,一下子就引起了老板的注意。老板将我叠得整整齐齐,然后放进上衣口袋里。我躺在透光的口袋里,看着车水马龙的街道,心里开心极了。但我也有点隐约地担心,不知道老板将会把我送往何方?

正当我思索时,老板停住了脚步。他来到一辆搬家公司的货车前,将我递给了一位搬运工,搬运工攥着我,开心得像一只兔子跑进了一家药店,把我交给一位卖药的医生,带走了一堆花花绿绿的药。

我在医生的家里见到了许多精密的仪器,有电子显微镜,有血糖测试仪,还有输液针管等!医生将我放在电子显微镜上,仔细端详着我脸上的斑点,似乎觉得我脸上携带了啥病毒似的。随后他拿起酒精对着我一顿猛喷,呛得我,鼻涕眼泪一大把。紧接着我似乎又被锁进了抽屉里!

“你觉得我的旅行结束了?”“并没有。”因为钞票很重要,我的旅行会很长久,直到我没有了利用的价值后,我的旅行才到此结束。

我似乎又回到了银行,由于我的身体已经破烂不堪了,我好像被送回了那个神秘的印刷厂。神秘的印刷厂用了一种透明的药水滴在我身上,我身体开始慢慢变轻变透明,然后我不自觉就钻进了手机里。来到了一个叫微信支付的地方。这里有许多和我一样透明的兄弟姐妹们。我们看不到对方的身体,只能看到每个人头上显示的数字。

很快我们的旅行越来越频繁,一下子从这一部手机钻到另一部手机,一下子从微信零钱到支付宝余额,有时候也会停留在小小的银行卡里。我可是很开心的,因为我的身体可以千变万化,我的脚步也永不停歇。

我的旅行就是这样,一个为了满足人们的需要而永远存在的旅行,相信人们不会放弃我,而是更好地去利用我,让我一直有存在的价值。

李白的赌约

杨振宇

“日照香炉生紫烟，遥看瀑布挂前川……”夜深人静，我躺在床上背着李白荡气回肠的《望庐山瀑布》，不知不觉就进入了甜蜜的梦乡。

我似乎乘着太空飞船跨越了太平洋，渐渐地我仿佛看到了庐山的瀑布。我正兴奋地大叫时，我竟然从飞船上跌落下来。我赶紧睁眼，只见眼前出现了一名仙风道骨般的男子，他白衣胜雪，温润飘逸。走近一瞧，那人不浓不淡的剑眉下狭长的眼眸英气逼人，他腰间挂着酒壶，时不时仰天长叹。我好奇极了，不知这人是谁？这人听到我的脚步声，猛地回头。我脑袋灵光一现，“李白”这个人名闯入我的脑海。

哦，原来我穿越到了唐朝，眼前之人正是古代诗仙李白。可现在，李白正唉声叹气、抓耳挠腮、冥思苦想……我打听后才知道，原来是李白和自己的好友打了个赌，十日之内，必作出一首与写景有关的诗，否则输掉几坛美酒。可现在眼看时间临近，却还是没有一点头绪。于是，我灵机一动，给李白提了个建议：“去庐山看瀑布吧！”“啊？对！就去庐山看瀑布。”李白仿佛抓到救命稻草似的。

李白一边说着一边跑出去让人给他准备马车。看他着急的样子，恨不得飞到庐山去似的。马车都还未停稳，李白就迫不及待地往山里跑。

他跑到瀑布脚下，抬头凝望，只见那悬崖峭壁上瀑布奔涌而出，一泻千里，像水帘一样倾泻而下，又像一座珍珠的屏。水跌到山涧里撞击到岩石上，真是声吼如雷，轰声震谷。

此时的李白仿佛身处仙境，他觉得眼前的瀑布就像是从九天银河上落下的。此景只应天上有，人间难得几回闻。

看到此情此景，李白诗兴大发，不由地吟出了那首脍炙人口的古诗——《望庐山瀑布》。他脸上带着胜利者的光芒，仿佛看到好友正把美酒一坛一坛奉上。

我希望的房间

李吴栋

我现在的房间里有床、书桌和电视等，但是，有时候我希望我的房间有些神奇的东西！

我希望我的房间是一个魔术小屋，这样，我想变什么东西就有什么东西。比如：可乐、零食、糖果、烤肉……我是一个吃货，我的房间是一个吃货的世界。也可以变成一个厨房，这样，想吃什么菜，我就自己做。

我希望我的房间是一个火箭，这样我想去哪儿玩就可以去哪儿玩。比如：和飞机一起比赛，看谁飞得快；到月球上找玉兔玩，和她一起看蓝色的地球；可以邀请我的好朋友，一起去环游世界；可以飞到火星、木星、水星等星球去，去开发我们未来的生活空间。

我还希望我的房间一半是游戏厅，另一半装满玩具。这样，我想什么时候玩游戏就可以什么时候玩。当然，这个只能想一想，妈妈知道可不得了哦。

我更希望我的房间里全是书，墙是课本做的，床是书做的，水龙头里面流出来的是音乐，被子是古诗，天花板上是绘画，空气里流动着知识。想想都好美！

要是我的房间真是这样，那该多有意思啊！

假如我是一名科学家

陈瑞婷

在美好的童年里，我们有许多幻想，幻想自己长大后会变成一名神医，幻想自己成为一个亿万富翁，但我最想变成一名科学家。

假如我是一名科学家，我会发明一件神奇的衣服，给它起名叫作“神奇衣”。首先，这个衣服可是不用洗的哦，因为它有自动清洁功能，并且还可以根据你的需要变换不同款式。如果你不想穿这个大衣了，只需打一个响指，大衣就会变换成各种不同的款式:裙子、礼服、休闲装……一直试到你满意为止。

它还有一个最大的好处,如果有坏人靠近你时,它会感应危险,并将你隐身起来,等坏人走后,隐身功能就会自动解除。记住,它是不会平白无故就隐身的,只有遇到特殊危险才会启动这种应急功能。

除此之外,它还有调节温度的功能。冬天,任凭风雪再大,温度再低,只要穿上这件衣服,你的周围就像围着一个暖暖的小火炉,舒服极了;到了夏天,那就更不用说了,只要穿上这件衣服出门,想出汗?门儿都没有!

假如我是科学家,我还会发明一个“懒人床”。因为现在爱睡懒觉的小朋友实在太多了。这款“懒人床”可以在你早上睡懒觉时,发出各种各样的声音吵醒你。比如,让人瞬间清醒的上课铃声、嘈杂的打游戏声、老奶奶跳广场舞的声音……五花八门,让你被吵得无法入睡。如果这些对你不起作用,它还会发起第二波进攻,它会在床头变出一个大巴掌,不停地拍打你。可你如果还拿枕头挡住脑袋的话,它就会启动第三功能。这下,床会慢慢地升高,接着整个床板玩儿命地抖了起来,直到你从床上爬起来才会停止。如果你还不起来的话,它就会越抖越厉害,就像发生地震一样,直到你掉下床,屁股摔得分成两瓣。

你一定会问,如果真的遇到地震怎么办?放心吧!无论在什么时间发生真的地震,它都会及时地感应到,并从床的两侧伸出一个超级坚硬的屏障将你保护起来,里面很安全,还会有足够充足的食物和氧气供你使用。最主要的是,它还会自动发出警报声,让搜救队循声而来,将我们拯救出来。

假如我是一名科学家,我还会发明一支多功能笔。这支笔你可不要小瞧它,它可以任意切换笔的类别,可以变成钢笔、毛笔、铅笔、可擦笔等。这支笔还可以无限续墨,这样就可以省下许多买笔的钱了。当然,如果你不好好写作业,它就会用电击你。如果你有危险,它还会带着你飞,将你送到安全的地方。如果它被陌生人捡走,不必着急,在家等着就好,它还会飞回来找你,因为一支笔终身只能拥有一个主人,别人根本无法启动它。

虽然这只是我的想象,但是我希望全球的科学家都一同努力,可以使这些梦想早日实现,让人们的生活变得更加美好。

我的奇思妙想

胡文慧

在我的头脑中有很多奇思妙想！我虽然知道至少现在它们是无法实现的，但还是忍不住天马行空地去想啊想……

我想发明一种神奇的耳机，它是用新型的高科技材料制作而成的。这种耳机只有芯片大小，几乎没有人能发现它。

你别看它小，但功能却不少。它可神奇了，它可以根据环境而变化。如果你在睡午觉，外面的人很吵，让你睡不着觉时，带上它，它会隔绝噪音，还会放催眠曲、讲故事等，让你美美地睡一觉。

它可不止这一个功能，如果你在很吵闹的地方游玩，它会自动把嘈杂的声音屏蔽，保护你的耳朵。同时还会播放轻缓的音乐让人身心愉悦，乐在其中。

这个耳机还有定位功能，如果放学去同学家玩耍。家长可以直接在手机上查看孩子的位置，而且这个耳机还能接听电话，家长可以通过电话喊孩子回家，你也不用担心这么小的耳机怎么接电话，你只需要点头就可以接听了。但是如果有陌生电话打来时，耳机会自动挂断电话。这样可以有效地防止诈骗信息哦！而且耳机带到学校也没关系，因为耳机能自动识别周围的环境，进入学校后就会自动启动上课模式，什么也不能干，所以家长也不用担心孩子在学校会玩耳机而不好好听课。

你也许会觉得这样的耳机很容易被小偷偷走吧！那你就大错特错了，耳机内有一个防盗芯片，可以识别主人的指纹，如果被小偷带走，耳机会发出“滴滴”的声音，并把定位发送到警察局，以便警察可以第一时间把小偷带走。所以你完全不用担心耳机的安全问题。

怎么样！我的发明不错吧，你们喜欢吗？虽然这只是我的幻想，但是我相信，只要我现在努力学习，在未来一定可以制造出为人们提供更方便生活的高科技！

我的发明梦

邵 帅

我常常思索自己长大后会成为什么样的人，有时幻想自己成为一名保家卫国的解放军战士；有时幻想自己成为一名救死扶伤的医生；但是我想得更多的是希望自己成为一名伟大的发明家，研究出一些对人类有用的东西。

在我小的时候，看见许多盲人因看不见路，必须要用拐杖探路才能缓慢前行。甚至有一次，我在新闻上看到一个盲人，因不知道前方是红灯还是绿灯，好不容易摸索着走到路中央的时候，忽然被一辆疾驰而来的大卡车撞倒在地，一条鲜活的生命就这样消失了，真是太可惜了。

当时我看到后非常难过，暗暗发誓自己以后要当一名发明家，发明出许多能治好盲人眼睛的仪器，让天下所有的盲人都能重见光明。让他们也能像正常人一样看见房屋道路，看见鲜花彩虹，看见这个美丽的世界，看见自己的家人朋友，可以像正常人一样愉快地生活、学习、工作。

假如我是一个发明家，我想发明一种神奇的汽车，这种汽车可以自动驾驶，并且永远不会发生车祸。我曾在电视上看见一名酒后驾驶的大巴车司机，因为用力踩刹车板而导致刹车失灵，最后冲破桥壁掉进水里，司机和二十几名乘客无一幸免，全部遇难。

为了不让这种悲剧再次发生，我就发明了这种神奇的汽车。这种汽车有许多功能，除了刚才我说的那种自动驾驶功能，汽车还可以任意缩小和变大。缩小时，无论多窄的道路都可以通过。变大时，可以轻松地从其他的拦路汽车上面开走。这样的汽车还会变色呢！如果是晴天，汽车就是红色；如果是阴天，汽车就是绿色；如果下雨，汽车就变成蓝色。怎么样，这样的汽车是不是很酷呢？

假如我真的是发明家，我一定要为人们发明出许许多多有用的物品，让我们人类的生活变得更加美好！

抗灾保护罩

杨沛东

天灾总是源源不断，严重威胁人们的生命和财产安全，如果能发明一种不受任何灾害影响的抗灾保护罩那该多好啊！

这种保护罩由质地异常坚硬的特质材料制作而成，即使遭受强烈的撞击也不会受损，而且圆圈内的土壤不会跟随地壳运动而运动。当保护罩打开时是一个完整的圆，这个保护罩的直径为6米，足足能容纳十几个人了。地震时，只要躲在这个抗灾保护罩里，就会安然无恙。当然这个保护罩的作用可不仅仅是对抗地震。

火灾来临了，只要躲在这个保护罩里，也会躲过一劫，因为保护罩是防火的，还可以隔绝外界的空气，防止烟尘侵入，它内部自带的空气循环系统又可以提供人呼吸所需的氧气，接下来就等待着消防员叔叔前来灭火就行了。

海啸来临了，只要你躲到这个保护罩里，就能死里逃生，因为保护罩是密封的，可以防水，还可以飘浮在水中，不会下沉，还可以像船一样在水中前行，即使浪潮过于汹涌，直接将保护罩卷向大海，也不用惊慌，保护罩会发射出无线电波，搜救飞机很快就会赶来，将在保护罩里的人一一救上去。

除了以上三种情况，保护罩可以发挥巨大作用外，还有火山爆发、泥石流、雪崩、沙尘暴、龙卷风等自然灾害，防护罩也可以大显神通，这里就不一一列举了。

希望发明家们早日发明出抗灾保护罩，让人们早日脱离来自大自然灾害中的苦难。

垃圾转化器

陈思远

每当我看到校园内、街道旁、小区里到处都是垃圾时，我就想：人类每天产生这么多的垃圾，几十年几百年后，那得需要多少地方堆啊，如果未来有个垃圾转化器就好了。

果不其然，到了下一个世纪，科学家发明一种叫“垃圾转化器”的东西，可以让垃圾变废为宝。

垃圾转化器的颜色是绿色环保的，它的外形像喷射器一样。用垃圾转化器一号对着装满垃圾的垃圾桶喷一小点儿，过一两分钟后，垃圾就会自动转化成一些金属或石油。有一些不可以转化的东西，就用垃圾转化器二号，再喷一点儿，就可以变成一种土壤，这种土壤可是个好东西，一千克可以治理三千六百平方千米的沙漠。

但是也有一些顽固的垃圾不能被转化，那就要拿出垃圾转化器三号，只要对着剩余的垃圾再一喷，那些垃圾会被瞬间转化成一些树木的种子，而且转化的时候，会将周围一百米之内的废气和臭气，变成新鲜的空气和氧气。转化出来的那些树木的种子，长出来的树木也是个宝贝，只要把果实种在土里面，不到一个月的时间，种子就可以长得非常高大，而且还可以独木成林。

这种垃圾转化器神奇吧！虽然现在还没有发明出来，但是，只要我们努力学习，这个梦想终将会实现，让我们的地球变得更美丽！让我们的家园变得更美丽！

未来的学校

陈玉琪

学校是我们每个人启蒙的场所，是我们成长的地方，它带给我们知识，欢乐，好似在茫茫大海中的一卷巨浪，一束光明，指引着我们前行。

我们的学校多姿多彩，而未来的学校又会怎么样呢，让我们一起走进30年后，去看看学校的样貌吧！

学校周边换上了崭新的墙面，洁白如洗，学校的大门周边有许多机器人检查学生证，不放任何一个陌生人进入学校，同时，也更加保护好了学生们的安全。

走进校园，周围的环境焕然一新，绿植在花盆中伸着懒腰，微风拂过，花儿绽开了笑脸，树叶沙沙作响，几片叶子随着风向前高歌猛进，和池水一起玩耍，几棵高大的松树挺立，周边还有几棵桃树，桃花艳丽芬芳，香飘十里，亭亭玉立在松树这边，不愧为“千株含露态，何处照人红。”池水波动，泛起层层波纹，时不时有一两滴水珠调皮地跳起，操场上的草儿随风飘动，一派生机勃勃的景象。

踏入食堂，周围的桌椅焕然一新，打菜的窗口换成了机械手臂，可以均匀地将食物送给每一位同学，同时荤素搭配，让每一位同学的身体素质强盛，营养均衡，毕竟良好的身体才是学习的保障。

我们来到教室，眼前的一幕令人震惊，教室里的多媒体设备焕然一新，换成了最新的全息投影设备，可以更大幅度地减少学生们的近视概率，同样的，大幅度减轻了学生的散光，以及反光导致看不见多媒体设备的尴尬和导致众多学生无法认真听课的困难，并且全息投影设备还具备进行试卷批改、英文翻译、修改课件等功能，让老师的工作更加轻松，同时，桌面也采用了最新的纳米设备进行了空间压缩，可以让储存空间变大。椅子采用了最新的睡坐一体的方式，让学生能舒适地午休，睡眠时间更充沛，让学生精神更饱满，以便有充沛的精力上课。

不光如此，学校还增添了许多先进的教室，如数学研究室、科学实验室、历史研究室等，可以培养学生们的兴趣爱好，激发他们的灵感以及自身擅长的天赋。

走入操场，映入眼帘的是一间占地足有40多个教室的房间，其中，中心点有一个按钮，上面写着“篮球场、足球场、乒乓球场、羽毛球场”等，足以令人眼花缭乱，甚至是令人头晕目眩，基本上世界上所有的运动项目这里都有，当你想去哪个运动场，只需要轻轻一按，就可以助你一臂之力，让你快速到达你喜欢的运动场。同时，还配备了专业的拉伸设备、测量设备、计分设备，可以保证学生们的安全和愉快。同时，操场的西侧还有医护室，如有同学出现运动损伤，都可以第一时间进行治疗。

未来的人类可能会忘记当初的学校生活，可我们不能忘，我们应该更加照顾关心好自己的学校，相信总有一天，学校会改革，变化多端，或像我们想象的那样美好，我期盼这一天到来，前人栽树，后人乘凉，为了未来，我们现在应该好好学习，承载着我们的梦想，飞向遥远的天边，去创造、建设新的未来。

我所向往的学校

罗文康

“悄悄的我走了，正如我悄悄的来，我挥一挥衣袖，不带走一片云彩。”我轻轻地吟诵着徐志摩的这句诗。我与故乡的母校离别已久，于是我乘坐时光机来到了我魂牵梦绕的未来的母校。

我还没到校门口，就远远地望见校门口的机器人。起初我以为它们俩只是装饰品，没放在心上。不一会儿，时光机平稳降落在校门口，当我准备进校时，那两个机器人却把我拦了下来，然后伸出长长的手，似乎警告我，别擅闯。我正想解释，它突然伸回了它的手臂，眼睛中警告的红色也随之变成了绿色，原来机器人体内安装了自动感应的装置，接着我的眼角突然出现了一块富有科技感的蓝色密码输入器。我漫不经心地输入曾经毕业的班级，那个空间分子“咻”的一声，化作分子向四周消散而去，我怀着疑惑的态度向前迈了一步。顿时，一片片蓝色的图纸树立在了地上。随后，一座座高大的教学楼从蓝图中拔地而起，蓝图竟化为了现实，我不禁感慨科技真是发达。

这时，上课铃响了，在操场上嬉戏打闹的同学瞬间被传送回了教室，我发现每个同学的课桌上都有一幅VR眼镜和自动显示屏。同学们依次戴上眼镜，显示屏出现了老师和蔼可亲的面容。黑板是一个巨型幕布，会随着课文内容模拟出不同的情节，让同学们有种身临其境的感觉，同时也对人物的性格更加深层了解，更为神奇的是同学们还可以和书中的人物互动，这样的课堂丰富生动，没有哪个孩子不喜欢。

“叮叮叮”下课铃响了，我随着孩子们来到了阅览室，只见门上画的还是我们学校的老吉祥物——小书虫。我发现阅览室并不是外面的茶色钢板，而是充满古色古香的书架。无形中为阅览室增添了书香气。阅览室的中央有一块显眼的大屏幕，上面有一个输入栏，只要输入你想要找到的书本，它就用那长长的机械臂从书架找出那本书，然后让我们躺在悬浮按摩椅上，享受这本书带给我们的知识。

接着，我来到了操场，只见操场是一个巨型的环形跑道。它的地板由塑胶组成，周围种了很多榆树。夏天的时候，榆树就会张开怀抱一样的绿荫给我们带来凉爽。同学们坐在树荫下休息，边聊边享受着这充满生机与活力的夏日，为我们学校平添了一丝光彩。

这就是我向往的未来的学校，现在我们的科技日益强大，我相信我向往的校园一定会在不久的将来成为现实。

二十年后的世界

蒋忠略

这天晚上，我正在看最喜爱的动画片《哆啦A梦》，在看到时光机的神奇穿梭功能时，突然一阵电闪雷鸣，我的眼前出现了一座时光机，我乘坐时光机来到了二十年后的世界。

我穿越以后碰见了一个长得像奥特曼模样的机器人，奥特曼机器人告诉我，现在是2043年，这里不仅有高科技的城市建筑，还有美丽的智能森林，整个城市如同笼罩在一个天然氧吧里面，人们生活更便捷、更舒适了。

简单地参观了周围的环境后，我们便来到了学校。刚走进校门，首先映入眼帘的是两个帅气的安保机器人。它们两个就可以负责整所学校的安全，以前会有很多人贩子在放学时抓小孩儿，但现在有了安保机器人就不会再出现这种情况了，它们具有身份系统识别功能，一秒钟就可以识别学校周围人群的身份，一旦发现陌生信息就会快速上前甄别，确保不让陌生人靠近小朋友。而且它们的力气巨大，可以以一打百，这样就可以很好地保证小朋友们的安全。

来到操场上，有一棵挺拔的松树耸立在操场中间。这可不是普通的松树，它是经过高科技改造过的松树，不仅可以吸收二氧化碳，吐出大量的氧气，而且还可以在下雨天开启自动雨棚功能，轻松地罩住整个操场，让孩子上体育课时再也不用担心天气了。

教室里的课桌上没有了沉重的书包，而是一个平板代替所有书本，以后只用带一个平板上学就可以了。

出了学校，回到了家，这里的房子更酷了，它不害怕任何灾难。以前的房子就算搭建得再牢固，遇到地震就塌，洪水一冲就淹没，而且不能移动。现在的房子遇到紧急情况不仅会飞，会游，还会走，能完美地避免灾难，还能随意地去海边度假呢！房子里的厨房更是神奇，它是全自动的，只要有材料就能做出你想要的食品。只要你想吃什么好吃的，就在菜单上一点，好吃又方便。

接着，我来到了服装店，发现这里的衣服只有一种，它们的大小、颜色、款式都一样。我问老板：为什么只有一种款式？老板说，这种衣服叫作随心所欲衣，可以根据你所需要的款式、材料、大小来变成不同的衣服，这样你只需要有一件衣服就可以解决出行时的各种场合了。我听后，顿时觉得二十年后的生活真是太美好了……

时光机又出现了，我依依不舍地回去了。这次穿越体验给我带来了很大的启发，我一定要好好学习，早日让我们的生活通过科技的手段到达那种高度，让我们人类的生活更加舒适、更加美好。

二十年后的生活

隆镕壕

一个周末的午后，睡眼惺忪的我突然眼前一亮，随即便穿越到了二十年后，来到了我的家乡。

“主人该起床了，主人该起床了……”一个温柔又亲切的声音在耳边响起，这是“高智商”闹钟发出的。顾名思义，就是十分聪明、善于变通的闹钟，这个闹钟会根据你的年龄和生活习惯以及你的睡眠质量等多方面来综合判断你每天起床的时间。比如小学生上学的时间为早上七点四十分，如果你的家距离上学的地方比较远，闹钟会在前一天根据你的身体劳累程度来提醒你早点休息，并在第二天适当地往前调整起床时间确保你不会迟到，怎么样？是不是非常高智能呢？

我关掉闹钟快速起了床，穿上机械手臂递过来的衣服，然后来到洗脸池刷牙洗脸，把自己打扮一番。走出门，超太阳能跑车已经停在家门口等我了。这种跑车在高速公路上进行无障碍行驶时能达到三百七十千米每小时，和“复兴号”列车时速差不多。这种跑车最大特征就是以太阳能和光能为动力，不消耗石油和燃气，它的主身为太阳能板材料制作，白天以太阳光为能源，晚上则以车内的光能棒为能源。不需要人来驾驶，只要输入想去的地方，就立刻前往目的地。

城市里，公园街道干净无比，道路旁树木葱茏、花朵飘香，空气清新如同生活在大自然。乡下，河流和田间地头不像昔日那样浑浊恶臭、垃圾成山，而是清澈见底、干净无比。不仅如此，田野里也有专门种地的机器人在耕种，它们会根据一年四季的天气气候、地质特点进行合理安排种植农作物，不浪费每一寸土地，所以每年的产量比以往要高出许多。农村生活的房子也变了，都住上了节能舒适的豪华小楼。看到家乡变化如此之大，我高兴得手舞足蹈，奔跑在柔软的草地上，好好享受着这如同仙境般的美妙时光……

“醒醒，醒醒，当心着凉了哦……”妈妈温柔的呼喊声在我耳边响起，我睁开眼一看，呼！原来是一场梦啊，真希望能亲眼看到既科技化又似仙境的未来世界啊！

小公鸡奇遇记

尹纤柔

森林里住着一只小公鸡，它很自卑，因为它认为自己没有白鹅那么高贵，没有兔子那么活泼，也没有猴子那么敏捷，就连它以前最爱照的镜子也不照了，因为它不敢看自己。

它出门后看见了白鹅像公主一样走来走去，小公鸡更自卑了，它的头埋得更低，仿佛要钻到地底下一样。

它感到烦闷，于是，它决定出去散散步，放松放松，它就这样一直走着……

突然，它听见了一首美妙的歌，是谁唱得这么好听？小公鸡走近一看，是一朵喇叭花，喇叭花看见小公鸡，突然说：“你好呀，小公鸡，我听说你们公鸡的嗓门都很好，你来和我一起唱歌吧！”

小公鸡低着头，红着脸小声说：“我唱不好，你唱给我听吧！”

“你能行的，试试看，我看好你哦，来吧，我们一起唱！”喇叭花继续鼓励着。

小公鸡慢慢抬起头来，试了试：“咕咕咕儿……”声音很清脆，像百灵鸟一般，它感到很快乐。于是，小公鸡就和喇叭花唱起了歌儿，唱着唱着，喇叭花对小公鸡说：“小公鸡呀！小公鸡呀！你的冠子像火一样红，脚金黄油亮，歌声优美动听，把你的胸挺起来吧！”小公鸡慢慢靠近旁边的小溪，突然看到了自己：那冠子真的很红很美丽，那羽毛油亮油亮的。它激动得不自觉地跳起了舞蹈，变得自信了。

这朵喇叭花就像一个心理老师，它把小公鸡变得自信了。原来喇叭花的名字就叫“自信”。

有趣的颠倒节

张陈怡诺

昨天是一年一度有趣的颠倒节，你知道颠倒节是怎样的吗？快来听我讲一讲吧！

在颠倒节的前一晚，人们得关上家门，在家里做各项准备工作，把床、桌子、椅子、电器等全部用绳子、铁丝、钢筋固定在地板上，你问为什么？因为颠倒节东西会倒过来呀！

颠倒节这一天终于到了，我和爸爸妈妈换了一个身份，他们变成了学生，而我要上班。一出门我惊讶地发现，路上开车的全都是一群小孩子，妈妈和爸爸背着书包坐在后面。但是我不会开车，只好骑自行车送他们到学校。可更神奇的事发生了，自行车居然跑得比汽车快得多。不一会儿我们就到了学校。

"孩子们"上学后，我就来到了上班的地方，我坐在了那张垂涎已久的椅子上，这个时候我看见下面工作的全是一群小朋友，里面还有我的同学呢！我惊讶得嘴都合不拢了，有一个小孩跑来问我，说今天的具体工作是什么，我想了想，高兴地对下面所有的同事说道："今天什么也不用做，只用玩手机就可以了！"下面的小孩们听了顿时欢呼起来，一个个都拿出手机不亦乐乎地玩了起来。

午饭时间到了，我叫了一个外卖后，又继续玩起手机来了，可是我一直玩了三个小时的手机，也没有听见有外卖员的敲门声，我气得火冒三丈，正在想给外卖员打电话时门铃响了，我打开了门，居然看见外卖员是我的同学，我问他为什么这么慢，他气喘呼呼地对我说："我……我不会……开车，就只好走来的。"

不一会闹钟响了，我要去接爸爸妈妈放学了。接到他们后，由于我不会做饭，我们只好去找一家饭店吃饭。我们一起走了好久，好不容易才找到了一家正在营业的店，但我们还要排队，排了好久才轮到我们，我拿出100元准备付账，可是老板却倒给我们了100元，他还说"临光谢谢！"

颠倒节真有趣，要是每天都是颠倒节那是不是更有趣呢？

趣味颠倒节

甘若汐

一年一度的颠倒节到了。到了清晨，我起床看了看，家里的一切都悬空飘浮着，屋子也在天上，而且倒过来了。我又望了望窗外，人走在云上，而且有些还是被狗牵着走的。哇，这一天真的好有趣！

我推开家门走在云上，看着别人都是倒立行走的，我也要试一下倒立行走，但是发现太难了，我还是用普通的方法走路吧，有可能我在别人眼里是个非正常人。

我走进里一家名叫“士克德”的餐厅，发现这家店只有外形结构上倒着的，但里面是正常的，因为是冬天，我点了一杯热牛奶和一个汉堡，我喝了一口热牛奶，差点吐了，又冰又苦。于是，赶快吃了一口汉堡，太甜了，快吃完时，才想起来今天是颠倒节。

当我要去买单时，老板说：“吗吃好西东的天今？”我赶紧回答很好吃，可说出来话却是“吃好很”，接着更有趣的事情发生了，老板不仅没有收我的钱，反而从柜台里拿出来两张百元大钞硬塞给了我，还不停地说：“来再次下迎欢。”我没办法，只好勉为其难地收下了。

我走出店时，注意了一下人们的穿着打扮，发现男生穿的是裙子，女生穿的是裤子，我透过婚纱店的窗户，看见里面的新郎穿的是婚纱，新娘穿的是西装，真是太有趣了！

我望了望云下面，发现飞机被驾驶员在地上拖着，汽车在天上飞着，回到家，发现我变成了大人，还是一名老师，而我的父母变成了小孩，这时我才发现自己今天没上学，赶紧往学校走，当我来到教室时，别人都叫我“师老”，我很疑惑，才想到自己今天是老师，我的学生居然都是我以前的老师，我看了一下，第一排坐着的不就是我的英语老师吗？她在下面不是讲小话就是开小差的，哦，原来老师们小的时候也很调皮呀！

这个颠倒节真是有趣又神奇，我好期待下次颠倒节快点到来。

颠倒的世界

刘梓恩

同学们,你们知道颠倒节吗?你们知道这个奇怪的节日是几月几日、星期几吗?

这个莫名其妙的节日定在每年九月的第一个星期三。虽然这一天里,什么都会变得"颠三倒四,乱七八糟,让你感到头晕",但也会给你带来前所未有的体验。

早上,我从梦中醒来,一看时间已经7点了,可是妈妈爸爸还在睡觉,这可怎么办?今天我可是"家长",没有办法,我只好温柔地对他们说:"宝贝们,起床啦!否则要迟到了。"

爸爸妈妈躺在床上纹丝不动地回复道:"不要。"在我的催促下,他们终于起床了,然后像蜗牛一样走向卫生间洗漱。想着平日里我都没有做过饭,现在没有早饭呢!好在昨天妈妈买了牛奶和面包,好不容易把面包加热了,可爸妈又都说:"太烫了!太烫了!"我强忍着怒火,只好用电风扇给他们吹凉。等他们吃完,"天啊,已经7点45分了。"我又拉着爸妈去乘公交车了。

在路上,车子开得比蜗牛还要慢,自行车骑得比飞机还要快。呀!医生变成了交通警察,男生穿着花边裙子,女生戴着鸭舌帽。交通信号灯前,一位司机从那里路过,那个医生发现他闯了绿灯,要他罚500元,可那位交通警察不但没要罚款,还从自己口袋中拿出500元给那位司机,这波操作看得我不能理解。

终于将爸妈送到学校了,妈呀!8点了!我急匆匆地赶去公司上班。到公司后,我才想起昨天的工作没有做完,可老板来检查时,非但没批评,还对我说:"昨天工作没完成,今天奖励给你100元钱。"终于玩到下班了,我又要赶着去接"孩子",可恰巧遇路上在堵车,堵了一个小时,等我赶到学校时,只看见爸妈两个人没被接走,他们见了我一脸不开心,还抱怨地说:"你怎么这么晚才来接我们。"我满心愧疚地说:"走,咱们去吃肯德基,行不?"

听到这,他们才高兴得蹦起来。一到肯德基,我点了一份全家桶,吃鸡肉汉堡时,里面不是鸡肉,而是鸡骨头,冷饮也变成了热的。待我去结账时,服务员说:"您好!共计1000元。"我心想:"咋这贵,我好像没有带钱。"这时,服务员递给我1000

元，微笑着说："欢迎下次光临，谢谢！"

最后，我接过钱心里乐滋滋地回家了。经过这一天的角色颠倒，我真心体会到父母的艰辛。

西红柿的自述

刘浩宇

嗨，大家好，请让我先给大家猜一下谜：我身穿一件漂亮的红外套，头顶绿色的小帽子，我的家乡在墨西哥，是一位远道而来的常客。猜出我是谁了吗？对了，我就是大名鼎鼎的西红柿，也叫番茄。

我喜欢在头上戴一顶翠绿色的小皇冠，看起来真像蔬菜界高贵的王子。我的品种繁多，颜色各异，我的小伙伴还有绿色、黄色、半红半绿的、半红半黄的。当我们成长起来后，这个菜园仿佛是一个五颜六色的大花园。我们还很脆弱，如果我们太重了，就会从藤上掉下来，被摔得粉身碎骨。

我一般在夏天成熟，因为我喜欢炎热的天气。你瞧！夏天到了，我们在藤上密密麻麻地挂着，好像在开茶话会，我们正在讨论谁更红谁更美呢！不过，随着现在条件的改进，让我住进了蔬菜大棚里，我们蔬菜王国的每个公民都乐开了花，我们就可以在一年四季里和大家见面了，大家也可以天天品尝到我们。成熟的我红艳艳、滑溜溜，像装满水的气球，闻一闻还有阵阵清香呢，咬上一口又酸又甜，让人爱不释手。

我们的营养价值很高，科学家已经在我们身上发现丰富的多种维生素、胡萝卜素和许多种人体必需的多种营养元素，许多蔬菜里面的含量比较单一，而我们比较全面。我还可以做很多菜，比如：西红柿炒鸡蛋、西红柿炖小鸡、凉拌西红柿，用我做成番茄酱，放在薯条上那叫一个美味呀……想想都要流口水。

不说了，快来到菜园把我摘下来，让妈妈给你做好吃的吧。

冰箱的自述

钟政裕

大家好,我是电器家族中那个人见人爱、花见花开、车见车爆胎的冰箱大哥。

我的身高一米七,体型微胖,我居住在一个和谐美满的小家庭里。我十分喜爱待在这个家庭,因为这里的主人不像其他人那样,喜欢在我们的身上乱涂鸦,听我的兄弟姐妹们说,它们被主人带回家后都被涂得浑身没有一处是好的。不是被贴满了大头贴,就是弄得脏兮兮的,有更惨的还被磕碰得这儿凹一块儿,那儿凸一块儿的,伤痕累累不像样子,可我不一样,我的身上一直都是干干净净,没有一处污点,这要归功于我的主人定期拿抹布为我擦拭"身体",让爱干净的我时刻保持整洁。

我不仅外观美,而且功能多,可以将一些食物进行长久保存,并且我的"肚量"也很大。我一共有两层,上方是冷藏室,下方是冷冻室,无论你有多少东西,我都能轻松"吞"下。

你瞧,我的冷藏室里面总是装着各种各样的蔬菜、水果、鸡蛋等。我会将温度控制在5℃左右,让这些食物时刻保持新鲜,保证主人一家可以随时吃到健康的食材。

我的冷冻室则有三层,第一层是小主人的天堂,里面全部都是小主人的冰激凌等冷冻食品。其中还有一部分是小主人自己亲自动手制作的,可美味了!第二层是女主人的天堂,这里面装的都是女主人要拿来做饭的肉类,比如牛肉、羊肉、猪肉等,一看女主人就是一个吃货。第三层是全家的天地,有汤圆、饺子等食品。

每次购物后,都是我最开心的时候。因为大家都会把许许多多的食品放在我的肚子里,而且我的肚量很大,可以"吃下"很多东西。在疫情期间,路都被封死了,所有的人都不能出门买东西,偶尔采购一次又怕买太多一时吃不完都浪费了。但是有了我的存在,就可以让主人任性地囤积一些新鲜的食物,可以在不出门的日子里继续有东西吃。主人每天最开心的事就是打开我的大门,取出新鲜食材为全家人做好吃的。而有些人没有吃的,还在主人家蹭饭呢,别人都用羡慕的眼光来看主人,所以主人总是在外面说我的好处,我的心里美滋滋的。

怎么样？我是不是很棒呢？你想拥有一个像我一样的大肚能容、功能强大的冰箱吗？如果想要的话就快来买吧！

微波炉的自述

郭子程

家用电器的大家族中成员众多，有电视大哥、烤箱大叔、洗衣机小弟，其中最受主人欢迎的就是英俊潇洒的我——微波炉王子了。

我的颜色是白色的，有着长方形的国字脸，外形和十四寸电视机差不多，只不过我的“脸”是可以打开的。透过它，你可以清楚地看见我肚子里的构造。在我的身体里面有一个透明的圆形转盘，它是用来放食物的。在“脸”的右边有两个扭转开关，它们就像是我的小耳朵，和旧式电视调频的按钮差不多，它们是用来设定时间和控制火候的。

我不仅外形出众，而且功能也妙不可言。我可以加热冷了的食物，还可以烧菜、烤肉、熏鱼、蒸蛋……总之，我就是一个烧、烤、蒸、闷、炖、熏、煨及解冻的全功能好厨师。只要你调准时间，你就可以坐在床上跷着二郎腿看手机，坐等着美味的食物了。

但是，悄悄告诉你们，其实在我刚被主人带回家时，主人并没有把我放在眼里，只是把我丢在厨房的角落就忘记了。每一次主人都是用蒸锅来加热食物。直到有一次，小主人吵闹着说：“爸爸，我要吃包子！”大主人记起来冰箱里面还有女主人蒸的十几个大包子，就顺手拿了一个放在了蒸锅里，打开了燃气，蒸锅爷爷开始“呼呼呼”地工作起来了。我在一旁静静地看着，一如往常，非常的羡慕。可是过了一会儿，我的主人似乎忘记了蒸包子的事，一个又一个的电话接了一个多小时，我心想大事不妙了，此时蒸锅爷爷已经承受不住发起了求救信号，头顶浓烟直冒，我也急得团团转，可是无论我们怎样呼喊，主人都听不见。

很久过去了，终于，主人突然闻到了一股糊味儿，这才想起来包子还在锅里面，立刻跳了起来，连鞋子都没有穿，用百米冲刺的速度奔向蒸锅。正准备打开锅盖儿，却发现锅盖儿的把手掉了。主人连忙关掉火，用两个抹布把盖子揭开，里面的包子早已经成了又硬又糊的“黑卤蛋”。蒸锅爷爷也被彻底烧焦了，艰难地喘着粗气。而此时,小主人仍然在吵着要吃包子。蒸锅爷爷是没法再用了,无奈的主人将他的眼光看向了我。我激动极了,在我的期待的目光中,主人拿来一个盘子,把我的“脸”打开,把盘子和包子一起放了进去,只等着主人关上我的“脸”,我就立刻开始工作了起来。时间一分一秒地过去,我的任务圆满地完成了,我立刻用铃声把主人吸引过来。主人把包子端了出来,经过我加热的包子白白的、软软的、香香的,小主人满意地拿着包子享用去了,大主人也开心地笑了。从那以后,主人就知道了我的优点,无论做什么都喜欢用我,而且逢人就会夸奖我,我真是太高兴了。

这就是我,一个虽然普通,但却非常安全、实用的微波炉。我愿意为人类贡献我的一份微小的力量,你们喜欢我吗?

植物王国的危难

刘诗怡

很久很久以前,植物和人类是朋友,植物王国由美丽善良的玫瑰女王在掌管,人类王国是由一位活了几百年的老爷爷在掌管。它们生活在一起,和睦相处,其乐融融。

有一天,人们觉得植物占生长的地方泥土太多,于是决定把它们生长的地方铺上水泥路!

昙花小姐听到了,像脚踏风火轮似的,向玫瑰王宫跑去,一边跑一边说:“不好了,不好了,人类要把我们活埋。不好了,不好了,出大事了,人类要把我们活埋。”昙花小姐的叫声惊动了大伙。

玫瑰女王听到了,急得像热锅上的蚂蚁——团团转,她非常生气地说:“人类怎么这么狠心呀!”于是,立即组织王国成员召开了一个紧急会议商量对策。

这时,聪明的百合说:“我们给人类写一封信,我们要人类不要破坏我们家园。”大家都赞成这个办法,就请年龄最大、学问最高的铁树爷爷执笔写了一封信。

山茶花自告奋勇地去送信,没过多久,山茶花哭着回来了,玫瑰女王问山茶花:“你怎么啦?”山茶花生气地答道:“人类连信都不看一眼,就丢了,还把我折磨得到处都是伤。”女王看着受伤的山茶花气愤地说:“人类真不知好歹,我们离开这里,让人类后悔去吧。”于是,一夜之间,所有植物都消失得无影无踪。

所有的花草树木都不见了，原来五彩缤纷的世界变成光秃秃的一片，大地被太阳烤得发烫，狂风黄沙向人们扑过来，天空灰蒙蒙的。这时人们着急了，急忙从垃圾桶里找出那封信并向植物王国写了一封道歉信，恳请它们回到人类中间，并表示再也不破坏它们的家园。

善良的玫瑰女王看到人类已经得到了惩罚并已诚心悔改，立刻下令所有王国成员回到原来的地方，大地又恢复了往日美丽景象。

从此以后，植物王国平静地生活着，和人类成了无话不谈的好朋友。

大海打官司

向可艺

“咳咳、咳咳……”大海有气无力地咳嗽着。

“哎呀，大海，你怎么了？我看你好像已经咳了好几天了！”天空关切地问道。

“唉！还不是那些人类干的好事！污水、垃圾都倒进我的身体里，现在我呼吸都很难受啦！”

“那你可要提醒人类呀，你发脾气可是会有海啸的，吓吓他们。”

“我已经决定了，”大海严肃地说，“我要和人类打官司！”

“你要和人类打官司？”天空一脸惊讶，不解地问。

“没错，我已经开始准备了，我已经决定让最公正的大自然做审判员了，他一定会同意的。这几年来，我的身体已经逐渐被人类搞垮了，如果再这样下去，我的孩子们就会一个一个死去，我也会变成一片死海……”

“那你打算什么时候去打官司呢？你以前红润健康、有活力的脸色已经变成一片灰白了。”

“我已经准备好了，明天开庭，我要告人类，故意伤害我，故意伤害罪。”

24小时一起眨眼就过去了。在法庭上，人类代表站在被告席上，大海则站在原告席上。大自然坐在审判长席位上，他敲了敲法槌，大声喊道：“现在开庭，原告发言！”

“咳咳，我是大海，我今天要告的是全人类，人类为了图方便，直接把垃圾和污水倒进我的身体里，我的身体现在到处都是垃圾，血液不流通，呼吸困难，脸色发灰,而这一切都是人类所为。”

“嗯。”审判长点点头,觉得大海说得有理有据,它问被告:“请问你有什么话说吗?”

被告朝原告深深鞠了一躬,惭愧地说:“我们认罪,把海洋污染成这样,是我们的罪过,这几十年来,我们忽视了对环境的保护,污染了海洋生态环境,大海说的每一句都是真的,当我收到法庭的传呼时,得知被告的原因,我才明白了我的错误,回想一下,整个大自然都被我们污染了,从今天开始,我们将会努力弥补我们的错误。”

过了几个星期,天空来找大海,对大海说:“呀,大海,你怎么变得神清气爽了?脸色也变得与以往不一般,是不是官司打赢了? 人类现在开始保护环境了?”

大海一脸自得安逸地说:“官司肯定打赢了,人类现在也开始保护大自然了,如果早这样,我也不至于去打官司呀!”

是啊,大海现在已经伤痕累累了,但我们人类也意识到了自己的错误,回头是岸,开始保护环境了。

哭泣的青蛙

何宇婷

夜已深沉,皎洁的月光静静地洒在大地上,多么美好的夜晚! 可这美好已不再属于我!

我——一只青蛙,正孤单地在月光下徘徊,我的眼里噙满了泪水,我的心中充满了思念。我多么怀念以前那舒适而宁静的生活,多么希望时光可以倒流,能够重新回到爸爸妈妈的怀抱。

以前我和爸爸妈妈无忧无虑地生活在一片清澈的池塘里,那个大池塘就是我们的家。早晨,妈妈用欢快的“呱呱”声把我叫醒,然后让爸爸带我去田间吃早餐。中午,爸爸就开始训练我独自捕捉蚊子、捕捉害虫的能力。黄昏,我和小伙伴们一起在小池塘边开演唱会。有好多叔叔阿姨都是我们的粉丝呢! 那时候,我们生活的多么幸福啊! 没想到这温馨的生活被一群人类破坏了。

一天,我像往常一样,在爸爸的训练下抓蚊子,一只、两只……正抓得带劲呢!

我们好像听到了有人说话的声音，声音越来越近："就是这儿，我经常在这里看到青蛙。"是人！几个壮如牛的大汉出现在我和爸爸的眼中，爸爸拉起我就跑，"快跑，不要停下，一直往前跑。"

我也意识到了危险，头也没回就往前跑，等我跑到很远很远，一点的声音都没有了，我才发现爸爸没有跟上来。咦，爸爸呢？我的心咚咚咚地高速跳动着，但我不愿往坏处想，我安慰自己，爸爸一定会跟上来的，爸爸不会有事的，我就一直在原地忐忑不安地等爸爸。

天已经黑了，我不想再等下去，急忙往回跑，但那个地方已经一个人都没有了。"爸爸……爸爸……"我焦急地哭喊着，环顾四周，却始终不见爸爸的踪迹。池塘里静悄悄的，只有我凄凉的叫声在水面上回荡。"妈妈，妈妈呢！"我又连忙跑回家，发现家里的妈妈也不见了。不光是我的爸爸妈妈，我的小伙伴们也全都不见了。

好不容易在草丛里发现一只同伴，但我发现它受了很严重的伤，它用微弱的声音告诉我："池塘里的青蛙全部都被人类抓走了，我是被人踩了一脚不能动弹了，然后他们便放过了我，我已经活不久了，你也快逃吧！不然我们这个池塘的青蛙就要灭绝了。""不，我不走，失去父母，失去同伴，我心如刀绞，伤心欲绝，我哪儿也不去，因为这里就是我的家！"

我想不通！我们在帮人类消灭蚊子苍蝇等农业害虫，是庄稼的保护神，可人类为什么要大肆地捕杀我们呢？

科普调查篇

近视形成原因的调查

郑若可

据我了解,全国14亿人口中有6亿近视,这是个多么庞大的数字啊!我们班上大约有三分之一的人戴眼镜。为什么会有这么多人戴眼镜?该怎么防护?近视形成的原因是什么?带着这些疑问,星期六上午我去爱尔眼科医院参观、调查。

走进爱尔眼科医院的二楼,有一个大大的会议室,医院的宋教授给我们讲解了近视形成的原因。宋教授说:"眼睛近视的直接原因是眼部结构的改变,眼球突出导致眼轴过度伸长。"我们点点头。宋教授把自己当作光线,请两个同学一个当眼球,一个当"E",给我们做示范。

宋教授还给我们讲了很多知识,环境因素、遗传因素,过度使用眼睛等都会导致眼睛近视。其实刚出生的婴儿眼球很漂亮,眼球长16毫米,成年后眼球长24毫米。近视并不可怕,可怕的是近视并发症:白内障,意外损伤等。在宋教授生动具体的讲解下,我收获了许多关于保护眼睛方面的知识。

接下来,我们去眼健康科普馆进行参观,了解眼睛的结构和更多的眼健康知识。同时,我向近视的同学咨询了他们平时用眼的习惯及近视后给他们生活带来的不良影响。

通过听讲座、参观、咨询、查阅一些资料后,我对导致眼睛近视的原因进行了分析,主要原因有:写作业时的姿势不正确,在光线太强、昏暗的环境下看书,长时间使用电脑等。这些都是诱发青少年近视的重要因素,还有就是对近视不重视,认为无所谓,觉得戴眼镜就行了,导致近视率越来越高。

最后我给大家提出几点意见:不要在车厢里看书、认真做眼保健操、多吃水果和蔬菜、少吃甜食和油炸食品、每天户外运动2小时、定期到医院检查视力,特别是已经近视的朋友。

关于近视形成原因的调查报告

杨睿熙

一、调查原因

据报告，我国有约6亿人口近视，其中6岁儿童的近视率为14.5%，小学生为36%，初中生为71.6%，高中生为81%，大学生达到了90%。这样的近视率实在是太可怕了。

经常听家里的老人说近视后戴眼镜会让近视度数上升；也有人说戴眼镜是聪明的象征；甚至还有人说近视之后不用戴眼镜，长到一定年龄视力就会恢复……这些观点真的正确吗？我带着这些问题展开了一次关于近视形成原因的调查。

二、调查方法

我们采取的调查方法有四种：

1. 向近视的同学询问他们是如何近视的；
2. 查找与近视有关的书籍；
3. 向眼科专家请教关于近视的知识；
4. 聆听眼健康知识讲座。

三、调查分析

通过调查，我知道了近视形成的主要原因是：

1. 看书的光线太强或太弱；
2. 书写姿势不正确；
3. 看电子产品时离得太近；
4. 用眼时间过长等，当然也与遗传因素和环境因素有些关系。比如父母是高度近视，子女患眼科疾病的概率会增加。

通过询问近视的同学，我知晓了近视后对生活的影响，眼镜容易起雾，摘掉眼镜就看不清东西；容易得眼睛方面的一些疾病，如弱视、倒睫、斜视、干眼、螨虫侵蚀等。近视的危害太多太多，我们可千万不能粗心大意。

四、建议

眼睛是心灵的窗户，我们要爱护眼睛，保护视力。

1. 平时多做眼保健操和晶体操，当我们用眼20分钟后，要向20英尺以外的地方望20秒；

2. 书写姿势一定要正确，牢记眼睛与书本距离一尺，身前与书桌距离一拳，手指与笔尖距离一寸；

3. 平时要多吃猪肝、鸡蛋、牛奶、胡萝卜、蔬菜等富含维生素A的食物；

4. 如果真的近视了，一定要及时去正规医院治疗，要正确选择与自身度数适合的眼镜。我们一定要爱护眼睛，预防近视。当眼睛感觉疲劳时要看绿植，眼睛对于每个人都是公平的，如果好好保护它，它会让我们幸福一辈子的。

小河污染的调查报告

黄锐强

一、调查原因

原来我老家门口有一条清澈的小河，小时候我时常在河边捉鱼、嬉戏、玩耍，有时会看见成群结队的小鱼在河边游来游去，惬意极了！但是现在我回老家，再也见不到以前的美丽景象了，取而代之的是河面上到处漂浮着垃圾，还漂浮着一些不知名的绿色植物，总之让人看着极不舒服。我对此现象进行了调查。

二、调查方法

1. 测量法。

通过测量每十米塑料的丢弃量，确定白色垃圾密集度。

2. 实地调查。

询问居民，访问附近居民有关小河的情况，对小河进行实地调查。

三、分析原因

1.周围有一些居民散步时随地吐痰、随地把零食包装袋丢弃，并且经常有小孩往河里小便、丢杂物；

2. 过年时有一些小朋友把点燃的鞭炮丢进河里爆炸，使得很多鱼儿被炸死后腐烂，臭味难闻；

3. 小吃店的一些过期食材被直接倒进小河；

4. 小河附近有一家化工厂，工厂里面排放的污水未经处理就排放到小河。

四、结论

1. 附近居民环保意识淡薄，经常往河里乱扔垃圾；

2. 小吃店将过期食材直接倒进河里；

3. 污水厂把污水通过管道排入小河，污染河水。

五、建议

1. 通过以上调查，我们建议政府制定惩罚措施，对破坏小河环境的工厂予以罚款，责令整改。对破坏小河环境的个人进行教育。

2. 在电视台、公众广告显示屏循环播放爱护河流的公益广告，加强居民的思想教育，广泛宣传保护水资源的重要性。

关于吸烟危害性的调查报告

杨子翼

我的爸爸和爷爷不仅吃完饭爱吸烟，心情不好时，他们也吸烟。因为长期吸烟，他们每天都像是带着“痛苦面具”。看着他们，我多么想告诉他们吸烟的危害。于是，我对吸烟的危害展开了一次调查。

一、了解吸烟的危害性

据医学调查，每吸一支烟会减少人5分30秒的生命。一支烟里的尼古丁可以毒死一只白老鼠，十支烟里的尼古丁可以毒死一头牛，200～400毫克的纯尼古丁可以毒死一个人，更有数据表明每年有500万人因吸烟而死亡。这是非常令人痛心的数据，我们一定要全方面了解吸烟的危害。

二、调查的内容

1. 吸烟对自身的危害；

2. 吸烟对青少年的危害；

3. 作为青少年如何拒绝吸烟。

三、调查的方法

1. 上网查资料；

2. 发放问卷调查;

3. 咨询医学人士。

四、对调查结果的分析

1. 问卷调查结果分析。

我设置了三个方面的问题。

第一方面:开始吸烟的年龄?通过对社区居民进行问卷调查,其中小学阶段吸烟占2%,初中阶段吸烟占5%,高中阶段吸烟占9%,成人后吸烟占74%,不吸烟只占10%。也就是说在我的调查中,每10个人只有1个人不吸烟,这组数据令人心惊。

第二方面:你知道吸烟有害健康吗?不了解的占10%,有一点了解的占40%,非常了解居然占了一半。有一些人明知故"吸",其实每包香烟包装上都有"吸烟有害健康"这几个字。

第三方面:你觉得青少年应该吸烟吗?每个人都认为青少年不该吸烟,但是青少年吸烟的问题却日益严重。

2. 咨询医学人士的结果反馈。

吸烟会致癌,这是医学常识了。吸烟者的致癌率是一般人的2~3.5倍。如果每天吸烟35支,那么这类人的致癌率是普通人的20倍左右。青少年吸烟会直接影响生长发育。

吸烟不仅伤害自己,也会影响别人。被迫吸二手烟,也会使健康受损,尤其是孕妇,吸二手烟会导致胎儿畸形。

五、得出结论

吸烟不仅危害自身的身体健康,还会伤害身边的无辜群众。要想有健康的身体,一定要远离香烟。

六、建议

青少年是祖国的花朵,是祖国的未来,一定要有健康的人生观和价值观,要远离香烟的迫害,成为宣传禁烟的天使。